V&R

Michael F. Feldkamp

Der Parlamentarische Rat 1948–1949

Die Entstehung des Grundgesetzes

Mit 23 Abbildungen

Vandenhoeck & Ruprecht

Wir danken dem Haus der Geschichte der Bundesrepublik Deutschland für die Kooperation beim Zugang zu dem Fotobestand »Parlamentarischer Rat« von Erna Wagner-Hehmke.

Bibliografische Information der Deutschen Nationalbibliothek

Die Deutsche Nationalbibliothek verzeichnet diese Publikation in der Deutschen Nationalbibliografie; detaillierte bibliografische Daten sind im Internet über http://dnb.de abrufbar.

Überarbeitete Neuausgabe

Umschlagabbildung: Der Nordrhein-Westfälische Ministerpräsident Karl Arnold, Konrad Adenauer und Carlo Schmid nach Beratungen des Parlamentarischen Rates zum Besatzungsstatut. © SZ Photo/Süddeutsche Zeitung Photo

Satz: Satzspiegel, Nörten-Hardenberg
Druck und Bindung: ⊕ Hubert & Co BuchPartner, Göttingen
Printed in the EU

Vandenhoeck & Ruprecht Verlage | www.vandenhoeck-ruprecht-verlage.com

ISBN 978-3-525-10565-8

Inhalt

Zum Geleit

Der Parlamentarische Rat sollte eine »›Magna Charta‹ des deutschen öffentlichen Lebens« entwerfen. So sagte es 1948 der Ministerpräsident von Nordrhein-Westfalen Karl Arnold auf dem Festakt vor Beginn der Arbeitssitzungen im Museum König in Bonn. »Dem völlig auseinandergebrochenen deutschen Volke eine neue politische Struktur geben«, lautete der Auftrag in den Worten Konrad Adenauers, des Vorsitzenden des Parlamentarischen Rates.

Es galt, aus dem Scheitern der Weimarer Republik zu lernen und nach dem Zivilisationsbruch im Nationalsozialismus die Grundlage für eine solide freiheitlich-demokratische Ordnung in Deutschland zu legen. Die Bürger waren vor dem Staat zu schützen. Und die Demokratie vor ihren Feinden.

Auf Weisung der drei westlichen Alliierten hatten die Ministerpräsidenten der Länder in der britischen, amerikanischen und französischen Besatzungszone den Parlamentarischen Rat einberufen, um eine Verfassung zu erarbeiten. Eine föderale Regierungsform mit einer »angemessenen Zentralinstanz« sowie der »Garantie der individuellen Rechte und Freiheiten« – wohl wissend, dass die neue Ordnung in der sowjetisch besetzten Zone und im Osten des geteilten Berlin nicht würde gelten können. So konnte sie damals nur ein Provisorium sein.

Das ist das Grundgesetz längst nicht mehr. Es hat sich bewährt – das können wir nach 70 Jahren Rechtsstaatlichkeit und der friedlichen Wiederherstellung der staatlichen Einheit – dem Beitritt der »neuen« Länder zum Geltungsbereich des Grundgesetzes – festhalten.

Das Grundgesetz durfte anfangs keine Verfassung sein, aber es ist eine vorbildliche Verfassung geworden – eine, die hinreichende Möglichkeiten zur zeitgemäßen Veränderung bietet und die zugleich vor leichtfertigen Eingriffen geschützt ist. Die universellen Menschenrechte garantiert und dem markanten Kerngedanken von Artikel 1 folgt: »Die Würde des Menschen ist unantastbar.«

Dieser Band führt uns die Entstehungsgeschichte des Grundgesetzes vor Augen: Wie sind die Mitglieder des Parlamentarischen Rates vor 70 Jahren vorgegangen, was haben sie in der schwierigen Nachkriegssituation diskutiert? Was bewegte sie? Und wer waren die vier Mütter und insgesamt dreiundsiebzig Väter des Grundgesetzes – unsere politischen Vorfahren, die damals so gut vorgesorgt haben? Wir verdanken Ihnen viel: ein tragfähiges Fundament für unser Zusammenleben – in Einigkeit und Recht und Freiheit.

Dr. Wolfgang Schäuble
Präsident des Deutschen Bundestages

Vorwort

Schon bald nachdem das vom Parlamentarischen Rat ausgearbeitete Grundgesetz für die Bundesrepublik Deutschland vom 23. Mai 1949 verkündet worden war, gab es sowohl von ehemaligen Abgeordneten wie auch Historikern Bemühungen, die Vorgänge im Parlamentarischen Rat genau zu rekonstruieren. Zahlreichen Grundgesetzkommentaren wurden historische Einleitungen beigegeben, weil von Anfang an deutlich war, daß das Grundgesetz ohne den Kontext seiner Entstehung nicht verständlich ist, und weil für die Auslegung eines Rechtstextes seine Genese hilfreich, ja sogar unentbehrlich sein kann.

Anläßlich des zwanzigjährigen Jubiläums der Verkündung des Grundgesetzes im Jahre 1969 kamen im Wohnhaus des kurz zuvor verstorbenen Altbundeskanzlers Konrad Adenauer ehemalige Abgeordnete des Parlamentarischen Rates und Historiker zu einer Tagung mit dem Thema »Parlamentarischer Rat« zusammen. Zwischen beiden Gruppen entspann sich ein heftiger Streit um die Frage, inwieweit die Akten des Parlamentarischen Rates es ermöglichen, die Vorgänge zuverlässig darzustellen. Tatsächlich unterschieden sich die subjektiven Erinnerungen der damals noch lebenden »Verfassungsväter« zum Teil erheblich von den ersten Ergebnissen der geschichtswissenschaftlichen Forschung.

Heute, 70 Jahre später – bedeutende Zeitzeugen sind längst verstorben –, steht die Frage noch drängender im Raum, ob eine zuverlässige Darstellung der Geschichte des Parlamentarischen Rates erarbeitet werden kann. Doch was von den Historikern auf der Tagung 1969 noch nicht absehbar war und deswegen damals gar nicht erst in Betracht gezogen wurde, war die Reichhaltigkeit der Quellen, die erst in den Jahren danach zugänglich wurden.

So ist die siebzigjährige Wiederkehr der Entstehung des Grundgesetzes 2018/19 ein willkommener Anlaß, meine Darstellung der Geschichte dieses ersten westdeutschen Nachkriegsparlaments aus dem Jahre 1998 erneut zu veröffentlichen. Nicht nur das Grundgesetz ist bis zum Sommer 2018 durch inzwischen 62 Änderungsgesetze novelliert worden, sondern auch die Bundesrepublik Deutschland hat sich sehr verändert. Eine erinnerungswürdige Grundgesetzänderung ist mit der Deutschen Einigung 1990 an der Präambel vorgenommen worden. Sie enthielt in ihrer ursprünglichen Fassung den Hinweis, daß der Parlamentarische Rat »auch für jene Deutschen gehandelt [hat], denen mitzuwirken versagt war. Das gesamte Deutsche Volk bleibt aufgefordert, in freier Selbstbestimmung die Einheit und Freiheit Deutschlands zu vollenden«. Durch den Einigungsvertrag vom 31. August 1990, mit dem die fünf neuen Länder dem Geltungsbereich des Grundgesetzes beitraten, ist der politische Anspruch dieser Präambel erfüllt worden. Für die Entstehungsgeschichte des Grundgesetzes müssen jedoch die historischen Bedingungen im geteilten Deutschland der Nachkriegszeit wieder in Erinnerung gerufen werden.

Freilich kann im Rahmen dieser Studie nur eine überblicksartige Orientierung über die Geschehnisse gegeben werden. So wendet sich das Buch an jene Leser, die sich über den Parlamentarischen Rat und die Entstehung des Grundgesetzes aus erster Hand informieren möchten. Die Quellennähe mag ein wenig Zeitkolorit vermitteln und atmosphärische Bedingungen einfangen.

Der Text geht zurück auf die 2008 erschienene Neuausgabe. Er wurde ergänzt durch ein Verzeichnis der in den letzten zehn Jahren erschienenen Literatur, das freundlicherweise von Michael Timmermann, Bibliothek des Deutschen Bundestags erstellt wurde.

Berlin, am 8. Dezember 2018 Michael F. Feldkamp

Einleitung

Die Vorgänge im Parlamentarischen Rat sind für die Gründungs- und Vorgeschichte der Bundesrepublik Deutschland von zentraler Bedeutung. In den Jahren von der bedingungslosen Kapitulation der Wehrmacht im Mai 1945 bis zur Konstituierung des Parlamentarischen Rates im September 1948 erfolgten einschneidende Veränderungen, auch wenn der Kampf des einzelnen um das nackte Überleben den Blick auf politische Entwicklungen zunächst versperrte. Einige verantwortliche Militärs und Politiker der drei westlichen Besatzungsmächte stellten frühzeitig fest, daß mit Siegermentalität in einem Deutschland wenig auszurichten war, dessen Städte im Zweiten Weltkrieg vielfach zerstört worden war, das in vier Besatzungszonen eingeteilt war und dessen Ostgebiete von Polen und der UdSSR annektiert waren. Wenn es noch Ende 1945 überwiegend als abwegig erschien, so mußte Deutschland dennoch nach Ansicht weitsichtiger amerikanischer Politiker schrittweise seine Souveränität zurückerhalten. Geradezu programmatisch für die politische Neuorientierung der Westalliierten stand die »Rede der Hoffnung« des amerikanischen Außenministers James F. Byrnes in Stuttgart am 6. September 1946, in der er ankündigte, daß die USA »dem deutschen Volk die Regierung Deutschlands zurückzugeben« wünsche und ihm helfen wolle, »seinen Weg zurückzufinden zu einem ehrenvollen Platz unter den freien und friedliebenden Nationen der Welt«.[1]

Trotz einer fehlenden konkreten gemeinsamen Deutschlandkonzeption wurden die amerikanische und die britische Besatzungszone am 1. Januar 1947 zur Bizone zusammengeschlossen. Damit war die Teilung Deutschlands unvermeidlich geworden, ohne daß bei den Alliierten eine primäre Teilungsabsicht bestanden haben dürfte. In der Folge wurden der Wirtschaftsrat, Ernährungsrat, Verkehrsrat, Finanzrat und Verwaltungsrat für Post- und Fernmeldewesen als gemeinsame Organe der Länder in der Bizone gegründet. Der Wirtschaftsrat mit Sitz in Frankfurt am Main wurde aufgrund eines amerikanisch-britischen Abkommens vom 29. Mai 1947 über die »Neugestaltung der bizonalen Wirtschaftsstellen« zur ersten gesetzgebenden Körperschaft nach Art eines Parlaments umgestaltet und damit zu der wichtigsten wirtschaftspolitischen Einrichtung in der Bizone (25. Juni 1947). Die dabei entstandenen Verwaltungsstrukturen, die ab Februar 1948 zum »Vereinigten Wirtschaftsgebiet« zusammengeführt wurden, entwickelten sich zum Vorbild für die spätere Bundesregierung in Bonn.

Die Konfrontation gegensätzlicher Auffassungen der Großmächte Großbritannien, USA und später auch Frankreich auf der einen, der Sowjetunion auf der anderen Seite begünstigte bei den Amerikanern die seit 1947 favorisierte Alternative eines »Weststaates«. Damit erhielt das durch das Potsdamer Abkommen vom 2. August 1945 geschaffene viergeteilte Deutschland neue geopolitische Strukturen. Als die UdSSR am 20. März 1948 aus dem Alliierten Kontrollrat auszog, verfolgten die USA um so entschlossener die schnelle politische und wirtschaftliche Integration der westlichen Länder. Mit dem nach dem amerikanischen Außenminister George C. Marshall benannten US-Wirtschaftshilfeprogramm vom 3. April 1948 und der Währungsreform am 20. Juni 1948 wurden weitere Schritte zu einer wirtschaftlichen Konsolidierung und staatlichen Organisation unternommen, die die UdSSR am 16. Juni 1948 mit ihrem Ausscheiden aus der Berliner Alliierten Stadtkommandantur und am 24. Juni 1948 mit der Berlin-Blockade beantwortete.

Die vorläufig letzte Etappe zur politischen Einheit Westdeutschlands wurde mit der Einberufung des Parlamentarischen Rates eingeläutet. Sein Ergebnis, das Grundgesetz der Bundesrepublik Deutschland, ist bekannt und in zahlreichen Publikationen und Kommentaren thematisiert worden. Die maschinenschriftlichen Protokolle der Fachausschüsse fanden schon sehr bald Verwendung in der juristischen und staatswissenschaftlichen Literatur. Die Geschichtswissenschaft jedoch, sieht man von verstreut veröffentlichten Aufsätzen einmal ab, hatte den Parlamentarischen Rat insofern lange Zeit vernachlässigt, als daß sie eine wissenschaftlich fundierte, zusammenfassende Darstellung der politischen Geschichte des Parlamentarischen Rates nicht vorlegen konnte. Schon der 1949 geplante »Almanach«, der, »flüssig geschrieben«, als »Rechenschaftsbericht des Parlamentarischen Rates gegenüber dem deutschen Volke«[2] gedacht war, scheiterte. Unveröffentlicht blieb die von Bundeskanzler Konrad Adenauer 1955 dem ehemaligen Botschafter Anton Pfeiffer übertragene »Geschichte« des Parlamentarischen Rates, die nach dessen Tod 1957 von Josef Ferdinand Kleindinst – ebenfalls Mitglied des Parlamentarischen Rates – abgeschlossen wurde.[3] Vermutlich auch weil sich schon im ersten Bundestagswahlkampf 1949 die politischen Parteien gegenseitig Vorhaltungen über ihre Positionen gegenüber den Alliierten und den Inhalten des Grundgesetzes machten, war an eine seriöse, wissenschaftlich ausgewogene und zuverlässige Aufarbeitung der Geschichte des Parlamentarischen Rates in den ersten Jahren des Bestehens der Bundesrepublik Deutschland nicht zu denken.

Erst anläßlich des zwanzigjährigen Jubiläums der Verabschiedung des Grundgesetzes kamen 1969 Zeitzeugen und Historiker zusammen, um über die Geschichte des Parlamentarischen Rates zu diskutieren.[4] Vielfach war Erinnertes nicht mit den Erkenntnissen der jungen Forscher in Einklang zu bringen. Beide Gruppen vermochten nicht zu erahnen, welch Quellenfülle seitdem in in- und ausländischen Archiven zugänglich gemacht wurde. Das Sekretariat des Parlamentarischen Rates verfaßte nicht nur Protokolle aller Fachausschußsitzungen, der Hauptausschußsitzungen und der Plenumssitzungen, sondern hat darüber hinaus gelegentlich auch Mitschriften von Ältestenratssitzungen und interfraktionellen Besprechungen gefertigt. Auch die Sitzungen der CDU/CSU-Fraktion wurden teils wörtlich mitgeschrieben. Bedauerlicherweise sind Aufzeichnungen der SPD-Fraktion nicht überliefert. Dagegen sind jedoch inzwischen Nachlässe verstorbener Abgeordneter und die hochinteressanten Archivalien der Alliierten Militärregierungen zugänglich geworden. Letztere enthalten gelegentlich sogar Aufzeichnungen von Telefongesprächen einzelner Abgeordneter, die die Geheimdienste der Alliierten abhörten.[5] Die Akten und Protokolle des Parlamentarischen Rates sind inzwischen in einer gemeinsamen Quellenedition vom Deutschen Bundestag und vom Bundesarchiv publiziert worden.[6]

I. Vorgeschichte

1. Erste Konzepte einer Nachkriegsverfassung

Überlegungen zu einer deutschen Nachkriegsverfassung reichen zurück in die Jahre des Zweiten Weltkrieges, als Adolf Hitler auf dem Höhepunkt seiner Macht stand. In Widerstandsbewegungen, etwa um General Ludwig Beck und den Leipziger Oberbürgermeister Carl Friedrich Goerdeler oder im Kreisauer Kreis, aber auch in Exilgruppen, besonders sozialistischen und sozialdemokratischen Gruppen in Großbritannien und den USA, wurden Modelle entworfen, die sich im Gegensatz zur Weimarer Reichsverfassung vom 11. August 1919 dadurch auszeichneten, daß sie einen demokratischen Staat vorsahen, in dem die wichtigsten Verfassungsorgane durch eine verstärkte Beteiligung der Länder oder aber durch ein Honoratiorenkabinett bzw. einen Senat kontrolliert werden sollten. Da schließlich alle Gruppen von leidvollen Erfahrungen im nationalsozialistischen Führerstaat in Deutschland geprägt waren, fand sich in vielen Verfassungsmodellen die Idee, Deutschland in ein geeintes Europa zu integrieren. Es galt, nationalstaatliches Denken zu überwinden.

Nach dem Zweiten Weltkrieg forderte erstmals der britische Militärgouverneur Sir Brian Robertson am 12. Juni 1947 den im März 1946 von der britischen Militärregierung in Hamburg eingerichteten Zonenbeirat auf, sich zu den künftigen politischen Strukturen in Deutschland zu äußern. Mitglieder des Zonenbeirates, der weder eine selbständige Exekutive noch eine Legislative besaß, waren die von der Militärregierung berufenen Vertreter der Landes- und Provinzialregierungen, der Fachressorts für Gewerbe und Industrie, Ernährung und Landwirtschaft, Justiz usw. Nachdem die im Zonenbeirat vertretenen Parteien ihre Konzepte erarbeitet hatten, verabschiedete dieser am 30. Juli 1948 fast einstimmig, allerdings ohne die KPD, seine Denkschrift zu einer zukünftigen Verfassungspolitik.[1] Dem darin veröffentlichten Verfassungsentwurf wurden die unterschiedlichen Ansichten der Parteien zur Erläuterung beigegeben, wobei auffallenderweise vielfach die föderalistischen Auffassungen vorangestellt wurden. Damit bekam der Verfassungsvorschlag des Zonenbeirates eine stark föderalistische Tendenz, die der SPD schon deswegen mißfiel, weil die Mehrheit im Zonenbeirat eigentlich einen zentralen Einheitsstaat forderte. Vielleicht – so urteilte der nordrhein-westfälische Innenminister Walter Menzel (SPD) – »wäre es richtiger gewesen, jeweils mit der Auffassung der stärksten Fraktion zu beginnen«.[2]

Im Stuttgarter Länderrat, der am 6. November 1945 als erstes länderübergreifendes Gremium nach dem Krieg für die amerikanische Zone seine Tätigkeit aufnahm, spielte der Föderalismus eine noch größere Rolle. In den süddeutschen Ländern war das Selbstbewußtsein der Ministerpräsidenten größer. Dort hatte der Föderalismus, gepaart mit dem Wunsch nach größtmöglicher Souveränität der deutschen Länder, eine lange Tradition, die im Kaiserreich und der Weimarer Republik vielfach erfolgreich aufrechterhalten wurde. Aus dem Länderrat kam der in anderen politischen Gremien abgelehnte Vorschlag, alle vier Besatzungszonen nach dem Vorbild der Bizone zusammenzuschließen.

Föderalistische Ziele verfolgte auch das von den süddeutschen Ministerpräsidenten beeinflußte Deutsche Büro für Friedensfragen (gegründet 1947), das sich ursprünglich mit der Erörterung der Angelegenheiten im Zusammenhang mit einem anstehenden Friedensvertrag beschäftigen sollte.[3] Hier entwickelten bayerische Vertreter im Rückgriff auf Ideen einer »Verfassung der Vereinigten Staaten von Deutschland« (1946) die Forderung nach einer losen Zentralgewalt (Bundesstaat). Württembergische Vertreter sahen im bayerischen Vorschlag eine Überinterpretation ihres Konzeptes eines deutschen Staates, und bemängelten, daß in Bayern deutsche Einheit mit deutschem Einheitsstaat irreführenderweise gleichgesetzt worden sei. Sie bekräftigten, daß der Föderalismus nicht dazu diene, »sich von der Erbschaft des schwer belasteten Reiches loszusagen, indem man tut, als sei man länderweise aus Deutschland ausgewandert und könne im Irgendwo neue Staaten von Deutschen gründen«.[4] Die Vorschläge der aus Mitgliedern des Büros für Friedensfragen begründeten »Süddeutschen Sachverständigenkommission für eine deutsche Verfassung« vom 16. Juli 1948 enthielten für den neuen Staat bereits die Bezeichnung »Bundesrepublik Deutschland« – ein Begriff, der erstmals von den Franzosen im Zusammenhang mit der Beratung der württembergisch-hohenzollernschen Verfassung im Mai 1947 ins Gespräch gebracht wurde.

Von den Parteien kamen zunächst wenige Anstöße für eine künftige Verfassung, da sie sich über die Besatzungszonen hinaus meist nur lose zusammengeschlossen hatten. Innerhalb der von CDU und CSU begründeten Union zeichnete sich eine starke föderalistische Prägung ab, die erst am 13. April 1948 in den »Grundsätzen für eine Deutsche Bundesverfassung« des »Ellwanger Freundeskreises« schriftlich niedergelegt wurden.[5] Die SPD hatte sich schon in ihren von Walter Menzel und dem Parteivorsitzenden Kurt Schumacher beeinflußten »Nürnberger Richtlinien« von 1947 gegen »offenen oder versteckten Separatismus und Partikularismus« gewandt und forderte, daß die Verfassungen der Länder nichts enthalten dürften, was der »Reichseinheit entgegenstehen kann«.[6] Ihr

Verfassungskonzept stand mit einer zentralen Gesetzgebung und einer dezentralen Exekutive den föderalistischen Ansätzen der überwiegenden Zahl der bis dahin erarbeiteten Konzepte entgegen. Jene »Abweichler«[7] wie Hermann L. Brill, Fritz Eberhard oder Wilhelm Hoegner, die sich im Länderrat oder seitens des Deutschen Büros für Friedensfragen für einen Staatenbund der Länder ausgesprochen hatten, mußten sich künftig im Interesse der von Schumacher beschworenen Einheit der Partei der offiziellen Linie unterordnen.

Die unterschiedlichsten Konzepte behandelten freilich nicht nur das Föderalismusproblem. Doch ließen sich hieran schon in den ersten Nachkriegsjahren die unterschiedlichen Meinungen herauskristallisieren, da immerhin die zentralistische Weimarer Verfassung Hitler zur Machtergreifung 1933 verholfen hatte.

2. Die Londoner Sechsmächtekonferenz

Die erste einschneidende Veränderung in der alliierten Nachkriegspolitik erfolgte mit der Londoner Sechsmächtekonferenz (23. Februar–6. März 1948 und 20. April–2. Juni 1948), auf der die Westmächte die Frage einer westdeutschen Verfassung erörterten.

Schon im Vorfeld der Außenministerkonferenz war den drei westlichen Alliierten, zu denen in London die Beneluxstaaten als unmittelbare Nachbarn Deutschlands hinzukamen, bewußt, daß die Teilung Deutschlands in vier Besatzungszonen keine dauerhafte Lösung bleiben durfte. Zugleich schien es ihnen nicht sinnvoll, trotz der augenblicklich scheinbar nicht realisierbaren Einheitsvorstellungen einen Wiederaufbau Westeuropas noch weiter hinauszuzögern. Deswegen hatten Amerikaner und Briten schließlich auch verfassungspolitische Diskussionen im Länderrat bzw. Zonenbeirat angeregt. Allerdings rangierte nicht nur bei den Briten die politische Einheit vor der Schaffung einer westdeutschen Verfassung; sie wünschten, darin »Türen dafür offen [zu] lassen, daß der Anschluß an die Ostzone ohne Schwierigkeiten durchgeführt werden könne«.[8]

Während die USA in ihren verfassungspolitischen Überlegungen auf der Londoner Konferenz einen Weststaat vorsahen, in dem den Ländern ein erhebliches Eigengewicht zukommen sollte, die Briten jedoch über keine föderalistischen Verfassungserfahrungen verfügten und deswegen in den nächsten Monaten unvoreingenommen zentralistischen Konzepten der Deutschen begegnen konnten, erhielt für die Franzosen unter sicherheits- und machtpolitischen Aspekten ein deutscher Föderalismus geradezu existentielle Bedeutung. Es entsprach dem französischen Sicherheitsbedürfnis, auch künftig ein wirtschaftlich und politisch schwaches Deutschland als unmittelbaren Nachbarn zu haben. Aus diesem Grund suchten die Franzosen auf der Londoner Außenministerkonferenz auch bis zum Schluß den Auftrag zur Erstellung einer Verfassung für einen Weststaat mit Hinweis auf voraussichtlich zu erwartende russische Interventionen zu verhindern. Frankreich knüpfte schon 1947 seine Einwilligung zu einer Fusion der drei westlichen Besatzungszonen an klare Bedingungen. Darunter zählte die Anerkennung der Abtrennung des Saargebietes von Deutschland, eine französische Beteiligung an einer internationalen Kontrolle des Ruhrgebietes, ein föderalistisches Westdeutschland und eine möglichst lange andauernde Besatzungszeit. Mit der Einbeziehung der französischen Regierung in die Verfassungspläne der Londoner Konferenz war die letzte Hürde zur Schaffung der »Trizone« genommen, die allerdings erst durch das Washingtoner Abkommen vom 8. April 1949 formell ins Leben gerufen wurde.

Im Schlußkommuniqué der Londoner Außenministerkonferenz vom 7. Juni 1948 wurde herausgestellt, daß man sich darauf geeinigt hätte, »daß das deutsche Volk jetzt in den verschiedenen Ländern die Freiheit erhalten soll, für sich die politischen Organisationen und Institutionen zu errichten, die es ihm ermöglichen werden, eine regierungsmäßige Verantwortung soweit zu übernehmen, wie es mit den Mindesterfordernissen der Besetzung und der Kontrolle vereinbar ist, und die es schließlich auch ermöglichen werden, die volle Verantwortung zu übernehmen«. Die auszuarbeitende »Verfassung soll so beschaffen sein, daß sie es den Deutschen ermöglicht, ihren Teil dazu beizutragen, die augenblickliche Teilung Deutschlands wieder aufzuheben, allerdings nicht durch die Wiedererrichtung eines zentralistischen Reiches, sondern mittels einer föderativen Regierungsform, die die Rechte der einzelnen Staaten [Länder] angemessen schützt und gleichzeitig eine angemessene zentrale Gewalt vorsieht und die Rechte und Freiheiten des Individuums garantiert«. Ausdrücklich wurde in dem als »Londoner Empfehlung« bezeichneten Schlußkommuniqué der anzustrebende Einheitsaspekt in den Vordergrund gerückt und darauf verwiesen, daß »in keiner Weise ein späteres Viermächteabkommen über das deutsche Problem« ausgeschlossen, sondern der Weg zur deutschen Einheit erleichtert werden sollte.[9] Zunächst aber bemühte man sich um eine Errichtung eines deutschen Weststaates.

Schon am 9. Juni 1948 erteilten die USA und Großbritannien und am 14. Juni 1948 Belgien, Luxemburg und die Niederlande ihre Zustimmung zu den Londoner Beschlüssen. In Frankreich erfolgte ihre Annahme erst, nachdem am 14. Juni 1948 die USA und Großbritannien drohten, auch ohne Frankreich die Beschlüsse umzusetzen. Damit wäre Frankreich von der weiteren Gestaltung Westdeutschlands ausgeschlossen worden. Somit ermächtigte die französische Nationalversammlung nach endlosen Debatten am 16./17. Juni 1948 gegen den Widerstand der Gaullisten und Kommunisten mit knapper Mehrheit (297:289 Stimmen) Außenminister Robert Schuman, die Londoner Beschlüsse nur unter der Voraussetzung anzunehmen, daß dem Sicherheitsbedürfnis und dem weiteren Empfang von deutschen Reparationsleistungen entsprochen sowie jede

Möglichkeit der Wiedererrichtung eines autoritären und zentralistischen Deutschlands beseitigt werde.

Erst jetzt konnten die Militärgouverneure der drei Besatzungsmächte, Lucius D. Clay (USA), Pierre Koenig (Frankreich) und Sir Brian Robertson (Großbritannien), die Londoner Empfehlungen in eine auch von den Franzosen akzeptierte Textfassung bringen, die den Ministerpräsidenten übergeben werden konnte. Clay informierte schon am 14. Juni 1948 vorab die Ministerpräsidenten der US-Zone über die Pläne der Alliierten. Er wollte – wie auch Robertson am 29. Juni 1948 in seiner Rede vor dem Zonenbeirat – dem negativen Eindruck der »Londoner Empfehlungen« in der Öffentlichkeit entgegenwirken und deren »Deutschfreundlichkeit« herausstellen.[10]

3. Die Frankfurter Dokumente vom 1. Juli 1948

Am 1. Juli 1948 nahmen die elf Ministerpräsidenten der drei westdeutschen Besatzungszonen im ehemaligen I.G.-Farben-Haus in Frankfurt, dem Hauptquartier der amerikanischen Streitkräfte, von den Militärgouverneuren die deutschlandpolitischen Entscheidungen der Londoner Sechsmächtekonferenz entgegen. Die Franzosen konnten erreichen, daß diese Sitzung sehr formell und zurückhaltend durchgeführt wurde. Das erweckte bei den ohnehin mißtrauischen Ministerpräsidenten nicht gerade große Hoffnung hinsichtlich der Absichten der Alliierten. Jeder General las ein Dokument vor; einen nahezu deprimierenden Eindruck hinterließ auf die Ministerpräsidenten, daß der französische Militärgouverneur Koenig in scharfem Ton das Dokument Nr. III mit den Grundsätzen für das Besatzungsstatut vortrug.

Die Frankfurter Dokumente[11] waren in starker Anlehnung an die Londoner Beschlüsse formuliert worden:

1) In Dokument Nr. I wurden die Ministerpräsidenten ermächtigt (»authorized«), »eine Verfassunggebende Versammlung« einzuberufen, die spätestens am 1. September 1948 zusammentreten sollte. Diese Versammlung sollte »eine demokratische Verfassung ausarbeiten, die für die beteiligten Länder eine Regierungsform des föderalistischen Typs schafft, die am besten geeignet ist, die gegenwärtige zerrissene deutsche Einheit schließlich wieder herzustellen, und die Rechte der beteiligten Länder schützt, eine angemessen Zentralinstanz (»adequate central authority«) schafft und die Garantien der individuellen Rechte und Freiheiten enthält«. Die Verfassung sollte, wenn sie nicht in Widerspruch zu den allgemeinen Grundsätzen des Dokuments stünde, von den Mi-

litärgouverneuren genehmigt und zur Ratifizierung durch ein Referendum in den beteiligten Ländern übergeben werden.

2) Dokument Nr. II kündigte unter Einbeziehung der Ministerpräsidenten eine Neuumschreibung gewisser Ländergrenzen an.

3) Mit Dokument Nr. III machten die Alliierten schließlich darauf aufmerksam, daß bei Erstellung einer Verfassung »eine sorgfältige Definition« der Beziehungen zwischen der westdeutschen Regierung und den Alliierten Behörden notwendig werde. In Grundzügen wurde ein Besatzungsstatut vorgestellt, das ein »Mindestmaß der notwendigen Kontrollen« über die Innen- und Außenpolitik des künftigen Deutschlands in Aussicht stellte.
In einer Beilage zu Dokument Nr. III erklärten die Militärgouverneure ihre Bereitschaft, »die Ministerpräsidenten und die Verfassunggebende Versammlung in allen Angelegenheiten, die diese vorzubringen wünschen, zu beraten und zu unterstützen«.

Mit Dokument Nr. II war auf der Londoner Konferenz eine französische Forderung eingelöst worden, der zufolge eine Ländergrenzenreform der Grundlage der föderativen staatlichen Neuordnung dienen sollte. So versprach man sich stärkere Einflußmöglichkeiten und die Schaffung einer territorialen Sicherheitszone an der deutsch-französischen Grenze. Grundsätzlich sollte bei der Neuumschreibung der Territorien kein Land größer sein als Bayern oder Nordrhein-Westfalen.

Die drei Frankfurter Dokumente waren im übrigen wegen des heftigen französischen Widerstands während der Beratungen der Militärgouverneure möglichst allgemein gehalten worden. Darüber hinaus wurden einige Fragen, die in den Londoner Empfehlungen noch thematisiert waren (nämlich die Errichtung einer internationalen Ruhrbehörde und einer militärischen Kontrollbehörde[12]), nicht mehr berührt. Diese Angelegenheiten hätten die Frankfurter Dokumente zweifelsohne zusätzlich verschärft. Gegen den Willen der französischen Besatzungsoffiziere wollten Amerikaner und Briten einer Brüskierung der deutschen Ministerpräsidenten vorbeugen. Ebenfalls wurden – was auf deutscher Seite zunächst unbekannt blieb – einige Detailbestimmungen zur künftigen Verfassung zurückgehalten (siehe dazu das Memorandum vom 22. November 1948; Kapitel IV, 4), weil die Westmächte überzeugt waren, daß die Verfassunggebende Versammlung ohnehin viele Angelegenheiten in ihrem Sinne entscheiden würde und der Eindruck einer alliierten Einflußnahme unbedingt vermieden werden sollte.

Die Ministerpräsidenten gaben nach dem Verlesen der Frankfurter Dokumente zunächst keine Stellungnahme ab. Auch bestand unter ihnen kein Wunsch, schon so frühzeitig einen Termin zu nennen, bis wann sie ihre Stellungnahme den Militärgouverneuren vortragen wollten. Die Militärgouverneure

Abbildung 1. Wegweiser »Parlamentarischer Rat – Pädagogische Akademie« auf dem Münsterplatz in Bonn. Ganz rechts das Denkmal für Ludwig van Beethoven.

Kölnische
Rundschau

-Rat
Akad.

drängten auch nicht. Sie wollten kein Ultimatum stellen wie noch zuvor im Juni 1948 bei der Umgestaltung des Wirtschaftsrates, als die Deutschen innerhalb nur eines Tages eine Entscheidung hatten herbeiführen müssen.[13]

Der Hinweis im Schlußteil des Dokuments Nr. III auf den freien Entschluß eines jeden Landes über die Annahme oder Ablehnung der Frankfurter Dokumente löste bei den Ministerpräsidenten gewisse Verwirrungen aus. Sie konnten nicht abschätzen, daß die Franzosen, auf deren Drängen der entsprechende Passus in das Dokument eingefügt wurde, damit die Hoffnung auf eine Revision der von ihnen ungeliebten Londoner Beschlüsse verbanden. Denn wenn nur ein Land die Frankfurter Dokumente ablehnen würde, müßte die Gründung eines Weststaates scheitern.

Immerhin wurden in der Frankfurter Besprechung die Länder erstmals nach dem Krieg von den Besatzungsmächten als einziges vorhandenes Rechtssubjekt angesehen. Die Ministerpräsidenten fühlten sich zu einer »Institution« aufgewertet und sahen sich als »Sprachrohr für die Deutschen«.[14]

Die ersten Tage nach Übergabe der Frankfurter Dokumente verstrichen mit intensiven Beratungen in den Länderkabinetten, den Landtagen und den Leitungsgremien der Parteien und Fraktionen.

Die CDU/CSU bejahte grundsätzlich die Ermächtigung zur Erarbeitung einer Verfassung, auch wenn ihr Vorsitzender in der britischen Zone, Konrad Adenauer, die Londoner Empfehlungen in einem privaten Schreiben als »katastrophal« bezeichnete und glaubte, der Versailler Vertrag von 1919 sei »dagegen ein Rosenstrauß« gewesen.[15] Doch wünschte die Union durch die Länderparlamente einen »Parlamentarischen Rat« zu wählen, der die »vorläufigen organisatorischen Grundlagen« für den Zusammenschluß der drei Zonen schaffen und »die Interessen der deutschen Bevölkerung gegenüber den Besatzungsmächten zur Geltung« bringen sollte. Die Koppelung des Besatzungsstatuts an eine künftige deutsche Verfassung wurde von der CDU – wie auch der SPD – abgelehnt, weil der Eindruck vorherrschte, daß gleichzeitig mit der Verfassung auch das Besatzungsstatut durch Volksentscheid angenommen werden sollte.[16] Das wäre einer »zivilen Kapitulation«[17] gleichgekommen, da die Selbstbestimmung der Deutschen gefährdet gewesen wäre. Solange die Absicht bestand, die Verfassung durch eine Volksabstimmung anzunehmen, hätte das ferner ihre Ablehnung zur Folge haben können.

Die SPD hatte in Anlehnung an den Entschluß ihres Parteivorstandes vom 29./30. Juni 1948 in Hamburg auf die Einberufung einer Nationalversammlung und auf die Ausarbeitung einer Verfassung ebenfalls verzichten wollen. Sie forderte statt dessen die Ausarbeitung eines »Verwaltungsstatuts«, »Organisationsstatuts« oder »vorläufigen Grundgesetzes« durch einen Ausschuß der Länderparlamente. In Besprechungen unmittelbar vor der nächsten Ministerpräsidentenkonferenz einigten sich die beiden großen Parteien darauf, eine Verfassung mit vorläufigem Charakter für die Westzonen erarbeiten zu wollen. Die Reform der Ländergrenzen sollte zunächst zurückgestellt werden, weil die Einberufung der Verfassunggebenden Versammlung schon auf den 1. September 1948 festgesetzt war und bis dahin nur wenig Zeit blieb.

4. Die Koblenzer Beschlüsse

Unter dem Vorsitz des rheinland-pfälzischen Ministerpräsidenten Peter Altmeier (CDU) trafen vom 8.–10. Juli 1948 die Ministerpräsidenten der westdeutschen Besatzungszonen auf dem Rittersturz bei Koblenz zusammen, um über das weitere Vorgehen und über eine Stellungnahme zu den Frankfurter Dokumenten zu beraten. Schon bei der Wahl dieses Tagungsortes wurde bewußt die französische Besatzungszone gewählt, um die Verbundenheit der bereits zusammengeschlossenen amerikanischen und britischen Besatzungszone mit der französischen zum Ausdruck zu bringen und um einer anhaltenden Isolation der französischen Besatzungszone zu begegnen.[18] Aufgrund dieser politischen Vorzeichen wurde eine Teilnahme der vier ostdeutschen Ministerpräsidenten – die zuletzt auf der Münchener Ministerpräsidentenkonferenz am 6./7. Juni 1947 mit westdeutschen Regierungschefs zusammengekommen waren – nicht in Betracht gezogen.

Im Verlauf der Konferenz trug jeder Ministerpräsident die Stellungnahme seines Landes vor. Daran schloß sich eine Diskussion über die drei Frankfurter Dokumente in kleineren Kommissionen an. Doch schon in der Generalaussprache kristallisierten sich vier Grundsätze heraus:

1) Die Frankfurter Dokumente sollten angenommen werden. Damit war die wichtigste Entscheidung zunächst einmal gefallen.
2) Die Schaffung eines westdeutschen Staates wurde jedoch abgelehnt. Die Einberufung einer Nationalversammlung kam für die Ministerpräsidenten in Anbetracht der Teilung Deutschlands keinesfalls in Frage.
3) Die Neuumschreibung der Ländergrenzen wurde als eine rein innerdeutsche Angelegenheit betrachtet, die ohne ein Mitwirken der Alliierten geklärt werden sollte.
4) Der Entwurf eines Besatzungsstatuts wurde ebenfalls abgelehnt, da er den Besatzungsmächten zu viele Sonderrechte auf politischem und wirtschaftlichem Gebiet vorbehielt.

Hingegen beabsichtigten die Ministerpräsidenten nun, zu den ihrerseits als »Vorschlag« aufgefaßten Frankfurter Dokumenten konkrete Gegenvorschläge auszuarbeiten. In Kommissionsberatungen wurden die Ergebnisse der Generalaussprache konkretisiert. Den breitesten Raum nahmen die Fragen ein, in welche juristische Textform (Verfassung, Statut oder Gesetz) die staatliche Ordnung Westdeutschlands gefaßt werden sollte, wie das Gremium einberufen werden sollte und welche Kompetenzen es haben sollte. Schließlich wurde auch das Ratifizierungsverfahren eines solchen Dokuments diskutiert.

Die Ministerpräsidenten legten ihre Stellungnahme zu den Frankfurter Dokumenten am 10. Juli 1948 in einer Antwortnote den drei Generalen vor. Diese Koblenzer Beschlüsse, wie sie nach dem Tagungsort genannt wurden, zielten deutlich auf eine andere politische Staatsform ab, als sie den Militärgouverneuren vorschwebte. Die Beschlüsse waren »Ausdruck des Willens, an der Lösung der gestellten Probleme schöpferisch mitzuarbeiten und das in den [Frankfurter] Dokumenten gesteckte Ziel möglichst schnell und wirksam zu erreichen«. Doch gleichzeitig unterstrichen die Regierungschefs, keine Verantwortung für die Teilung Deutschlands übernehmen zu wollen und alles vermeiden zu wollen, »was dem zu schaffenden Gebilde den Charakter eines Staates verleihen würde«. Bei diesem sollte es sich nur um ein »Provisorium« handeln, das die Spaltung zwischen West und Ost nicht weiter vertiefen durfte. Da ein Volksentscheid dem »Grundgesetz« ein Gewicht verleihen würde, das nur einer endgültigen Verfassung zukommen solle, rieten die Ministerpräsidenten, davon Abstand zu nehmen. Als Voraussetzungen für eine Verfassung wurden eine gesamtdeutsche Regelung und die Wiederherstellung der »deutschen Souveränität« genannt. Die Reform der Ländergrenzen sollte erst nach »eingehender Prüfung« vorgenommen werden, da »eine grundsätzliche und endgültige Lösung geboten« schien. Zu Dokument Nr. III wurde bemerkt, daß die angekündigten Beschränkungen eines deutschen Außenhandels entfallen sollten, statt dessen wurden deutsche Außenhandelsvertretungen unter alliierter Aufsicht vorgeschlagen. Schließlich baten die Ministerpräsidenten, »in regelmäßigen Zeitabständen« die Möglichkeit einer Revision der Besatzungsbeschränkungen und -kontrollen zu prüfen. Die Antwortnote endete mit einem Dank an die Militärgouverneure, die »durch ihre Initiative die Möglichkeit für eine immer weiter fortschreitende Entwicklung der Demokratie erweitert« hätten. Die Grundgedanken der Antwortnote der Ministerpräsidenten wurden in Stellungnahmen zu den einzelnen Dokumenten näher erläutert. Dazu zählte auch der Hinweis der Ministerpräsidenten, den Landtagen zu empfehlen, »eine Vertretung (Parlamentarischer Rat)« zu wählen und zu beauftragen, »ein Grundgesetz für die einheitliche Verwaltung des Besatzungsgebietes der Westmächte« auszuarbeiten.[19]

General Clay, der sich sehr enttäuscht und verärgert zeigte, glaubte, die Ministerpräsidenten hätten mit den Koblenzer Beschlüssen die Frankfurter Dokumente und damit zugleich die Londoner Empfehlungen faktisch außer Kraft gesetzt. In einer Besprechung mit den Ministerpräsidenten der amerikanischen Besatzungszone stellte Clay am Abend des 14. Juli 1948 sogar in Frage, daß die Außenminister in neuen Verhandlungen ein »gleich günstiges Ergebnis« für Deutschland erreichen würden. Fast einer Standpauke gleich warf Clay den Ministerpräsidenten vor, ihre »wirklichen Helfer und Freunde, die Amerikaner, brüskiert« zu haben. Nicht nur, daß sie ihn (Clay) im Kampf mit den Sowjets um Berlin und die Entwicklung Westdeutschlands im Stich gelassen hätten, nein, sie hätten den Franzosen die gewünschte Gelegenheit gegeben, die unter großen Schwierigkeiten in London ausgehandelten Optionen für Westdeutschland hinauszuzögern. Damit sei das »Schicksal der Westzonen«, so Clay, »in die Hände« von General Koenig gelegt. Clay erwog sogar, die Pläne für eine westdeutsche Regierung ganz fallen zu lassen, ehe er sich – wie in Frankreich gewünscht – erneut auf eine Außenministerkonferenz der drei oder sechs Mächte einließe.[20]

Von britischer Seite erfolgten keine derart drastischen Reaktionen, was aber nebensächlich schien angesichts der starken Stellung von Clay bei den Militärgouverneuren. Von französischen Besatzungsoffizieren wurde wie erwartet betont, daß die Koblenzer Beschlüsse in der Tat weit von den Londoner Empfehlungen entfernt wären. Diese starken Abweichungen, so erklärten sie, würden erneute Verhandlungen auf Regierungsebene notwendig machen. Weil die Deutschen offensichtlich nicht bereit schienen, Verantwortung für die Teilung ihres Landes zu tragen, entwarf General Koenig die wenig günstige Perspektive, ein Besatzungsstatut zu erlassen und eine deutsche Verwaltung für alle drei Zonen in Abhängigkeit von den Besatzungsmächten einzusetzen.

Die Koblenzer Beschlüsse waren von den Ministerpräsidenten als ein aufrichtig gemeinter konstruktiver Vorschlag angesehen worden und sollten ihre »schöpferische« Mitarbeit an den Frankfurter Dokumenten zum Ausdruck bringen.[21] Sonst hätte auch wohl kaum der Hamburger Bürgermeister Max Brauer (SPD) die Beschlüsse noch am 21. Juli 1948 als eine »staatsmännische Arbeit« bewertet.[22] Ziel der Ministerpräsidenten war es, eine Verfassung zu schaffen, die durch eine in sich geschlossene und realpolitische Konzeption überzeugen sollte. Da die Ministerpräsidenten die konträren Auffassungen zwischen den Besatzungsmächten nicht kannten, vermochten sie die scharfe Reaktion von Clay unmöglich vorauszusehen. Die von ihnen hervorgerufene schwere Krise der deutsch-alliierten Beziehung war also unbeabsichtigt.

Die von den Ministerpräsidenten vermittelte Zuversicht über den Wert ihrer Beschlüsse wurde jedoch schon von Zeitgenossen in Frage gestellt, die die illusionären Wunschbilder der »Traumpolitiker« als Konsequenz einer »Vogel-Strauß-Politik« abtaten.[23]

Am 15./16. Juli 1948, ein Tag nach der Begegnung mit Clay, kamen die Ministerpräsidenten der drei Besatzungszonen zu Beratungen im Jagdschloß Niederwald

115 Volt

Abbildung 2. Konstituierende Sitzung des Parlamentarischen Rates am 1. September 1948 in der Pädagogischen Akademie. An der Seite sitzend, von rechts nach links: 1. Reihe: N. N. (Fotograf), Hans Ehard (CSU, Ministerpräsident von Bayern), Karl Arnold (CDU, Ministerpräsident von Nordrhein-Westfalen), Christian Stock (SPD, Hessischer Ministerpräsident); 2. Reihe: Max Brauer (SPD, 1. Bürgermeister von Hamburg); Hans Troßmann (Leiter des Sekretariates des Parlamentarischen Rates), Gebhard Müller (CDU, Ministerpräsident von Württemberg-Hohenzollern); 3. Reihe: Wilhelm Kaisen (SPD, Senatspräsident und Oberbürgermeister von Bremen), Hermann Lüdemann (SPD, Ministerpräsident von Schleswig-Holstein), Hinrich Wilhelm Kopf (DP, Ministerpräsident von Niedersachsen). Am Tisch vorne links Anton Pfeiffer (CSU), rechts Paul Löbe (SPD).

bei Rüdesheim zusammen. Der Justizminister und stellvertretende Staatspräsident von Württemberg-Hohenzollern, Carlo Schmid (SPD), erklärte die Haltung Clays dahingehend, daß nach amerikanischer Auffassung dem zukünftigen deutschen Staat eine aktive Rolle im Kampf gegen die UdSSR zukommen sollte. Diese Rolle Deutschlands sah Clay demnach nun gefährdet. Da die Koblenzer Beschlüsse in den Landtagen eine positive Aufnahme gefunden hatten, fühlten sich die Ministerpräsidenten in ihren Ansichten jedoch bestätigt und sahen zuversichtlich weiteren Verhandlungen mit den Alliierten entgegen, fest entschlossen, von den Koblenzer Beschlüssen zunächst nicht abzurücken.

Angesichts der politischen Lage in Europa bemühten sich Clay und Robertson am 15. und 19. Juli 1948 in Verhandlungen mit General Koenig, diesen wieder auf die Londoner Empfehlungen festzulegen. Die drei Militärgouverneure einigten sich schließlich darauf, den Ministerpräsidenten die politischen Hintergründe der Londoner Entscheidungen deutlich aufzuzeigen und die Konsequenzen einer beharrlichen Ablehnung der Empfehlungen zu erläutern. Eine alliierte Expertengruppe wurde beauftragt, die Unterschiede der Frankfurter Dokumente und der Koblenzer Beschlüsse präzise herauszuarbeiten.

Nach der Bekanntgabe der Frankfurter Dokumente kam es am 20. Juli 1948 zur erneuten Zusammenkunft der Militärgouverneure mit den Ministerpräsidenten der drei Besatzungszonen. Der Vorsitzende General Robertson wies auf die Verbindlichkeit der Frankfurter Dokumente hin, die das »Ergebnis von Anweisungen« der Londoner Außenministerkonferenz gewesen waren. Er meinte, daß die deutschen Vertreter zwar nicht die Verantwortung für die deutsche Teilung auf sich nehmen bräuchten, wünschte jedoch, daß sie im Rahmen der Zuständigkeiten, die man ihnen einzuräumen würde, die volle Verantwortung tragen sollten. Wieder trug jeder der drei Generale die Erwiderung auf die Koblenzer Beschlüsse zu den einzelnen Dokumenten vor. Die Ausarbeitung eines Grundgesetzes statt einer Verfassung wurde von alliierter Seite abgelehnt. Der Modus für die Wahl der Abgeordneten der Verfassunggebenden Versammlung wurde den Ministerpräsidenten überlassen. Die Ratifizierung durch ein Referendum hielten die Alliierten für unverzichtbar; genauso beharrten sie auf ihre Mitwirkung bei der in Dokument Nr. II in Aussicht gestellten Ländergrenzenreform, weil diese Auswirkungen auf die Zonengrenzen haben würde. Der Parlamentarische Rat sollte sich damit ausdrücklich nicht beschäftigen. Zum Besatzungsstatut wurde bemerkt, daß eine Stellungnahme des Parlamentarischen Rates noch vor einer endgültigen Ausformulierung erwartet werde, weshalb vor Aufnahme der Verfassungsberatungen die Fertigstellung des Statuts nicht möglich sei. Das Besatzungsstatut, so wurde angekündigt, werde mit der Genehmigung der Verfassung veröffentlicht, so könne die Bevölkerung der Länder »völlig verstehen«, daß »die Annahme des Verfassungspapiers innerhalb des Rahmens eines Besatzungsstatutes« stattfinde.[21]

Nach einer Beratung unter den Ministerpräsidenten lenkte in einer Schlußerklärung der hessische Ministerpräsident Christian Stock (SPD) schließlich im Namen seiner Kollegen auf die alliierten Wünsche ein und versicherte, auf die Koblenzer Beschlüsse verzichten zu wollen, um so zu einer Stabilisierung der politischen Entwicklung im Sinne der Londoner Empfehlungen beizutragen. In ihrem Kommuniqué betonten die Militärgouverneure den »aufklärenden und informellen Charakter« der Beratungen und wiesen darauf hin, daß Entscheidungen nicht gefallen seien.[25]

5. Die zweite Ministerpräsidentenkonferenz in Niederwald

Am 21. Juli 1948 kamen die Ministerpräsidenten im Jagdschloß Niederwald erneut zusammen. Trotz ihrer Entscheidung, zugunsten der Londoner Empfehlungen auf die Koblenzer Beschlüsse zu verzichten, bildeten letztere jedoch weiterhin die Grundlage für die Diskussion. Zu den wichtigsten Entscheidungen der zweiten Ministerpräsidentenkonferenz zählten:

1) Die Wahl der Abgeordneten des Parlamentarischen Rates sollte durch indirekte Wahl in den Landtagen erfolgen.
2) Die Koblenzer Beschlüsse sollten als »Empfehlung« bestehen bleiben.
3) Die Bezeichnung »Grundgesetz« sollte möglichst beibehalten werden, zumal auch die Alliierten die Verfassung als Provisorium aufgefaßt hatten.
4) Die Ratifizierung des Grundgesetzes durch Referendum wurde weiterhin zugunsten einer Annahme in den Landtagen abgelehnt.
5) Ungeachtet des Hinweises der Militärgouverneure auf eine mögliche Auswirkung auf die Zonengrenzen sollte die Ländergrenzenreform weiterhin zurückgestellt werden.

Großen Eindruck auf die Ministerpräsidenten machte die Rede des Berliner Bürgermeisters Ernst Reuter (SPD), der für die erkrankte amtierende Oberbürgermeisterin Louise Schroeder kam. Er kannte die Argumente, die bereits während der Konferenz auf dem Rittersturz zur Genüge ausgetauscht worden waren, nicht. So verwies er mit Nachdruck darauf, daß ein Fortbestehen der derzeitigen politischen Verhältnisse in Westdeutschland für die Berliner und die Deutschen im Osten unerträglich sei. Diese seien vielmehr durch alle demokratischen politischen Lager hindurch der Meinung, »daß die politische und ökonomische Konsolidierung des Westens eine elementare Voraussetzung für die Gesundung auch unserer Verhältnisse und für die Rückkehr des Ostens zum gemeinsamen Mutterland« sei.[26] In dem Wunsch nach einer Berliner Beteiligung an den Grundgesetzberatungen kündigte Reuter die Entsendung einer Delegation an.

Reuter traf mit seiner Rede offenbar »die Stimmung im Lande«.[27] Nur mit Mühe wandte Schmid dagegen ein, daß es für ihn unvorstellbar sei, unter der bestehenden Besatzungsherrschaft eine »Verfassung in der Unfreiheit« zu schaffen, und diese auch noch zu »einem konstitutiven Element« machen zu wollen.[28]

In parallel zur Ministerpräsidentenkonferenz laufenden Gesprächen lenkten die von den Militärgouverneuren beauftragten alliierten Verbindungsoffiziere in der Frage des Referendums bereits ein, aus berechtigter Sorge vor Agitationen von »oppositionellen und destruktiven Elemente[n]«, die einem Abstimmungskampf vorausgehen dürften.[29] In einem Memorandum an die Militärgouverneure teilten die Ministerpräsidenten mit, daß sie sich entschieden hätten, vom »Grundgesetz« zu sprechen, das am besten mit »basic constitutional law« übersetzt werden könnte.

Hinsichtlich der Ländergrenzenreform setzten die Ministerpräsidenten einen Ausschuß zur Überprüfung der Ländergrenzen ein, der sich am 27. Juli 1948 unter dem Vorsitz des schleswig-holsteinischen Ministerpräsidenten Hermann Lüdemann (SPD) konstituierte. Nach ergebnislosen Verhandlungen stellte der Ausschuß seine Arbeit bald ein. In einer Entschließung vom 1. Oktober 1948 befürworteten die Ministerpräsidenten den Zusammenschluß der südwestdeutschen Länder Württemberg-Baden (in der amerikanischen Besatzungszone) und Baden und Württemberg-Hohenzollern (in der französischen Besatzungszone), lehnten ein eigenständiges Land Südschleswig ab und wiesen auf die Notwendigkeit hin, vor der Ratifizierung des Grundgesetzes die bestehenden En- und Exklaven zu bereinigen und die Wiedervereinigung der durch Zonengrenzen durchschnittenen Gemeinden vorzunehmen.[30]

In angespannter Atmosphäre kamen die Militärgouverneure und Ministerpräsidenten am 26. Juli 1948 ein letztes Mal vor Einberufung des Parlamentarischen Rates zusammen. Wohl alle Teilnehmer wußten, daß in dieser Besprechung endgültige Entscheidungen fallen würden. Es war ein hohes Wagnis, den Militärgouverneuren letzte Zugeständnisse abzuringen, gleichzeitig aber den sehnlichst erwarteten Konsolidierungsprozeß nicht zu gefährden. Erst nachdem die Militärgouverneure sich zu Beratungen zurückgezogen hatten, erklärten sie ihr Einverständnis, die Bezeichnung »Verfassung« zugunsten des Terminus »Grundgesetz« mit dem erläuternden Zusatz »vorläufige Verfassung« fallenzulassen und ebenfalls in der Referendumsfrage den Ministerpräsidenten entgegenzukommen. Auch bewilligten die Besatzungsmächte die Einberufung eines Parlamentarischen Rates anstelle einer Verfassunggebenden Nationalversammlung sowie eine Terminverschiebung für die Vorlage der Vorschläge zur Ländergrenzenreform.

6. Der Verfassungskonvent auf Herrenchiemsee (10.–23. August 1948)

Der Vorschlag, einen Ausschuß von Sachverständigen einzuberufen, der Vorarbeiten für die künftige westdeutsche Verfassung leisten sollte, wurde von Ministerpräsident Stock erstmals am 1. Juli 1948 unterbreitet. Seine Einberufung auf die Herreninsel im Chiemsee ging jedoch auf einen Vorschlag des bayerischen Ministerpräsidenten Hans Ehard (CSU) zurück, der sich gegen die Bemühung von Nordrhein-Westfalen, die Tagung im eigenen Lande auszurichten, durchsetzen konnte. Am 21./22. und erneut am 25. Juli 1948 berieten die Ministerpräsidenten Näheres zur Einberufung des Sachverständigenausschusses, der einen Verfassungsvorschlag ausarbeiten sollte. Dieser sollte dem Parlamentarischen Rat als Grundlage dienen. Unverkennbar wurde damit eine Einflußnahme auf dessen zukünftige Arbeit versucht.

Der Ausschuß sollte sich nach ersten Überlegungen »ausschließlich« aus erfahrenen Beamten, also in der Mehrzahl Verwaltungsjuristen, zusammensetzen. Politische, gar parteipolitische Auseinandersetzungen sollten hintangestellt werden. Doch als die Mitglieder berufen waren, fiel auf, daß aus der amerikanischen und französischen Besatzungszone überwiegend Politiker, aus der britischen Zone jedoch zumeist Fachleute entsandt wurden. Es war zu befürchten, daß politische Überlegungen einen höheren Stellenwert in der Diskussion erhalten könnten als sachliche Argumente. Jedes Land schickte einen Bevollmächtigten in den Verfassungskonvent; hinzu kamen Mitarbeiter und gegebenenfalls Sachverständige. Stimmberechtigte Mitglieder waren: Oberlandesgerichtspräsident Paul Zürcher (Baden), Staatsekretär Josef Schwalber (Bayern), Bürgermeister Theodor Spitta (Bremen), Senatssyndikus Wilhelm Drexelius (Hamburg), Staatssekretär Hermann L. Brill (Hessen), Ministerialrat Justus Danckwerts (Niedersachsen), Referent für internationales Recht in der Landeskanzlei, Theodor Kordt (Nordrhein-Westfalen), Justiz- und Kultusminister Adolf Süsterhenn (Rheinland-Pfalz), Wirtschaftswissenschaftler Fritz Baade (Schleswig-Holstein), Justizminister Josef Beyerle (Württemberg-Baden) und Justizminister Carlo Schmid (Württemberg-Hohenzollern).[31] Als Gast nahm der Vorsitzende der Stadtverordnetenversammlung Otto Suhr (SPD) aus Berlin teil. Der bayerische Staatsminister Anton Pfeiffer (CSU), der von der Bayerischen Landesregierung mit der Durchführung der vorbereitenden Arbeiten betraut wurde, übernahm auch die »allgemeine Leitung« der Tagung.[32]

Am 10. August 1948 eröffnete Pfeiffer im Klostertrakt des säkularisierten Augustiner-Chorherrenstifts auf der Insel Herrenchiemsee den Verfassungskonvent. Verhältnismäßig wenige Tage blieben den Delegierten, da im Frankfurter Dokument Nr. I für den 1. September 1948 die Einberufung des Parlamentarischen Rates festgelegt worden war. Frühzeitig hatte die bayerische Staatsregierung einen »Entwurf eines Grundgesetzes« und »Bayerische Leitgedanken für die Schaffung des Grundgesetzes« unterbreitet, die, deutlich als »private Arbeit« deklariert, »die Eröffnung des Gedankenaustausches« erleichtern sollten.[33] Beide Entwürfe wurden kaum beachtet. Sie zeichneten sich durch einen ausgeprägten Föderalismus aus, der aber auch von den meisten übrigen Konventsteilnehmern propagiert wurde, die als Vertreter der Länderregierungen selbstverständlich auch große Ländervollmachten gegenüber dem Bundesstaat befürworteten. Davon wichen allenfalls die Verfassungspläne der SPD ab, die aber auch nicht den ungeteilten Zuspruch aller Parteiangehörigen erhielten.

Am zweiten Sitzungstag zeichnete sich ein Grunddilemma des Verfassungskonventes ab. Schmid hatte erkannt, daß dessen Aufgabe nur vage formuliert und keinerlei politische Grundentscheidungen vorgegeben, geschweige denn, »bestimmte Zielrichtungen gewiesen« worden seien.[34] Auch war umstritten, in welcher Form das Ergebnis des Verfassungskonventes vorgelegt werden sollte; während Schmid und Danckwerts einen in sich geschlossenen Entwurf, der von den Ministerpräsidenten später verworfen werden könnte, grundsätzlich ablehnten, sprach sich Süsterhenn für »einen bereits akzentuierten und ausgearbeiteten Entwurf« aus.[35] Die Ergebnisse von Herrenchiemsee wurden schließlich bescheiden als »Bericht« deklariert, der einen darstellenden Teil und den ausgearbeiteten Entwurf eines Grundgesetzes enthielt.

Nach weiteren programmatischen Überlegungen über die Fragen, ob Deutschland nach 1945 weiter bestehe und nur eine neue Staatsordnung bekäme, ob eine Mitwirkung von Vertretern der sowjetischen Besatzungszone und von Berlin erwünscht sei, und ob ein »Übergangsstaat« begründet werden solle, wurden die weiteren Verhandlungen zu Einzelfragen auf Vorschlag von Pfeiffer an drei Unterausschüsse übertragen, in denen letztlich auch die Hauptarbeit des Verfassungskonventes geleistet wurde. Ihre Ergebnisse wurden am 23. August 1948 zusammengetragen und im Plenum beraten. Die als »unumstrittene Hauptgedanken« des Verfassungskonventes geltenden Punkte waren:[36]

1) Die Gesetzgebungsorgane sollten aus zwei Kammern bestehen, einem »echten Parlament« und einer Länderkammer, deren Struktur aber umstritten war.
2) Die Bundesregierung sollte von dem Vertrauen einer »arbeitsfähigen Mehrheit« im Parlament abhängig sein; von dieser sollte ein Mann an die Spitze der Regierung gewählt werden.
3) Um eine Präsidialregierung zu verhindern, sollte die »arbeitsfähige Mehrheit« im Parlament weder die Regierungsbildung verhindern, noch eine bestehende Regierung stürzen können.
4) Neben der Regierung sollte ein neutrales Staatsoberhaupt stehen, dessen Funktion zunächst nur behelfsmäßig ausgefüllt werden sollte, solange keine

angemessene völkerrechtliche Handlungsfreiheit bestand und solange die Verhältnisse in den »ostdeutschen Ländern« ungeklärt waren.

5) Notverordnungsrecht und Bundeszwang sollten bei der Bundesregierung und der Länderkammer, nicht aber beim Staatsoberhaupt liegen.
6) Bei der Bundesaufsicht sollte die Bundesjustiz Hilfestellung leisten.
7) Überwiegend sprach man sich für eine Gesetzgebung, Verwaltung, Justiz und Finanzhoheit der Länder aus.
8) Bund und Länder sollten eine getrennte Finanzwirtschaft führen.
9) Ein Volksbegehren sollte ausgeschlossen werden und ein Volksentscheid nur bei Grundgesetzänderung möglich sein.
10) Eine Änderung des Grundgesetzes, durch die die freiheitliche und demokratische Grundordnung beseitigt werden könnte, sollte unzulässig sein.

Am 30. August 1948 wurde der von einem Redaktionsausschuß redigierte Abschlußbericht den Ministerpräsidenten übersandt. Diese leiteten den Bericht umgehend an die ersten in Bonn tätigen Mitarbeiter des Sekretariats des Parlamentarischen Rates weiter.

Verschiedene Gremien, Interessenverbände und Parteien zeigten sich enttäuscht über die in nur 14 Tagen geleistete Arbeit. Dabei hatte es der Verfassungskonvent doch tatsächlich vermocht, eine »ziemlich vollständige und richtige Zusammenfassung der verfassungsrechtlichen Vorstellungen in Westdeutschland« auszuarbeiten, wie sich ein amerikanischer Besatzungsoffizier ausdrückte.[37] Mitglieder des Verfassungskonventes wie Brill drängten schon bei Aufnahme der Beratungen darauf, aus Sicht des Parlamentarischen Rates nicht den Eindruck entstehen zu lassen, daß hier »elf x-beliebige Staatsbürger«, nämlich die Ministerpräsidenten, eine »Petition« einreichten.[38] Genau das aber war Äußerungen führender Mitglieder des Parlamentarischen Rates zu entnehmen, die die Unverbindlichkeit der Beschlüsse von Herrenchiemsee betont wissen wollten. Wohl am deutlichsten kommentierte die SPD das Ergebnis. Sie stellte fest, daß der Verfassungskonvent aufgrund einer »privaten« Vereinbarung der Ministerpräsidenten entstanden sei. Dieser Ansicht nach kam dem auf Herrenchiemsee tagenden Ausschuß, der ein Grundgesetzentwurf im Sinne der Länder gefertigt habe, keine größere Bedeutung zu als anderen Interessengruppen. Fritz Heine, Parteivorstandsmitglied und Pressechef der SPD, bezeichnete die Arbeiten »höchstens als Vorarbeiten«, die der Parlamentarische Rat entweder »in den Papierkorb werfen kann oder aus denen er einige Anregungen entnehmen wird«.[39]

Es war beabsichtigt, dem Entwurf des Verfassungskonvents keine größere Bedeutung zukommenzulassen als anderen. Tatsächlich jedoch diente er den Fachausschüssen des Parlamentarischen Rates als Diskussionsgrundlage bis hin zur Artikelzählung. Einige Artikel sind sogar wörtlich in das Grundgesetz übernommen worden. Diese bedeutsame Rolle nahm kein einziger Parteientwurf zum

Grundgesetz ein, auch nicht der SPD-Entwurf einer »Westdeutschen Satzung« vom 16. August 1948, der schon am 2. September 1948 durch den sog. »Zweiten Menzel-Entwurf für ein Grundgesetz« unter Berücksichtigung des Berichts von Herrenchiemsee in überarbeiteter Form vorgelegt wurde.[40] Danach sollte kein Grundgesetz verfaßt werden, sondern »Organisationsnormen«, die »mehr als ein gewöhnliches Gesetz, aber weniger als eine Verfassung« sein und als »Organisationsstatut« bezeichnet werden sollten.[41] Die CDU/CSU wandte dagegen schon zuvor ein, daß, gleichgültig ob man den Zusammenschluß der Länder »Staatsfragment« oder »Staat« nennen würde, dieser in seinen Grundelementen nichts anderes sein könne als ein funktionsfähiger Staat.[42]

Die CDU/CSU legte selbst keinen ausgearbeiteten Entwurf mehr vor. Sie wollte sich nicht zu früh festlegen, um offen zu sein bei der späteren Suche nach mehrheitsfähigen Kompromissen.

Obwohl der Entwurf des Verfassungskonvents nicht den Charakter einer offiziellen Vorlage an den Parlamentarischen Rat erhielt, so hatten die Ministerpräsidenten auf Herrenchiemsee doch umfassend zur Arbeit an einer westdeutschen Verfassung beitragen können und für den Parlamentarischen Rat »wertvolle Vorarbeiten« geleistet.[43] Ihre Mitarbeit war damit aber auch weitestgehend erschöpft. Während der Beratungen im Parlamentarischen Rat hatten sie – abgesehen vom bayerischen Ministerpräsidenten Hans Ehard (CSU) – kaum die Gelegenheit ergriffen, in die Beratungen einzugreifen.

7. Letzte Vorbereitungen

Während der Verfassungskonvent von Herrenchiemsee unter verhältnismäßig starker Teilnahme der Presse und Öffentlichkeit tagte, liefen seit der Einigung der Ministerpräsidenten mit den Militärgouverneuren am 26. Juli 1948 bei den Landesregierungen letzte Vorbereitungen für die Einberufung des Parlamentarischen Rates am 1. September 1948.

Bisher tagten die Ministerpräsidenten in der französischen und der Verfassungskonvent in der amerikanischen Zone. Jetzt kam als Tagungsort für den Parlamentarischen Rat ein Ort in der britischen Zone in Frage. Nach engagierten Bemühungen der nordrhein-westfälischen Landesregierung sprachen sich in einer telefonischen Abstimmung in der Zeit vom 13.–18. August 1948 von den elf Ländern insgesamt acht für Bonn als Tagungsort aus, zwei Länder (Württemberg-Baden und Württemberg-Hohenzollern) wünschten Karlsruhe, und Niedersachsen präferierte mit Celle einen Ort im eigenen Lande. Die Städte Frankfurt, Koblenz, Köln und Düsseldorf erhielten keine Stimme.[44] Mit der

Entscheidung für Bonn lagen die weiteren Vorbereitungen bei der Landesregierung von Nordrhein-Westfalen.

Als Tagungslokal wurde in Bonn der schlichte, aber funktionale Bau der Pädagogischen Akademie am Rhein, nahe des alten Bonner Wasserwerkes, ausgewählt. Von Anfang an ging man bei den Planungen von einer Arbeitszeit von zwei bis drei Monaten aus, die die Erstellung des Grundgesetzes in Anspruch nehmen würde. Spätestens Weihnachten, so wähnte man, seien alle Abgeordneten wieder zu Hause. Diese wurden deswegen statt in Wohnungen oder Appartements in Hotels und Tagungslokalen untergebracht. Die CDU/CSU-Fraktion erhielt in Königswinter Zimmer, die SPD-Fraktion im Hotel Drachenfelser Hof im benachbarten Rhöndorf. Die kleineren Fraktionen wurden in der Stadt Bonn untergebracht: Die FDP im Hotel La Roche (Colmantstraße), das Zentrum im Hotel Rheinterrassen, die KPD im Hotel Gruhnert (Koblenzer Straße).

Schon während der Beratungen im Jagdschloß Niederwald am 15. Juli 1948 beschlossen die Ministerpräsidenten, in der Hessischen Staatskanzlei in Wiesbaden ein »Büro der Ministerpräsidenten« einzurichten. Wiesbaden eignete sich wegen seiner günstigen Verkehrsanbindung an Frankfurt, den Sitz der amerikanischen Militärverwaltung. Von dieser Anlaufstelle sollte der Geschäftsverkehr »zwischen der Konferenz der Ministerpräsidenten und den Oberbefehlshabern der Besatzungsmächte in den elf Staaten Westdeutschlands« wahrgenommen werden.[45]

Im Auftrag der Ministerpräsidenten wurden vom Büro auch die Abstimmungen über den Tagungsort des Parlamentarischen Rates durchgeführt, der Parlamentarische Rat einberufen, dessen Sekretariatsangestellte (Stenographen und Sekretäre) eingestellt, die Vervielfältigung des Herrenchiemseer Verfassungsentwurfes vorbereitet und schließlich sogar der Entwurf einer Geschäftsordnung zur Verfügung gestellt. Das Büro der Ministerpräsidenten fungierte gewissermaßen als »Geburtshelfer«[46] des Parlamentarischen Rates.

Bevor der Parlamentarische Rat in Bonn einberufen wurde, errichteten die Ministerpräsidenten als Außenstelle des Wiesbadener Büros in Bad Godesberg ein Verbindungsbüro, um die Beteiligung der Länderregierungen an den Beratungen des Parlamentarischen Rates »sicherzustellen«.[47] Von hier aus verfolgte Dr. Georg Leisewitz die Beratungen des Parlamentarischen Rates und informierte die Ministerpräsidenten umgehend und umfassend.

Neben den Ministerpräsidenten unterhielt die Bayerische Staatskanzlei von Anfang September 1948 bis zum 4. Juni 1949 in Bonn eine eigene Dienststelle unter der Leitung von Dr. Hans Wutzelhofer, zu dessen wichtigsten Mitarbeitern Claus Leusser zählte. Die Dienststelle bot den Bayerischen Abgeordneten aller Parteien Räume, Schreibpersonal und einige Kraftfahrzeuge. Darüber hinaus sollte den bayerischen Abgeordneten Begegnungsmöglichkeiten geboten werden, um »etwas bayerische Gemütlichkeit« im Rheinland »zu spüren zu bekommen«.[48]

Die in der Beilage zum Frankfurter Dokument Nr. III erklärte Bereitschaft, durch »Beauftragte der Militärgouverneure« »die Ministerpräsidenten und die Verfassunggebende Versammlung in allen Angelegenheiten, die diese vorzubringen wünschen, zu beraten und zu unterstützen«, veranlaßte die Alliierten, in Bonn ein gemeinsames Büro einzurichten, von dem aus diese Kontakte zum Parlamentarischen Rat ermöglicht werden sollten. Die alliierten »Liaison Officers«, die teilweise auch Zivilangestellte und Diplomaten in den Militärverwaltungen waren, sollten die Nahtstelle zwischen den Mitgliedern des Parlamentarischen Rates und den Militärgouverneuren bilden, deren Hauptquartiere sich in ihren Besatzungszonen befanden. Aufgrund des französischen Widerstandes auf einer Besprechung der drei Militärgouverneure am 30. Juni 1948 scheiterte aber die Einrichtung eines gemeinsamen Verbindungsbüros; statt dessen unterhielten Amerikaner, Briten und Franzosen jeweils eigene Büros, von denen die Arbeit des Parlamentarischen Rates beobachtet und beurteilt werden sollte. Ende September 1948, als die Arbeit des Parlamentarischen Rates auf Hochtouren lief, zeichnete sich ab, daß einige alliierte Verbindungsoffiziere die Außenstelle des Büros der Ministerpräsidenten in Bad Godesberg zu ihren Zwecken instrumentalisieren wollten. Doch haben deren Mitarbeiter diesen Versuch abgewehrt und allenfalls in eigener Sache eine Beeinflussung der Mitglieder des Parlamentarischen Rates betrieben (siehe Kapitel II, 4). So mußten die »Liaison Officers« selbst tätig werden.

Die wichtigsten Mitarbeiter der Bonner Verbindungsbüros, die mit Mitgliedern des Parlamentarischen Rates in den nächsten Monaten in Verhandlungen traten, waren auf amerikanischer Seite der Sohn des parteilosen deutschen Reichsaußenministers (1920–1921) Walter Simons, Hans Simons, und Anthony F. Pabsch, der ebenfalls deutscher Abstammung war. Der Berater von General Clay, Edward H. Litchfield, kam vom amerikanischen Hauptquartier in Frankfurt mehrfach zu Gesprächen nach Bonn. Das britische Verbindungsbüro leitete Roland Alfred Aimé Chaput de Saintonge. Sein französischer Kollege, Jean Laloy, wurde Ende März 1949 von Jean Victor Sauvagnargues abgelöst.

8. Die »Väter« und »Mütter« des Grundgesetzes

Im Frankfurter Dokument Nr. I wurde auch die Zusammensetzung der Verfassunggebenden Versammlung angesprochen. Die Gesamtzahl der Abgeordneten sollte ermittelt werden, indem die Gesamtzahl der Bevölkerung nach der letzten Volkszählung von 1946 durch 750 000 oder eine ähnliche, von den Ministerpräsidenten vorzuschlagende und von den Militärgouverneuren zu billigende Zahl geteilt werde. Bereits in den Koblenzer Beschlüssen forderten die Ministerpräsidenten darüber hinaus, daß, wenn sich in einem Land eine Restzahl von mindestens 200 000 Einwohnern ergäbe, ein weiterer Abgeordneter gewählt werden dürfe. Nachdem die Alliierten diesem Wunsch entsprachen und den Ministerpräsidenten freie Hand in der Frage des Wahlmodus ließen, einigten sich diese am 27. Juli 1948 auf ein sog. Modellgesetz, nach dem die Abgeordneten in allen Landtagen gewählt werden sollten.[49] Eine Regelung über die Verteilung der Mandate auf die einzelnen Parteien wurde in den Gesetzentwurf nicht aufgenommen. Der von den Ministerpräsidenten einberufene Ausschuß zur Schaffung des Modellgesetzes empfahl jedoch, eine Vereinbarung zwischen den großen Fraktionen zustandezubringen, wonach eine Majorisierung in den Landtagen vermieden werden sollte, so daß die Abgeordneten also nach dem Wahlergebnis der jeweils letzten Landtagswahl aufgeteilt werden sollten. Die Benennung der Abgeordneten wurde den jeweiligen Fraktionen überlassen. Den Nominierungen stimmten die Landtage dann ohne Personaldebatte zu.

Unklarheit bestand zunächst darüber, ob die Kommunisten in Bayern berücksichtigt werden sollten und ob – wie Ministerpräsident Ehard in Aussicht stellte – die kurz zuvor gegründete Bayernpartei die zustehenden zwei Mandate erhalten sollte, weil das den rechnerisch ermittelten Gleichstand von CDU/CSU und SPD gefährdet hätte. Da die Kommunistische Partei jedoch nicht im Bayerischen Landtag vertreten war, blieb sie von der Mitarbeit im Parlamentarischen Rat ausgeschlossen.[50]

Zwischen dem 6. und 31. August 1948 nahmen sämtliche Landtage den Entwurf des Modellgesetzes über die Errichtung eines Parlamentarischen Rates unverändert an und wählten die Abgeordneten. Entsprechend der Bevölkerungszahl wurden in den drei westdeutschen Besatzungszonen 65 Abgeordnete gewählt. Deren Auswahl wurde freilich nicht dem Zufall überlassen, sondern die Parteiführungen gaben ihren jeweiligen Landtagsfraktionen vor, wer in den Parlamentarischen Rat gewählt werden sollte.[51]

Die Verteilung der Mandate brachte eine Verschiebung des Stimmenverhältnisses mit sich. Adenauer erinnerte in seinem Bericht über die Grundgesetzarbeit auf der Sitzung der CDU/CSU-Arbeitsgemeinschaft am 8. Januar 1949 in Königswinter daran, daß das Verhältnis der beiden großen Fraktionen im Parlamentarischen Rat anders hätte aussehen müssen. Die Wahl in den Landtagen lief entweder nach der einfachen Stimmenverteilung (Verhältniswahlsystem) bei der jeweils letzten Landtagswahl oder nach der Anzahl der Landtagsmandate. Bei einer überall durchgeführten Verhältniswahl hätte die Mandatvergabe im Parlamentarischen Rat folgendermaßen ausgesehen (in Klammern die tatsächliche Sitzverteilung im Parlamentarischen Rat): CDU/CSU 25 (27), SPD 23 (27), FDP 7 (5), KPD 6 (2), DP 2 (2), Zentrum 2 (2).[52] Mit der tatsächlichen Mandatsverteilung fühlte sich die CDU »überfahren«.[53] Wer von einer solchen Sitzverteilung außer der CDU noch profitiert hätte, ist umstritten. Die Liberalen hätten sicherlich ein größeres Gewicht bekommen, der faktische Einfluß der KPD wäre jedoch auch bei einer derartigen personellen Verstärkung kaum größer gewesen.

Wie im Frankfurter Wirtschaftsrat 1947–1949, in dem die Weichenstellung für das zukünftige politische Kräftefeld des Parlamentarischen Rates vorgenommen wurde, bildeten auch im Parlamentarischen Rat die CDU und die CSU eine Fraktion. Ebenfalls schlossen sich die drei vertretenen liberalen Parteien FDP, LDP und DVP am Tage vor der Konstituierung zu einer Fraktion zusammen. Da der Geschäftsordnungsausschuß darauf verzichtete, eine Mindestzahl für die Fraktionsstärke festzulegen,[54] gab es im Parlamentarischen Rat sechs Fraktionen.

Während der Beratungen über das Grundgesetz wurden wegen sechs Mandatsniederlegungen und einem Todesfall sieben Abgeordnete nachgewählt. Mit diesen und den Berliner Delegierten gehörten dem Parlamentarischen Rat insgesamt 77 Mitglieder an (zu weiteren biographischen Angaben siehe Anhang, S. 207–227).

Von der CDU waren im Parlamentarischen Rat Mitglied:

Baden: Dr. Hermann Fecht, Anton Hilbert (Ersatz für Fecht);
Berlin: Jakob Kaiser;
Hamburg: Dr. Paul de Chapeaurouge;
Hessen: Dr. Heinrich von Brentano, Dr. Walter Strauß;
Niedersachsen: Dr. Werner Hofmeister (Ersatz für Rönneburg), Heinrich Rönneburg, Ernst Wirmer;
Nordrhein-Westfalen: Dr. Konrad Adenauer, Adolf Blomeyer, Dr. Robert Lehr, Lambert Lensing, Josef Schrage, Dr. Helene Weber;
Rheinland-Pfalz: Dr. Albert Finck, Hubert Hermans (Ersatz für Süsterhenn), Dr. Adolf Süsterhenn;
Schleswig-Holstein: Dr. Hermann von Mangoldt, Carl Schröter;
Württemberg-Baden: Theophil Heinrich Kaufmann, Adolf Kühn (Ersatz für Walter), Felix Walter;
Württemberg-Hohenzollern: Dr. Paul Binder.
Hinzu kamen die CSU-Abgeordneten aus Bayern, die mit der CDU zu einer Fraktion zusammengeschlossen waren: Dr. Josef Ferdinand Kleindinst, Dr. Gerhard Kroll, Dr. Wilhelm Laforet, Karl Sigmund Mayr, Dr. Anton Pfeiffer, Kaspar Gottfried Schlör, Dr. Josef Schwalber, Dr. Kaspar Seibold.

Mitglieder der SPD waren:

Baden: Friedrich Maier;
Bayern: Hannsheinz Bauer, Dr. Willibald Mücke, Albert Rosshaupter (Ersatz für Seifried), Josef Seifried, Jean Stock;
Berlin: Paul Löbe, Ernst Reuter, Dr. Otto Suhr;
Bremen: Adolf Ehlers;

Hamburg: Adolph Schönfelder;
Hessen: Dr. Ludwig Bergsträsser, Dr. Fritz Hoch, Georg August Zinn;
Niedersachsen: Dr. Georg Diederichs, Dr. Otto Heinrich Greve, Erich Ollenhauer (Ersatz für Greve), Dr. Elisabeth Selbert, Hans Wunderlich;
Nordrhein-Westfalen: Rudolf-Ernst Heiland, Dr. Fritz Löwenthal (ab 4.5.1949 parteilos), Dr. Walter Menzel, Friederike Nadig, Hermann Runge, Dr. Friedrich Wolff;
Rheinland-Pfalz: Karl Kuhn, Friedrich Wilhelm Wagner;
Schleswig-Holstein: Andreas Gayk, Dr. Rudolf Katz;
Württemberg-Baden: Dr. Fritz Eberhard, Gustav Zimmermann;
Württemberg-Hohenzollern: Dr. Carlo Schmid.

Mitglied der FDP im Parlamentarischen Rat waren: Dr. Max Becker (Hessen), Dr. Thomas Dehler (Bayern), Dr. Theodor Heuss (Württemberg-Baden), Dr. Hermann Höpker Aschoff (Nordrhein-Westfalen), Dr. Hans Reif (Berlin), Dr. Hermann Schäfer (Niedersachsen).

Die beiden Abgeordneten der DP kamen aus Niedersachsen: Wilhelm Heile und Dr. Hans-Christoph Seebohm.

Die Abgeordneten der KPD waren: Hugo Paul, Heinz Renner (Ersatz für Paul) und Max Reimann. Sie kamen aus Nordrhein-Westfalen.

Das Zentrum gab es nur im Landtag von Nordrhein-Westfalen; es wurde vertreten durch Johannes Brockmann und Helene Wessel.

Die fünf Berliner Abgeordneten Kaiser (CDU), Löbe (SPD), Reuter (SPD), Reif (FDP) und Suhr (SPD) wurden aufgrund des Vier-Mächte-Status' für Berlin nicht als Mitglieder des Parlamentarischen Rates – welcher ein Gremium der Länder der drei westlichen Besatzungszonen war – geführt und hatten kein Stimmrecht. Bereits die Ministerpräsidenten zogen anläßlich des Auftrags zur Ausarbeitung eines Grundgesetzes am 1. Juli 1948 unter stillschweigender Duldung der Militärgouverneure Vertreter des Berliner Magistrats zu ihren Beratungen hinzu, die in den Protokollen jedoch nicht eigens aufgeführt wurden.[55] Als Ausdruck ihrer Verbundenheit sandten die Regierungschefs von der Konferenz im Jagdschloß Niederwald am 21. Juli 1948 demonstrativ der erkrankten amtierenden Berliner Oberbürgermeisterin Louise Schroeder (SPD) ein Grußtelegramm, in dem sie ihr »Unterstützung im Ringen um Freiheit und Menschenrechte« zusicherten.[56]

Noch im August 1948 kam das Gerücht auf, der Parlamentarische Rat würde in seiner ersten Plenarsitzung beschließen, Berliner Vertreter offiziell teilnehmen zu lassen. Daraufhin eröffnete der amerikanische Verbindungsoffizier Prabsch den Ministerpräsidenten, daß es dienlich wäre, vorher mit den Verbindungsof-

Abbildung 3. Vor Beginn einer Fraktionssitzung, im Vordergrund Helene Weber (CDU), links Albert Finck (CDU) und Carl Schröter (CDU).

fizieren Kontakt aufzunehmen. Ein solcher weitreichender Beschluß sollte sich nicht auf das »weltpolitische Bild« auswirken.[57]

Am Tag vor der Einberufung des Parlamentarischen Rates wurde von den Ministerpräsidenten die Frage einer Teilnahme der Berliner Vertreter dahingehend entschieden, daß eine offizielle Vertretung Berlins im Parlamentarischen Rat nicht opportun sei, aber der Parlamentarische Rat als demokratische Entscheidung eine praktikable Lösung im Sinne der Militärgouverneure herbeiführen sollte.[58] Als während der Eröffnungssitzung am 1. September 1948 die Berliner »Gäste« auf Antrag von Schmid aufgefordert wurden, mit beratender Stimme teilzunehmen, und schließlich der zum Präsidenten gewählte Konrad Adenauer diese noch bat, auf den Bänken der Abgeordneten Platz zunehmen, brachten die Alliierten »eine starke Verstimmung« darüber zum Ausdruck, daß die Einbindung der Berliner nicht unauffälliger vor sich gegangen sei.[59] Bis zum Ende des Parlamentarischen Rates blieb die zukünftige Berücksichtigung der Viermächte-Stadt Berlin im Grundgesetz umstritten, weil damit die Politik der Siegermächte elementar berührt wurde.

Mit Komplikationen war die Berufung von Carlo Schmid (SPD) verbunden, da in seinem Herkunftsland Württemberg-Hohenzollern beide Mandate an die CDU fielen. Der Staatspräsident von Württemberg-Hohenzollern, Gebhard Müller (CDU), hatte sich jedoch mit Erfolg in seiner Partei dafür stark gemacht, daß der Teilnehmer von Herrenchiemsee, Schmid, in den Parlamentarischen Rat entsandt wurde, zumal dieser hinsichtlich seines zukünftigen Engagements bei der Regelung kultureller Fragen Zusicherungen gemacht hatte. Auch war bekannt, daß er gemäßigte Positionen in der SPD einnahm, die der Arbeit des Parlamentarischen Rates zugute kommen könnten. Zu diesem Zweck überließ die CDU der SPD ein Mandat des Landes Württemberg-Hohenzollern. Im Gegenzug dazu erhielt der Hamburger CDU-Abgeordnete Paul de Chapeaurouge ein Mandat der SPD.[60]

Zu den 65 Mitgliedern des Parlamentarischen Rates zählten nur vier Frauen; zwei Frauen waren von der SPD (Nadig und Selbert), je eine aus der CDU (Weber) und dem Zentrum (Wessel). Selbert war, obwohl sie im Hessischen Landtag saß, als Vertreterin von Niedersachsen nominiert worden.

Das Durchschnittsalter der Abgeordneten betrug etwa 55 Jahre, jeder dritte Abgeordnete war über 60 Jahre alt.

Etliche Abgeordnete hatten vor 1933 in deutschen Parlamenten gesessen. Die Abgeordneten Heile, Löbe und Weber waren bereits Mitglieder der Weimarer Nationalversammlung 1919 gewesen. Elf Abgeordnete waren Mitglieder des Reichstags gewesen. 22 Abgeordnete gehörten in der Weimarer Republik einem Landtag oder einem Provinziallandtag an. In der Nachkriegszeit saßen 18 Mitglieder des Parlamentarischen Rates im Zonenbeirat der britischen Besatzungszone, im Parlamentarischen Rat des Länderrates, im Verwaltungsrat der Bizone oder aber im Wirtschaftsrat. Sieben Abgeordnete – Bergsträsser, von Brentano, Süsterhenn, Lehr, Menzel, Schmid und Pfeiffer – waren an den Verfassungsdiskussionen in ihren Ländern bzw. Parteien seit 1947 aktiv beteiligt. Fünf Abgeordnete hatten beim Verfassungskonvent auf Herrenchiemsee mitgewirkt (Pfeiffer, Schmid, Schwalber, Süsterhenn und Suhr). In den späteren Bundestag wurden 37 Abgeordnete des Parlamentarischen Rates gewählt.[61]

Insgesamt zwölf, einschließlich der später nachgerückten Abgeordneten, gehörten während ihrer Tätigkeit im Parlamentarischen Rat einer Landesregierung an; darunter waren allein fünf Justizminister (SPD: Eberhard, Ehlers, Katz, Menzel, Schmid, Zinn; CDU/CSU: Fecht, Hofmeister, Pfeiffer, Strauß, Süsterhenn, Schwalber). Sie konnten zur Bewältigung ihrer Arbeit – anders als viele Abgeordnete, die keine Unterstützung hatten – mit der unkomplizierten Hilfe ihrer Landesverwaltungen bzw. Ministerien rechnen.[62]

Wie heute in vielen Parlamenten der Bundesrepublik so überwog auch im Parlamentarischen Rat mit 47 Abgeordneten bereits die Anzahl der Berufsbeamten, Richter und Professoren, bzw. ehemaliger Angehörige dieser Berufsgruppen. Explizite Interessenvertreter von Gruppen, wie etwa den Flüchtlingen und Vertriebenen, den Kirchen, Gewerkschaften oder Berufsverbänden waren hingegen gar nicht vertreten.

Von den 51 im Parlamentarischen Rat vertretenen Akademikern hatten allein 32 ein juristisches Studium und elf ein wirtschaftswissenschaftliches Studium absolviert.[63] 35 Abgeordnete waren promoviert.

Nur sehr schwierig ist es, die individuellen Schicksale der Mitglieder des Parlamentarischen Rates in ihrem Kampf um Leben und Überleben während der Naziherrschaft in statistischen Angaben zu vermitteln. Hier kann nach einer Durchsicht der 77 Biographien nur schlaglichtartig auf die abgebrochenen Karrieren hingewiesen werden, ohne daß den Gründen im einzelnen nachgegangen werden kann:[64] Adenauer, Brockmann, Ehlers, Fecht, Greve, Heiland, Heile, Heuss, Hilbert, Höpker Aschoff, Kaufmann, Kühn, Lensing, Maier, Menzel, Reif, Rönneburg, Schrage, Schröter, Seifried, Strauß, Suhr, Weber und Wunderlich wurden schon bald nach der Machtübernahme der Nationalsozialisten wegen »politischer Unzuverlässigkeit« aus ihrem Beruf (vorzeitige Versetzung in den Ruhestand) und/oder aus ihren Ämtern entlassen. Finck, Schwalber, Zimmermann und Zinn waren kurze Zeit in »Schutzhaft«. Zwischen 1933 und 1945 wurden zeitweise Adenauer, Brockmann, Diederichs, Kaiser, Kuhn, Lehr, Pfeiffer, Reimann, Runge, Wagner und Wirmer inhaftiert.

Lehr beteiligte sich in der Widerstandsgruppe um Beck und Goerdeler. Kaiser zählte zur Widerstandsbewegung des 20. Juli 1944. Nach seiner Haftentlassung beteiligte sich Kuhn in einer Widerstandsgruppe. Wirmer wurde 1944–1945 wegen Mitarbeit in einer Widerstandsgruppe verhaftet. Reimann leitete eine kommunistische Widerstandsbewegung, floh 1939 in die Tschechoslowakei; auf der

Abbildung 4. Die »Mütter« des Grundgesetzes, von links nach rechts: Friederike Nadig (SPD), Helene Weber (CDU), Helene Wessel (Zentrum) und Elisabeth Selbert (SPD).

Flucht nach England wurde er verhaftet und in das Konzentrationslager Sachsenhausen gebracht. Ebenfalls in Konzentrationslagern waren die SPD-Abgeordneten Löbe, Reuter und Roßhaupter (Dachau) sowie der KPD-Abgeordnete Paul (Sachsenhausen).

Eberhard emigrierte 1938 nach England. Katz entzog sich einem Zugriff der Gestapo durch die Flucht ins Ausland. Löwenthal floh nach Moskau, Ollenhauer nach Prag, später nach Paris und London. Renner emigrierte 1935 nach Frankreich und wurde von 1939–1943 interniert und 1943 an die Deutschen ausgeliefert. Reuter ging in die Türkei. Wagner, der aus der Haft floh, emigrierte in die Schweiz und Frankreich; über Spanien und Portugal kam er in die USA.

Bergsträsser war durch die NSDAP wegen »politischer Unzuverlässigkeit« als Dozent entlassen und unterhielt während seiner Reisen nach Paris und London 1935–1939 Kontakt zu deutschen Politikern und Emigranten. De Chapeaurouge wurde 1933 ein Strafverfahren angehängt, weil er sich als Innensenator weigerte, die Polizei von Hamburg der NSDAP zu unterstellen. Dehler kam nach seiner Soldatenzeit 1944 in das Arbeitslager Rositz.

Gayk gab eine illegale Zeitung heraus. Heiland wurde 1936 wegen der Vorbereitung zum Hochverrat verurteilt. Hermans mußte 1941 einen Ortswechsel vornehmen, da er politisch »nicht tragbar« war. Walter wurde 1933 strafversetzt.

Kaum ein Abgeordneter blieb im »Dritten Reich« verschont vor machtstaatlichen Übergriffen, Denunziation und Verfolgung. Von den 77 Biographien fällt einzig die von Blomeyer aus dem Rahmen, der neben seiner beruflichen Tätigkeit auf dem eigenen Gut zusätzlich von 1929 bis 1942 das Amt des Bürgermeisters der Landgemeinde Ulenburg inne hatte. Ferner hielt die KPD ihm am 10. Mai 1949 im Plenum seine Mitgliedschaft im SA-Reitersturm in Minden vor.[65]

Insgesamt hatten die Landtage bedeutende Mitglieder der Parteien entsandt. Während die CDU mit Adenauer ihren »starken Mann« in der britischen Zone, aber auch von Brentano und Kaiser, Gründungsmitglied der CDU in Berlin, entsandte, kamen aus der FDP der langjährige Mitarbeiter von Friedrich Naumann, Heuss, der als Publizist im Dritten Reich »überwinterte«, sowie Dehler und der ehemalige preußische Finanzminister Höpker Aschoff. Die CSU wurde angeführt von der »grauen Eminenz« Pfeiffer, der das uneingeschränkte Vertrauen des Ministerpräsidenten Ehard genoß. Die SPD schickte zwar mit Menzel, Schmid und Zinn hervorragende Verfassungsexperten, doch der in Hannover residierende Parteivorstand unterschätzte offensichtlich die politische Bedeutung des Parlamentarischen Rates im Hinblick auf seine Rolle unmittelbar vor der Gründung des deutschen Weststaates. Ihr Vorsitzender Kurt Schumacher konnte aus Krankheitsgründen nicht teilnehmen. Sein Stellvertreter Ollenhauer kam erst in den Parlamentarischen Rat, als es darum ging, an den Verhandlungen im Überleitungsausschuß mit den Ministerpräsidenten und dem Konsultativrat mit den Alliierten teilzunehmen. Die Parteileitung mußte deswegen aus der Ferne ihren Einfluß geltend machen, was der Öffentlichkeit nicht verborgen blieb. Fraktionsvorsitzender Schmid selbst hatte deswegen einmal in einer Pressekonferenz am 5. Januar 1949 betont, daß es falsch sei, anzunehmen, daß »der Mohr Carlo Schmid seinem Herrn ungehorsam geworden sei und daß deswegen der Führer Schumacher diesen ungetreuen Gesellen zurückgepfiffen habe«.[66]

II. Anfänge

1. Die Eröffnungsfeier

Im Frankfurter Dokument Nr. I vom 1. Juli 1948 wurde als spätester Beginn für die Aufnahme der Verfassungsarbeit der 1. September 1948 festgelegt. Die Eile, mit der in Bonn und den Hauptstädten der Länder die letzten Vorbereitungen getroffen wurden, deutete darauf hin, daß den Ministerpräsidenten alles daran lag, diese Zweimonatsfrist einzuhalten.

Der Eröffnungsfeier am 1. September 1948 in Bonn begann um 13.00 Uhr mit dem Festakt im großen Saal des zoologischen Museums Alexander Koenig in Bonn. Aus dem Raum wurden zuvor die ausgestopften Tiere beiseite geschoben. Große Vorhänge verdeckten den Blick auf die Tiere. Die Erinnerung daran, daß der Kopf der Giraffe neugierig auf die Festversammlung herabgeschaut hätte,[1] gehört zu jenen Legenden, die erst erfunden wurden, nachdem sich die Bundesrepublik Deutschland etabliert hatte. Sie unterstreicht immerhin sinnbildhaft die improvisierten Voraussetzungen, unter denen die Verfassungsschöpfung in Bonn ihren Anfang nahm.

Der Festakt wurde vom Nordwestdeutschen Rundfunk direkt übertragen. In seiner Funktion als Gastgeber begrüßte der nordrhein-westfälische Ministerpräsident Karl Arnold (CDU) die Abgeordneten des Parlamentarischen Rates und die Festgäste. Dazu zählten neben den Ministerpräsidenten Vertreter der christlichen Kirchen und Repräsentanten aus Wirtschaft und Kultur, Mitglieder des Wirtschaftsrates sowie eine Schar von Journalisten, darunter auch internationaler Zeitungen, die fortan über die Geschehnisse in Bonn berichteten. Die drei Militärgouverneure blieben vorgeblich »wegen sehr wichtiger Besprechungen« der Veranstaltung fern; tatsächlich befürchteten sie, die Moskauer Verhandlungen zur Aufhebung der Berlin-Blockade zu gefährden. Nach Absprache entsandten sie auch nicht ihre Stellvertreter, sondern wie die USA den politischen Berater Robert D. Murphy, der im Rang eines Botschafters in der Viermächtestadt Berlin residierte, oder subalterne Mitarbeiter und Verbindungsoffiziere. Auch belgische Offiziere waren anwesend.

Arnold machte in seiner Ansprache einleitend darauf aufmerksam, daß die Abgeordneten des Parlamentarischen Rates eine Arbeit aufnähmen, »deren Größe und Bedeutung nicht überschätzt werden« könne, auch wenn keine »endgültige Verfassung für Gesamtdeutschland«, sondern nur ein vorläufiges Grundgesetz für das westliche Besatzungsgebiet geschaffen werde. Das würde die Arbeit keineswegs vereinfachen, zumal das Grundgesetz »die ›Magna Charta‹ des deutschen öffentlichen Lebens werden« sollte. Nur zögerlich einsetzenden Applaus erntete er für seine Bemerkung, »daß Hitler keine typische und ausschließliche deutsche Erscheinung« gewesen sei; »er war«, so Arnold, »vielmehr die Personifizierung des destruktiven Geistes in Europa und in der Welt, und Deutschland war, so gesehen, nur die lokale Stelle, an der das europäische Geschwür aufgebrochen war«.[2] Mit Blick in die Zukunft unterstrich Arnold gegenüber den Besatzungsmächten den Einheitswillen des deutschen Volkes und bemerkte: »Bei der seelischen Lage Deutschlands könnte die so vordringliche Neuordnung Europas mit unvergleichlichen und fruchtbaren Impulsen erfüllt werden, wenn die Alliierten dem deutschen Volke den Frieden geben würden«.

Aus paritätischen Gründen empfahl es sich, daß nach Arnold der Vorsitzende der Ministerpräsidentenkonferenz, Stock (SPD), sprach. Verbunden mit einem Dank an die westlichen Alliierten bewertete dieser die Verhandlungen um die Frankfurter Dokumente zur Einberufung des Parlamentarischen Rates nicht – wie im Falle der Errichtung des Wirtschaftsrates – als »Diktat«, sondern als »Vereinbarung« mit den Militärgouverneuren. Stock bekundete die Entschlossenheit der Ministerpräsidenten, »die Arbeit des Parlamentarischen Rates in jeder Beziehung zu unterstützen und durch tatkräftige Mitwirkung im Rahmen der hierfür gegebenen Möglichkeiten zu fördern«. Unverzichtbar war für ihn der Föderalismus, der ihm am besten geeignet schien, »die gegenwärtig zerrissene deutsche Einheit schließlich wieder herzustellen und [der] die Rechte der beteiligten Länder schützt, eine angemessene Zentralinstanz schafft und Garantien der individuellen Rechte und Freiheiten enthält«. Den inzwischen laut gewordenen sowjetischen und kommunistischen Vorwürfen, in Bonn würde die Spaltung des deutschen Volkes vollendet, hielt Stock entgegen: »Wir spalten nicht, wir führen zusammen und einigen. Unsere bisherige Tätigkeit hat nur dem Ziele gegolten, das deutsche Volk zu jeder Zeit auf der größtmöglichen Ebene zusammenzuführen. Mit dem heutigen Tage wachsen 46 Millionen Deutsche aus drei Besatzungszonen zu gemeinsamem Handeln zusammen. Wir alle wünschen, das ganze Deutschland wäre heute durch seine Vertreter in Bonn versammelt. Es ist nicht unsere Schuld, wenn es noch nicht sein kann. Aber wir sind überzeugt, daß einmal die Stunde kommt, in der es einer politischen Doktrin nicht mehr möglich ist, Deutsche von uns fernzuhalten, die mit heißem Herzen zu uns wollen, deren Gedanken und Wünsche heute bei uns sind«.[3]

MUSEUM ALE
DER KOE
STUDIIS
ZOOLOGICIS
SACRUM

Abbildung 5. Vor dem Museum Koenig in Bonn anläßlich der feierlichen Eröffnung des Parlamentarischen Rates am 1. September 1948.

2. Die Konstituierung am 1. September 1948

Nach dem Festakt im Museum Koenig zog die Festversammlung zur geradezu idyllisch zwischen Schrebergärten und Blumenbeeten am Rhein gelegenen Pädagogischen Akademie.

Nach parlamentarischem Usus begrüßte das älteste Ratsmitglied, der 73jährige Schönfelder (SPD), zu Beginn der konstituierenden Sitzung die Abgeordneten sowie »in erster Linie« die anwesenden Vertreter der Militärregierungen, deren Vollmachten es zu verdanken sei, daß der Parlamentarische Rat tage. Durch diesen Akt sei der Parlamentarische Rat in seiner Genese und seiner Eigenschaft ohne jegliches Vorbild in der Geschichte. In dieser Körperschaft seien »Vertreter des ganzen deutschen Volkes, wenigstens des Teiles, der in der Trizone lebt«, zusammengekommen.[4] Nach seinen Begrüßungsworten begann Schönfelder mit der Konstituierung des Parlamentarischen Rates, indem er durch den Abgeordneten Wolff (SPD), einen der beiden von ihm berufenen Schriftführer, alle Abgeordneten nach ihren Herkunftsländern aufrief.

Daran schloß sich die Wahl des Präsidenten an. Wie immer in politischen Gremien überließ man diese wichtige Entscheidung nicht dem Zufall. Aufgrund interfraktioneller Vereinbarungen war schon vor Einberufung des Parlamentarischen Rates die Wahl auf den langjährigen Kölner Oberbürgermeister und Vorsitzenden des Preußischen Staatsrates, Adenauer, gefallen, der nach dem Zweiten Weltkrieg in Nordwestdeutschland als Vorsitzender der CDU-Landtagsfraktion von Nordrhein-Westfalen und als Vorsitzender der CDU in der britischen Zone weithin bekannt war. Da das Amt des Präsidenten von einem CDU-Mitglied besetzt werden sollte, waren die weiteren Posten im Präsidium sowie der Vorsitz der Fachausschüsse entsprechend dem Parteienproporz abgesprochen worden. Die Wahl von Adenauer (CDU) zum Präsidenten, von Schönfelder (SPD) zum ersten stellvertretenden und von Schäfer (FDP) zum zweiten stellvertretenden Präsidenten erfolgte daher ohne Diskussion durch Akklamation.

Im Gegenzug zur Präsidentschaft Adenauers erhielt den – wie die SPD irrtümlich annahm – viel einflußreicheren Vorsitz im Hauptausschuß ihr Fraktionsvorsitzender Carlo Schmid. Erst viel später gestand die SPD die Wahl Adenauers zum Präsidenten als einen aus ihrer Sicht »entscheidenden Fehler« ein.[5] Sie glaubte nämlich, daß Adenauer sich auf die Leitung der Beratungen und die Wahrnehmungen repräsentativer Pflichten zu beschränken hätte.

Doch mit der Wahl Adenauers zum Präsidenten des Parlamentarischen Rates war eine höchst bedeutsame, aber für die Abgeordneten überhaupt nicht überschaubare Weichenstellung erfolgt. Sie hat Adenauer in eine politische Schlüsselposition gebracht, die günstige Bedingungen für seine weitere Karriere als maßgebender Politiker in der Bundesrepublik schuf. Die Mittlerrolle des Präsidentenamtes erlaubte es ihm, sich aus Streitigkeiten zwischen den Parteien herauszuhalten, was ihn nicht hinderte, in der eigenen Fraktion und Partei seine Meinungen mit größtem Nachdruck zu vertreten. Seine Auftritte in der Öffentlichkeit, aber vor allem gegenüber den Militärregierungen, sollten ihm in den nächsten Monaten größte Reputation einbringen.

Adenauers Humor schließlich war es zu verdanken, daß manch spannungsgeladene Situation entschärft wurde. Eine erste Kostprobe gab er schon während der Übernahme des Präsidiums in der konstituierenden Sitzung. Nach einem Störversuch des kommunistischen Abgeordneten Reimann, dem der Alterspräsident kaum Herr wurde, bedankte sich Adenauer trotzdem bei Schönfelder, »der in jugendlicher Frische und Stärke soeben hier seines Amtes gewaltet« habe[6] – dabei war Adenauer mit 72 Jahren nur wenige Monate jünger.

Die Störversuche Reimanns erfolgten, nachdem dieser im Namen der KPD einen Antrag auf sofortige Einstellung der »Beratung über eine separate westdeutsche Verfassung« eingebracht hatte. Er begründete den Antrag damit, daß die Londoner Empfehlungen gegen die völkerrechtlich bindenden internationalen Vereinbarungen der Konferenzen von Jalta (1945) und Potsdam (1945) verstoßen würden und der Parlamentarische Rat kein Mandat vom deutschen Volk habe. Als Alternative schlug Reimann vor, »daß die Vertreter aller demokratischen deutschen Parteien in Verbindung mit dem deutschen Volksrat [in der Ostzone, d. Verf.] den Alliierten einen einheitlichen deutschen Vorschlag über die Bildung einer einheitlichen deutschen demokratischen Republik vorlegen«.[7] Dem hielt der am Vortag gewählte Vorsitzende der CDU/CSU-Fraktion, Pfeiffer, entgegen, daß zum ersten Mal nach dem Krieg »eine Volksvertretung« zusammengetreten sei. Auf ihr Grundgesetz sollte »die ganze staatliche, die moralische Ordnung, die ganze Wirtschaftspolitik und Sozialpolitik« aufgebaut werden. Als »gewissenlos«, ja »geradezu unerhört« bezeichnete er es, diese Chance einfach »beiseite zu schieben«. »Als Deutsche«, so endete Pfeiffer, »müssen wir erst recht zeigen, daß wir eine deutsche Arbeit für unser Volk leisten wollen und daß wir nicht schauen nach einem fremden Gängelband oder nach dem Reflex fremder Interessen und fremder internationaler Politik [sondern] auf unser Volk«.[8] Als Schönfelder nach der Rede Pfeiffers zur Abstimmung aufrufen wollte, unterbrach ihn Reimann, rief in den Saal und rannte schließlich an das Rednerpult, wo er Schönfelder mittels des Mikrophons zu übertönen suchte. Als aufgebrachte Abgeordnete sich von ihren Plätzen erhoben, entstand ein zusätzlicher Lärm und eine Unruhe, so daß es zu einer tumultartigen Szene kam und die Militärvertreter angesichts dieses würdelosen Schauspiels den Saal verließen. Weil Schönfelder Reimann das Wort nicht erteilte, drohte dieser, gegen diese »Vergewaltigung« ankämpfen zu wollen, während er sich gleichzeitig von erbosten Abgeordneten die Zwischenrufe »Unverschämt!« und »Raus!« anhören mußte. In aller Eile rief Schönfelder die Anträge über die Teilnahme der Berliner Gäste und Einstellung der Verfassungsarbeit zur Abstimmung auf, von denen der erste erwartungsgemäß angenommen und der Antrag von der KPD abgelehnt wurde. Dann übergab Schönfelder Adenauer die Leitung der Versammlung.

In seiner Ansprache erläuterte Adenauer kurz das Wesen und die Aufgabe des Parlamentarischen Rates. Er wies darauf hin, daß der Parlamentarische Rat zwar »durch einen Akt der Militärgouverneure« einberufen worden sei, aber nun »im Rahmen der ihm gestellten Aufgaben völlig frei und völlig selbständig« sei. Zugleich zeichnete er ein düsteres Bild der Zukunft der Welt, Europas und des »politisch ohnmächtigen« und zweigeteilten Deutschlands. Zwar rieb sich Adenauer an der »mangelnden Souveränität auch dieses Teiles Deutschlands«, doch wollte er umgekehrt auf die Gelegenheit, dem »völlig auseinandergebrochenen deutschen Volke eine neue politische Struktur« zu geben, »im Interesse Europas und der gesamten Welt« nicht verzichten. Die Mitglieder des Parlamentarischen Rates sollten sich im Bewußtsein der »historischen Aufgabe« unter »Gottes Schutz mit dem ganzen Ernst und mit dem ganzen Pflichtgefühl« stellen.[9]

Nach diesen Worten sowie der Einsetzung eines Geschäftsordnungsausschusses und eines Ältestenrates ließ Adenauer nach alten parlamentarischen Gepflogenheiten zum Schluß die Möglichkeit zu persönlichen Erklärungen. Namens der Berliner Vertreter dankte der langjährige Präsident des Reichstages, Paul Löbe (SPD), für die Solidaritätsbekundungen »des westlichen Deutschlands mit dem Osten« und versicherte, daß die Berliner Delegierten ihre Stimme für die erheben würden, »die heute nicht die Freiheit haben, es selber zu tun«.[10] Danach drückte der Abgeordnete Paul (KPD) sein Bedauern darüber aus, daß der Antrag auf Einstellung der Tätigkeit des Parlamentarischen Rates nicht angenommen worden sei, da man sich nun daran beteiligen würde, die deutsche Heimat zu zerreißen. Er erklärte deswegen: »Die Kommunistische Partei Deutschlands wird in diesem Gremium in Verbindung mit der gesamten deutschen werktätigen Bevölkerung für die Einheit unseres Vaterlandes und für eine einheitliche demokratische deutsche Republik weiterkämpfen«.[11]

Die erste Sitzung des Parlamentarischen Rates beurteilte die Presse sehr unterschiedlich. Während Felix von Eckardt im Bremer »Weser Kurier« feststellte, daß nicht in einem einzigen Moment der zündende Funke echten politischen Temperaments von den Rednern auf die Zuhörer übergegangen sei, und glaubte, »ein erschütterndes Bild politischer Müdigkeit und Phantasielosigkeit« konstatieren zu können, betonte der Korrespondent des britischen »Manchester Guardian«, daß der Parlamentarische Rat seine Arbeit autoritativ und mit großer Selbstsicherheit begonnen habe.

Die Reden der beiden Ministerpräsidenten sowie das »Intermezzo«[12] und die Schlußerklärung der Kommunisten aber brachten das tiefe Bedürfnis zum Ausdruck, die politische Lage in Deutschland öffentlich im ersten gesamt-westdeutschen Nachkriegsparlament zu erörtern. Obwohl – oder gerade weil – die Redner darauf Wert legten, von »Vereinbarung« statt »Diktat« zu sprechen, und obwohl sie die freie Selbstbestimmung beschworen, wurde offensichtlich, unter welchem politischen Druck die Einberufung des Parlamentarischen Rates gelang. Abgesehen von der Suche nach einem identitätsstiftenden Staatsverständnis taten sich tiefe politische Gegensätze zwischen den Parteien auf, die nach einem parlamentarischen Diskurs verlangten. Was der Verfassungskonvent auf Herrenchiemsee nicht vermochte – nämlich die unterschiedlichen politischen Grundvorstellungen stärker zu konfrontieren –, sollte dem Parlamentarischen Rat in den nächsten Monaten überlassen bleiben.

3. Vorbereitungen für die zukünftige Parlamentsarbeit

Nachdem die erste konstituierende Plenarsitzung erfolgreich beendet war, setzten sich noch am gleichen Abend Spitzenpolitiker aller Fraktionen zu einer interfraktionellen Sitzung zusammen. Angesichts der Regelung verfahrenstechnischer Angelegenheiten scheuten die Abgeordneten nicht davor zurück, mit dem Abgeordneten Paul auch einen Vertreter der KPD teilnehmen zu lassen, die sich später selbst als die »einzige Oppositionspartei« im Parlamentarischen Rat verstand.[13] Schon dadurch unterschieden sich diese und die interfraktionelle Zusammenkunft am Vormittag des 1. Septembers 1948 von allen späteren interfraktionellen Beratungen des Parlamentarischen Rates. Aufgrund der permanent demonstrierten oppositionellen Haltung der KPD-Mitglieder überwiesen später sogar Fachausschüsse gelegentlich Entscheidungsfindungen an interfraktionelle Unterausschüsse, zu denen die KPD-Vertreter nicht mehr eingeladen wurden. Beispielsweise bildete der Ausschuß für das Besatzungsstatut am 3. Dezember 1948 einen interfraktionellen Unterausschuß, um kommunistische Abgeordnete an weiteren Beratungen nicht zu beteiligen.[14] So gesehen erwiesen sich die interfraktionellen Beratungsgremien als ein besonderes Refugium parlamentarischer Arbeit.

In der interfraktionellen Sitzung am späten Nachmittag des 1. Septembers 1948 erläuterte Präsident Adenauer die bisherigen Schritte zum Aufbau eines funktionstüchtigen Sekretariats des Parlamentarischen Rates. Er hatte freigewordenes Personal des Zonenbeirates aus Hamburg eingestellt und beabsichtigte auf Vorschlag von Pfeiffer, auch Angehörige aus anderen Regionen hinzuzuziehen, um dem Sekretariat nicht nur eine parteipolitische, sondern auch eine »landsmannschaftliche Gliederung« zu geben.[15]

Die Diäten der Abgeordneten wurden auf einen Grundbetrag von 350 DM monatlich festgelegt; damit sollte die Deckung der laufenden Auslagen der Abgeordneten gesichert werden. Dazu zählte auch die Bezahlung von Sekretärinnen und Kraftfahrern. Für jeden Sitzungstag, an dem die Abgeordneten anwesend waren, erhielten sie weitere 30 DM. Für die Dauer der Bonner Arbeiten erhielten die Abgeordneten, die auch einen Sitz in einem Landtag hatten, keine Diäten von ihren Ländern. Mit diesen ohnehin sehr knappen Aufwandsentschädigungen mußten der eigene Lebensunterhalt in Bonn und am Heimatort bestritten sowie der berufliche Verdienstausfall kompensiert werden. Am 16. November 1948 wurde deswegen ein eigener »Dreierausschuß«, bestehend aus je einem Vertreter der CDU, SPD und DP, zur Unterstützung für notleidende Abgeordnete eingesetzt. Präsident Adenauer bekam einen dreifachen Betrag, von dem er jedoch seinen persönlichen Referenten, den ehemaligen Diplomaten Herbert Blankenhorn, bezahlen mußte.

Um den Abgeordneten auch die Erfüllung ihrer sonstigen parlamentarischen oder beruflichen Pflichten zu ermöglichen, wurde ein verlängertes Wochenende festgesetzt; die Sitzungen sollten nicht vor Dienstag um 15.00 Uhr beginnen und am Freitag um 13.00 Uhr enden.

Zur Führung der allgemeinen parlamentarischen Arbeit wurde die Einrichtung eines Ältestenrats, eines Geschäftsordnungsausschusses und eines Hauptausschusses, der der Koordination aller Arbeiten dienen sollte, beschlossen. Die Arbeit am Grundgesetz wurde den einzurichtenden Fachausschüssen zugewiesen (siehe Kapitel III).

Die Konstituierung eines Ausschusses für Wahlrechtsfragen wurde zu diesem Zeitpunkt noch gar nicht ins Auge gefaßt, sondern erst am 8. September 1948 im Ältestenrat beschlossen. Jedoch wurde die Begründung eines Ausschusses für Parlamentsfragen erwogen, dessen vermutlich zugedachter Aufgabenbereich wohl vom Ältestenrat übernommen wurde.

Die Besetzung der Ausschüsse wurde pragmatisch angegangen. Um keine zu großen Ausschüsse zu erhalten und auch nicht zu große Sitzungsgelder aufwenden zu müssen, wurde festgelegt, daß die großen Parteien in der Regel vier bzw. fünf Stimmen, die FDP eine Stimme und die übrigen Parteien zusammen nur eine Stimme erhielten. Diese sprachen untereinander ab, welche Partei in welchem Ausschuß sitzen sollte, und welche Partei bei Abwesenheit des ordentlichen Ausschußmitglieds das Vertretungsrecht ausüben sollte. Die Parteien, die nicht stimmberechtigt vertreten waren, durften dennoch einen Vertreter mit Rede- und Antragsrecht entsenden. Danach war die DP im Ausschuß für Grundsatzfragen, für Finanzfragen und für Verfassungsgerichtshof und Rechtspflege vertreten, die KPD im Wahlrechtsausschuß und im Ausschuß für das Besatzungsstatut, das Zentrum im Ausschuß für Zuständigkeitsabgrenzung und im Ausschuß für die Organisation des Bundes.

Umstritten war die Frage, ob man die Arbeit des Parlamentarischen Rates mit den nichtöffentlichen Fachausschüssen oder mit einer Generaldebatte im Plenum aufnehmen sollte. Vehement machten sich Schmid (SPD), Heuss (FDP) und Paul (KPD) für eine Generaldebatte im Sinne einer ersten »Gesamtorientierung« stark. Sie versprachen sich hierfür ein größeres öffentliches Interesse als für die nüchternen Beratungen einzelner Abschnitte und Artikel des Grundgesetzes hinter verschlossenen Türen. Schmid sah vor allem dringenden Klärungsbedarf hinsichtlich des juristischen Verhältnisses »unserer Körperschaft« zu den Militärregierungen, zumal – wie er provozierend formulierte – das »eigentliche Grundgesetz« ja das Besatzungsstatut sei und der Parlamentarische Rat die Möglichkeit hätte, »von einer hohen Tribüne aus den Besatzungsmächten zu sagen«, wie man das Besatzungsrecht beurteile. Adenauer trat jedoch dafür ein, Grundgesetz und Besatzungsstatut strikt auseinanderzuhalten. Anstelle einer Generaldebatte forderte er einen möglichst sachlichen »Generalbericht«, der von Abgeordneten erstattet werden könnte, die an den Beratungen auf Herrenchiemsee teilgenommen hatten. Doch Heuss regte daraufhin an, einen Überblick über die deutsche Verfassungstradition, besonders seit 1919, zu geben. Er empfahl ferner, auch die Denkschrift des Zonenbeirates und die »Richtlinien für die Verfassung der Deutschen Demokratischen Republik«[16] aus der Ostzone nicht außer acht zulassen.

Die Teilnehmer kamen schließlich darin überein, daß entsprechend Adenauers Vorschlag eine »polemische Debatte« vermieden werden sollte. Nur der kommunistische Abgeordnete Paul und der SPD-Fraktionsvorsitzende Schmid vertraten weiterhin die Meinung, daß auch parteipolitische Aspekte vorgetragen werden könnten. Gerade der Blick auf seine eigene Fraktion, die zu konkreten Einzelfragen, wie z. B. zum Bundesrat oder zur Finanzverfassung noch keine einheitliche Meinung gebildet hatte, riet Adenauer zu größter Vorsicht.

Der Tag der Konstituierung des Parlamentarischen Rates endete am Abend um 19.00 Uhr mit einem Empfang, den Ministerpräsident Arnold in der Redoute in Godesberg ausrichtete, einem klassizistischen Palais, das unversehrt die Bombenangriffe auf Bonn während des Zweiten Weltkriegs überstanden hatte.

4. Der Geschäftsordnungsausschuß

Am 2. September 1948 nahmen die elf Mitglieder des Geschäftsordnungsausschusses ihre Arbeit an einer Geschäftsordnung auf, die einen reibungslosen Parlamentsbetrieb sicherstellen sollte. Es war erforderlich, daß nach überprüfbaren Kriterien bezüglich des Abstimmungsverfahrens, der Anzahl der Lesungen von Gesetzentwürfen, der Behandlung von Änderungsanträgen etc. vorgegangen wurde. Die Parlamentsarbeit sollte darüber hinaus auch für die interessierte Öffentlichkeit nachvollziehbar sein. Die Geschäftsordnung hatte allerdings nur eine – wenn auch wichtige – Hilfsfunktion im Gesamtgeschehen der Entstehung des Grundgesetzes. Solange der Parlamentarische Rat keine eigene gültige Geschäfts-

Abbildung 6. Frau Hofscheuer vom Sekretariat des Parlamentarischen Rates verteilt die Post in die Fächer der Abgeordneten.

ordnung besaß – also für die ersten drei Wochen –, wurde die Geschäftsordnung des Reichstags »vorläufig sinngemäß« angewandt.[17]

Auf der Grundlage eines vom Büro der Ministerpräsidenten in Wiesbaden ausgearbeiteten Entwurfes einer Geschäftsordnung, die weitgehend derjenigen des Frankfurter Wirtschaftsrates entlehnt war, wurde an vier Tagen bis zum 22. September 1948 ein Paragraph nach dem anderen kurz behandelt. Anlaß zu Diskussionen bot lediglich die Frage der Fraktionsstärke und der Anhörung von beratenden Mitgliedern und Sachverständigen. Durch alle Ausschußsitzungen zog sich die Frage, ob der von den Ministerpräsidenten geforderte § 20 beibehalten werden sollte. Darin war vorgesehen: »Die Vertreter der Länder haben das Recht, an den Verhandlungen teilzunehmen und das Wort zu ergreifen«.[18] Ein Anspruch auf das Ländervertretungsrecht wurde lediglich damit begründet, daß nach dem Modellgesetz den Ministerpräsidenten ohnehin das Grundgesetz zur Genehmigung vorgelegt werden müsse. Ein prinzipielles Vertretungsrecht der Länder wurde alleine schon deswegen von niemandem bestritten, weil der Parlamentarische Rat finanziell von den Haushalten der Länder abhing und die Abgeordneten auch von den Landtagen entsandt waren. So kam der Vorschlag auf, daß Kabinettsmitglieder der Länderregierungen, aber keine Verwaltungsbeamte dieses Recht in Anspruch nehmen dürften. Ferner fürchteten die Abgeordneten eine Einflußnahme durch das ihrer Meinung nach »überflüssige« Büro der Ministerpräsidenten in Wiesbaden. Seine Aufgabe war mit der Einberufung des Parlamentarischen Rates erfüllt. Auf alle Fälle sollte das Büro nicht die »Rolle einer Regierung« einnehmen.[19] Weisungen wollte man von diesem Büro nicht annehmen.

Während der Beratung der Geschäftsordnung beriefen sich die Abgeordneten Schönfelder (SPD), Brockmann (Zentrum), de Chapeaurouge (CDU) und Seebohm (DP) teils mehrfach auf Vorstellungen des erfahrenen Parlamentariers Adenauer. Sie kannten seine Tätigkeiten im Preußischen Staatsrat während der Weimarer Jahre und im Landtag von Nordrhein-Westfalen seit 1946. In gewisser Hinsicht wurde somit die Geschäftsordnung auf Adenauer zugeschnitten – von ihm als Präsidenten erwartete man schließlich auch ihre Handhabung. Deswegen ist es auch nicht verwunderlich, daß Adenauer zur vierten Sitzung am 22. September 1948 persönlich erschien. Der von ihm vorgetragene Vermittlungsvorschlag zum Ländervertretungsrecht ließ die Abgabe von Stellungnahmen der Länder zu und sollte eine klarere Regelung durch den Hauptausschuß in Aussicht stellen. Da die SPD-Fraktion jedoch schon festgelegt war, scheiterte der Vorschlag. Den Ministerpräsidenten wurde eine direkte Beteiligung an der Grundgesetzberatung, etwa durch eine Beteiligung an der Diskussion oder der Antragstellung, juristisch nicht zugebilligt, doch praktisch eine indirekte Einflußnahme durch eine vom Parlamentarischen Rat signalisierte grundsätzliche Gesprächsbereitschaft belassen.

Auch nach Annahme der »vereinfachten Geschäftsordnung« durch das Plenum am 22. September 1948[20] blieb die Frage des Ländervertretungsrechts offen. Ausgerechnet der Leiter des französischen Verbindungsstabes, Laloy, wandte sich am Tag nach Genehmigung der Geschäftsordnung an die Bad Godesberger Außenstelle des Büros der Ministerpräsidenten und fragte nach, wie die Ministerpräsidenten auf die ersatzlose Streichung des Vertretungsrechts der Länder reagiert hätten. Da für Laloy die Ministerpräsidenten Garanten für die Durchsetzung föderalistischer Ziele waren, zeigte er sich über die Entscheidung des Parlamentarischen Rates enttäuscht und wertete dessen Entscheidung als einen »zentralistischen Erfolg«.[21] Die französischen Offiziere hatten »offensichtlich den Wunsch, das Büro der Ministerpräsidenten möchte ihre Kastanien aus dem Debattenfeuer des parlamentarischen Rates« herausholen.[22] Die am 15. September 1948 einberufenen Fachausschüsse handhabten das Ländervertretungsrecht unterschiedlich. Während der Finanzausschuß die Finanzminister mehrerer Länderkabinette als Sachverständige hörte, lehnte der Kombinierte Ausschuß am 22. September 1948 einen bayerischen Vertreter als Zuhörer ab. Erst am 11. November 1948 klärte Carlo Schmid als Vorsitzender des Hauptausschusses in einer kurzen Eröffnungsansprache das ungeklärt gebliebene Verhältnis. Er begrüßte »die amtlichen Vertreter der Landesregierungen« und drückte seine Überzeugung darüber aus, »daß ihre Anwesenheit für das Werk, das wir zu vollenden haben, von Nutzen sein wird«.[23] Tatsächlich hat im Hauptausschuß später mehrfach ein Vertreter der bayerischen Landesregierung gesprochen.[24] Doch die vorrangige Aufgabe der Ländervertreter blieb es, am Rande der Sitzungen in Einzelgesprächen mit Abgeordneten oder in den Fraktionen die Interessen ihrer Landesregierungen vorzutragen.

5. Die Plenarsitzungen am 8./9. September 1948

Zu seiner ersten Aussprache über die in den nächsten Monaten zu leistende Aufgabe trat das Plenum am 8. September 1948 zusammen. Präsident Adenauer, der eine parteipolitische Polarisierung und voreilige Festlegung auf verfassungspolitische Grundsätze vermeiden wollte, blieb der für den 8. und 9. September 1948 einberufenen Versammlung fern und überließ seinem Vizepräsidenten Schönfelder die Leitung. Als erster Redner eröffnete Schmid die Plenarsitzung. Er konnte auf den Grundlagen seiner Kenntnisse als Professor für Völkerrecht ein umfassendes verfassungstheoretisches Grundreferat darbieten. Im Gegensatz zu seiner akademischen Rede stand seine zum Ausdruck gekommene tiefe Abneigung gegen jegliche Besatzungsherrschaft. Einem souveränen Volk sprach Schmid die Möglichkeit zu, sich in einem konstitutiven Akt einen legitimen Staat zu schaffen. Doch in »Fremdherrschaft« könne sich ein Volk allenfalls »staatsähnlich« organisieren – es sei denn, so räumte Schmid ein, daß es sich »gegen die Fremdherrschaft selbst« konstituiert. Die bedingungslose Kapitulation der deutschen Wehrmacht hatte »Rechtswirkung ausschließlich auf militärischem Gebiet« gehabt. Damit dürfe dem deutschen Volk das Recht auf einen fortbestehenden legitimen Staat aber noch nicht aberkannt werden. Tatsächlich, so berichtete Schmid, vertrat man im Ausland bereits die Auffassung, daß Deutschland als Staat nicht vernichtet und somit als Rechtssubjekt erhalten geblieben sei. Nur weil von Hitler-Deutschland »die Austreibung von Bevölkerungen« betrieben worden sei, dürfe der »Bumerang«, obwohl von Deutschland ausgeworfen, nicht zurückkommen. »Man rechtfertigt das Böse nicht durch den Hinweis auf ein noch Böseres«, gab Schmid zu bedenken. Deswegen forderte er die Übernahme der Hoheitsbefugnis und zugleich die Aufhebungen von Kontrollen und Beschränkungen, insbesondere auf dem Gebiet der auswärtigen Beziehungen und der Gesetzgebung.[25]

Sieht man von der aggressiven Kritik an den Besatzungsmächten und der Betonung eines Nationalbewußtseins einmal ab, erinnern die Ausführungen Schmids, der über anderthalb Stunden sprach, an eine große Vorlesung. Gut eine Woche später gestand er dem amerikanischen Verbindungsoffizier Simons, daß die scharfen Ausführungen seiner Rede durch die besondere Lage in der französischen Besatzungszone geprägt waren.[26]

Den Ausführungen Schmids setzte Süsterhenn (CDU) seine schon durch den Ich-Stil persönlicher gehaltene Rede entgegen. Er stellte deutlich die Legitimität des Parlamentarischen Rates und den »freien deutschen Willensentschluß« heraus. Gemäß den verfassungspolitischen Vorstellungen des »Ellwanger Kreises« vom April 1948 bevorzugte er das »reine Bundesratsprinzip«, da so die Staatsgewalt eines »echten Föderativstaates« am geeignetsten ausgeübt werden könne. Süsterhenn lehnte eine »zentrale Lenkung und Dezentralisation der Verwaltung« ab. Er wollte nicht, daß Deutschland in »bloße Verwaltungsbezirke« eingeteilt würde, sondern den Ländern ein paritätisches Mitspracherecht gewährt werde. Einen Senat der Ministerpräsidenten als Beratungsgremium der zukünftigen Regierung beizugeben, reichte ihm nicht aus. Auch bei einem Besatzungsregime könne eine »eigenständige deutsche Staatshoheit« geschaffen werden, die nicht nur »bloße Verfassungskulisse« sei. Unter Berufung auf das Naturrecht, das er und seine Partei sich »durch keine Parlamentsmehrheit und durch keine Besatzungsmacht nehmen lassen« würden, forderte Süsterhenn die Wiederherstellung der vollen Kulturhoheit und ein Elternrecht über die religiös-sittliche Erziehung der Kinder.[27]

Der Verfassungsexperte der SPD, Menzel, hatte aufgrund einer interfraktionellen Absprache die Aufgabe erhalten, Bundesregierung, Bundesrat, Bundespräsident, Gesetzgebung, Verwaltung und Rechtspflege sowie die Aufteilung von

Zuständigkeiten zwischen Bund und Ländern zu erläutern. Mit seiner Forderung nach einer Finanzverwaltung durch den Bund thematisierte er einen Konfliktstoff, der die Beratungen des Parlamentarischen Rates bis zum Schluß wesentlich beherrschen sollte.

In der sich an die Reden anschließenden Aussprache erläuterte Heuss (FDP), daß der provisorische Charakter ständig betont werde, weil »das Pathos der freien Entscheidung« fehle und »nur ein Teil-Deutschland« im Parlamentarischen Rat vertreten war. Mit Stellungnahmen seiner Fraktion, deren Einigung innerhalb der drei Westzonen erst im Dezember 1948 erfolgte, hielt er sich ansonsten auffallend zurück, um sich für die bevorstehende inhaltliche Auseinandersetzung nicht zu früh festzulegen. Nur in der Frage der Konfessionsschule wagte er sich hinaus und qualifizierte die seiner Meinung nach entstehenden Minderheits-Zwergschulen ab, die einzelne Gruppen nur in die Isolation treiben würden. Pointiert war die Kritik an die Adresse der Ministerpräsidenten, die nach Heuss als »Briefträger« zwischen den Alliierten und dem Parlamentarischen Rat inzwischen ihre Pflicht erfüllt hätten.[28]

Wie »ein Beitrag aus einer anderen Welt«[29] wirkte die Rede des KPD-Abgeordneten Paul mit seinen klassenkämpferischen Agitationen und den Parolen vom »Junkertum«, »Monopolkapitalismus« und den »imperialistisch-kapitalistischen Kräften«. Damit war Paul der einzige, der sich an die Abmachung der interfraktionellen Vereinbarung nicht hielt, parteipolitische Polarisierungen zu vermeiden.

Immer wieder wurde in den Reden der Plenarverhandlungen auf die jüngste deutsche Vergangenheit verwiesen. Beispielen aus der Weimarer Verfassung von 1919 folgten mehrfach solche ihres Mißbrauchs im »Dritten Reich«, z. B. bei Themen wie Gewaltenteilung, Unabhängigkeit der Richter und Beamten, Notverordnungsrecht und Volksentscheid.

Beim französischen Militärgouverneur Koenig erweckte die Plenarsitzung den Eindruck, daß die Parlamentarier sich nicht als Abgeordnete ihrer Länder, sondern als Mitglieder ihrer Parteien fühlten. Für Koenig, der im Sommer 1948 ohnehin nur zögerlich die Londoner Beschlüsse angenommen hatte, lag hier eine Verletzung ihres Buchstabens und ihres Geistes vor, die für die Abgeordneten aber wohl kaum nachzuvollziehen war. Allerdings weist die Kritik Koenigs auf eine ganz bedeutsame historische Entwicklung hin: Der Parlamentarische Rat vermochte im Laufe seines Bestehens den Einfluß der Ministerpräsidenten, die sich erst im August 1948 zu einer Ministerpräsidentenkonferenz institutionell zusammengeschlossen hatten, erfolgreich zurückzudrängen zugunsten der Parteien und ihrer Vorsitzenden, die zusehends mächtiger wurden.

III. Die inhaltliche Arbeit in den Fachausschüssen

In der Plenarsitzung am 9. September 1948 beriefen die Abgeordneten – nach dem Vorbild der Unterausschüsse des Verfassungskonventes von Herrenchiemsee – sechs Fachausschüsse des Parlamentarischen Rates ein.[1] In diesen Ausschüssen wurde, abgeschieden von der Öffentlichkeit und somit weitestgehend unbeeinflußt von der öffentlichen bzw. veröffentlichten Meinung, die eigentliche Sacharbeit am Grundgesetz geleistet. Nur in wöchentlich durchgeführten Pressekonferenzen berichteten die Ausschußvorsitzenden über die aktuelle Arbeit. Erst nach der Ausschußberatung wurden die dort erarbeiteten Abschnitte im Hauptausschuß zu einem »homogenen« Gesamtentwurf zusammengefaßt. Am 15. September 1948 konstituierten sich die Ausschüsse für 1) Grundsatzfragen, 2) Organisation des Bundes sowie Verfassungsgerichtshof und Rechtspflege, 3) Zuständigkeitsabgrenzung, 4) Finanzfragen, 5) Wahlrechtsfragen und 6) das Besatzungsstatut.

1. Ausschuß für Grundsatzfragen

Dem Ausschuß für Grundsatzfragen gehörten zwölf Mitglieder an. Es waren von der CDU/CSU: Hermann von Mangoldt (Vorsitzender), Karl Sigmund Mayr, Anton Pfeiffer, Josef Schrage, Helene Weber; von der SPD: Ludwig Bergsträsser, Friederike Nadig, Carlo Schmid, Hans Wunderlich, Georg August Zinn; von der FDP: Theodor Heuss; von der DP: Wilhelm Heile. Von den vier Frauen im Parlamentarischen Rat waren mit Friederike Nadig und Helene Weber zwei Frauen im Ausschuß Mitglied geworden, die sich für die Gleichberechtigung der Geschlechter engagierten. Stärker als in allen anderen Ausschüssen wurden Themen behandelt, in denen die Parteien die gegensätzlichsten Auffassungen vertraten. Der Ausschuß mußte sich mit der Forderung der CDU/CSU nach konfessionellen Schulen genauso auseinandersetzen wie mit den Wünschen der KPD nach einer Festlegung auf eine Sozial- und Wirtschaftsordnung. Aufgrund seiner hohen politischen Bedeutung wurden seine Sitzungen am häufigsten von Nicht-Ausschuß-Mitgliedern aufgesucht. Trotz der ideologisch gegensätzlichen Auffassungen blieben – auch dank der disziplinierten Leitung durch den Vorsitzenden von Mangoldt – die Diskussionsbeiträge im Ausschuß konstruktiv und »fast völlig frei von persönlicher und politischer Polemik«.[2] Allenfalls kam es zu einem »Philologenkrieg« zwischen Heuss (der gelegentlich das »Saudeutsch«[3] der Entwürfe bemängelte), Bergsträsser und Pfeiffer, wenn nach einer sachlichen Diskussion die einzelnen Artikel formuliert werden mußten.[4] Die Ausschußarbeit erhielt nahezu den Charakter eines akademisch-wissenschaftlichen Kolloquiums, waren doch mit Bergsträsser, von Mangoldt und Schmid drei Professoren bzw. Hochschuldozenten im Ausschuß vertreten. Anders als in den übrigen Fachausschüssen wurde im Ausschuß für Grundsatzfragen nicht abgestimmt; bei unüberwindbaren Meinungsverschiedenheiten wurde eine zweite Variante ausgearbeitet und beide Fassungen innerhalb des Gesamtentwurfes des Ausschusses an den Hauptausschuß überwiesen.

36 Sitzungen – die letzte fand am 27. Januar 1949 statt – mit insgesamt etwa 77 Stunden benötigte der Ausschuß für seine Arbeit.[5] Auf der Grundlage des Entwurfes des Herrenchiemseer Verfassungskonventes vom August 1948 ging es in den Beratungen um die Präambel und die Abschnitte Grundrechte, Völkerrechtliche Verhältnisse des Bundes sowie um jene drei Artikel, die grundlegend das Verhältnis zwischen Bund und Ländern beschrieben, wobei darauf geachtet wurde, die Aufgaben des Zuständigkeitsausschusses nicht zu berühren.

Die bedeutendsten und zugleich umstrittensten Beratungsgegenstände des Ausschusses waren – neben der Präambel – aus dem Grundrechtskatalog die Gleichberechtigung von Mann und Frau, das Recht auf Kriegsdienstverweigerung, das Elternrecht, das Asylrecht, die Gestaltung der Bundesflagge (Bundesfarben) und die Neugliederung der Ländergrenzen.

Die Beratung über die Präambel wurde zugunsten der Bearbeitung des Grundrechtskatalogs erst am 6. Oktober 1948 aufgenommen und am 18. Oktober 1948 abgeschlossen. Die SPD wollte in der Präambel deutlich machen, daß in Westdeutschland aufgrund der Anordnung der Militärgouverneure und in der sowjetischen Besatzungszone das Recht der »Selbstbestimmung« eines Volkes, wie es in der Atlantik-Charta vom 14. August 1941 niedergelegt sei, nicht ausgeübt werden könne. Aus diesem Umstand heraus ergäbe sich, daß »das Grundgesetz nur als räumlich, zeitlich und historisch befristet und darüber hinaus als Provisorium anzusehen« sei, zumal die Unabhängigkeit der »deutschen Institutionen« von den Besatzungsmächten vorerst nicht vorgesehen war.[6] Andere Ausschußmitglieder hielten eine Einbindung in die deutsche Geschichte für bedeutsam. Bis zum 15. Oktober 1948 einigte sich der Ausschuß für Grundsatzfragen auf einen ersten Präambelentwurf, der jedoch im wesentlichen auf Formulierungen von SPD-Abgeordneten zurückging. Er lautete:

»Die nationalsozialistische Zwingherrschaft hat das deutsche Volk seiner Freiheit beraubt; Krieg und Gewalt haben die Menschheit in Not und Elend gestürzt. Das staatliche Gefüge der in Weimar geschaffenen Republik wurde zerstört. Dem deutschen Volk aber ist das unverzichtbare Recht auf freie Gestaltung seines nationalen Lebens geblieben. Die Besetzung Deutschlands durch fremde Mächte hat die Ausübung dieses Rechtes schweren Einschränkungen unterworfen.
Erfüllt von dem Willen, seine Freiheitsrechte zu schützen und die Einheit der Nation zu erhalten, hat das deutsche Volk [...] Abgeordnete zu dem [...] Parlamentarischen Rat entsandt, um eine den Aufgaben der Übergangszeit dienende Ordnung der Hoheitsgewalt zu schaffen und so eine neue staatliche Ordnung für die Bundesrepublik Deutschland vorzubereiten. Diese haben, unter Mitwirkung der Abgeordneten Groß-Berlins, getragen von dem Vertrauen und bewegt von der Hoffnung aller Deutschen, für das Gebiet, das sie entsandt hat, dieses Grundgesetz beschlossen.
Das deutsche Volk in seiner Gesamtheit bleibt aufgefordert, in gemeinsamer Entscheidung und Verantwortung die Ordnung seiner nationalen Freiheit in der Bundesrepublik Deutschland zu vollenden«.[7]

Freilich fiel den Alliierten an dieser Präambel die starke Betonung der Zerstörung der demokratischen Ordnung durch den Nationalsozialismus und die Besetzung durch »fremde Mächte« auf. Sie sahen in der Aneinanderreihung beider Faktoren eine gewisse Schieflage und bedauerten den allzu deutlichen Vorbehalt gegenüber ihrer Präsenz in Deutschland. Dabei war gerade die Erwähnung des Nationalsozialismus aus dem Gedanken heraus entstanden, einem Vergessen entgegenzuwirken.

In der Öffentlichkeit wurde der Präambelentwurf überwiegend vernichtend beurteilt. Durch spitzfindige Formulierungen habe der Ausschuß die Mitwirkung der Länder an dem Zustandekommen des Parlamentarischen Rates ignoriert und damit zugleich den föderativen Charakter des zukünftigen Weststaates verleugnet. Die Verfasser, so meinte die Presse ferner, hätten durch den deutlichen Hinweis auf die Vorläufigkeit das Grundgesetz zur bloßen »Übergangsbestimmung« degradiert und damit die Autorität des Grundgesetzes von vornherein erheblich beschränkt. Entsprechend konstatierte der Chefredakteur des Bayerischen Rundfunks, Walter von Cube, schon am 16. Oktober 1948: »Ich kenne keine Verfassungseinleitung, die mit größerem Nachdruck den ihr folgenden Inhalt entwertet«.[8]

Aus dem Präambelentwurf vom 15. Oktober 1948 wurde der einleitende Absatz mit der Erinnerung an die »nationalsozialistische Zwingherrschaft« am 16. November 1948 gestrichen.[9] Statt dessen begann die Präambel nun mit einer Anrufung Gottes (»invocatio Dei«): »Im Bewußtsein seiner Verantwortung vor Gott und den Menschen [...]«.[10] Nach Verschiebung der Invocatio an eine spätere Stelle in der Präambel durch den Grundsatzausschuß am 26. Januar 1949 setzte der Redaktionsausschuß die Anrufung Gottes, auf die vor allem die

CDU/CSU großen Wert legte, in seinen Entwürfen vom 13. Dezember 1948 und vom 25. Januar 1949 wieder voran. Sie wurde aber am 5. Februar 1949 vom interfraktionellen Fünferausschuß als einleitender Satz der Präambel endgültig gestrichen und statt dessen wieder wenige Zeilen später eingefügt.[11]

Auch die anderen Teile der Präambel wurden im Laufe weiterer Ausschußberatungen gestrichen; so etwa der Hinweis auf die Besatzungsherrschaft. Noch am 28. April 1949 wiederholte Menzel (SPD) während einer interfraktionellen Besprechung angesichts einer für September 1949 erhofften Wiedervereinigung die Forderung, auf die Präambel ganz zu verzichten, um den provisorischen Charakter des Grundgesetzes zu unterstreichen.[12]

Nach zahlreichen Änderungen in ihrem Wortlaut blieben im wesentlichen die Erklärung zur gleichberechtigten Mitarbeit in einem vereinten Europa und die Aufforderung an das gesamte deutsche Volk, »in freier Selbstbestimmung die Einheit und Freiheit Deutschlands zu vollenden«, in der Präambel bestehen.[13]

Ein eigenes Problem stellte die Betitelung des Grundgesetzes dar. Zinn (SPD) unterbreitete dazu den Vorschlag: »Grundgesetz des Freien Deutschlands«,[14] eine Formel, die Schmid (SPD) jedoch zu sehr an das Nationalkomitee »Freies Deutschland« erinnerte, also an jene in der UdSSR während des Krieges bestehende Vereinigung von kommunistischen deutschen Emigranten und Kriegsgefangenen. Der Vorschlag von Heuss (FDP), »Grundgesetz der Bundesrepublik Deutschland«, fand schließlich die Zustimmung des Ausschusses.

Zum Themenschwerpunkt Grundrechte gab Bergsträsser (SPD) zunächst einen historischen Überblick über die Entwicklung der Grundrechte von der »Magna Charta« (1215) bis zur amerikanischen Unabhängigkeitserklärung (1776), von der französischen bis zur deutschen Verfassungstradition mit der Nationalversammlung in der Frankfurter Paulskirche (1848/ 1849) und der Verfassung der Weimarer Republik (1919). Daran schloß Bergsträsser die Frage an, ob das Grundgesetz mit einer allgemeinen Formulierung die Rechte der Einzelpersönlichkeit gegen den Staat abgrenzen, oder sich auf die Abfassung eines klaren Katalogs von Grundrechten einlassen solle. Bergsträsser selbst befürwortete einen Grundrechtskatalog, den er, versehen mit einem Kommentar, dem Ausschuß als detaillierten Entwurf vorlegte.[15] Zwar gab Zinn daraufhin zu bedenken, daß Grundrechte nicht Bestandteil einer Verfassung seien, aber in Deutschland nach den leidvollen Erfahrungen im Dritten Reich die »klassischen Grundrechte« eine ganz neue Bedeutung erhalten hätten. Denn die Weimarer Reichsverfassung ermöglichte es, verfassungsmäßig garantierte Grundrechte durch ein verfassungsänderndes Gesetz zu beseitigen. So konnten die Nationalsozialisten, die keine Grundrechte des einzelnen gegen den Staat anerkennen wollten, gewissermaßen »legal« in die Freiheitsrechte des einzelnen einbrechen. Deswegen befürwortete nun der Ausschuß die Aufnahme eines Grundrechtskatalogs, für den neben dem Entwurf von Herrenchiemsee und der hessischen Verfassung vom

1. Dezember 1946 – an der Bergsträsser selbst mitgewirkt hatte – vor allem die Erklärung der Menschenrechte der Vereinten Nationen (UNO) Vorbildcharakter hatten.

Der Ausschuß wollte, daß die Grundrechte soweit wie möglich konkretisiert und für Verwaltung, Rechtsprechung und Gesetzgeber bindend werden, also ihrer Substanz nach unverlierbar bleiben.[16] Relativ zügig wurden in nur vier Sitzungen, die ein ausschußinterner Redaktionsausschuß vorbereitete, 20 Grundrechtsartikel formuliert. Für ein provisorisches Grundgesetz reichte die Aufnahme der »klassischen« Grundrechte, die die individuellen Grundrechte umschrieben. Deswegen wurde der von der KPD-Fraktion geforderte und bei den übrigen Parteien umstrittene Bereich der sozialen und wirtschaftlichen Grundrechte im Ausschuß gar nicht weiter berührt.[17] Auf diese Vereinbarung wurde in späteren Diskussionen gerne verwiesen, um Eingaben von Interessengruppen – insbesondere der Gewerkschaften – mit Hinweis auf die Selbstbeschränkung des Ausschusses abzulehnen. Darüber hinaus blieb immer noch der alternative SPD-Entwurf eines Organisationsstatuts in der Diskussion, in dem ganz auf die Grundrechte verzichtet wurde. Im Dezember 1948 hatten Menzel und Schmid Präsident Adenauer den Vorschlag unterbreitet, nur die vom Frankfurter Dokument Nr. I vorgesehenen »Garantien der individuellen Rechte und Freiheiten« in knapper Form aufzunehmen.[18] Noch im April 1949 überraschte die SPD den Parlamentarischen Rat mit der Vorlage eines Organisationsstatuts in Form des »verkürzten Grundgesetzentwurfes« (siehe dazu Kapitel VI, 4). Spöttelnd hatte Heuss besonders die Einflußnahme des SPD-Vorsitzenden Kurt Schumacher auf die Diskussion um die Grundrechte in seinem 1949 verfaßten »ABC des Parlamentarischen Rates« beschrieben:

> »Der Mangoldt macht die Menschenrechte,
> Der Menzel meint, sie sei'n nicht schlechte,
> doch muß man mager sie massieren,
> damit sie auch bei Kurt passieren«.[19]

Die Formulierung des Artikels zur Gleichberechtigung von Mann und Frau wurde dem Chiemseer Entwurf, der wiederum aus der Weimarer Verfassung stammte, entnommen und nur aufgrund der nationalsozialistischen Vergangenheit mit dem Zusatz ergänzt: »Niemand darf seiner Abstammung, seiner Rasse, seines Glaubens, seiner religiösen oder politischen Anschauung wegen benachteiligt oder bevorzugt werden«. Die Diskussion im Ausschuß für Grundsatzfragen konzentrierte sich dabei im wesentlichen auf die Frage, ob dem Gleichheitsgrundsatz auch die soziale Komponente – also etwa die Forderung nach gleichem Lohn für gleiche Arbeit – beigefügt werden sollte. In Vorschlägen von KPD und SPD wurde angesichts des sich abzeichnenden Wandels der Stellung der Frau in der Gesellschaft empfohlen, den Satz aufzunehmen: »Frauen und Jugendliche haben für gleiche Tätigkeit und gleiche Leistung Anspruch auf gleiche Löhne«.[20] Doch wurde dieser Zusatz mit der Ablehnung der sozialen und kulturellen Grundsätze im November 1948 wieder gestrichen.

Eine Formulierung der Abgeordneten Nadig, »Männer und Frauen sind gleichberechtigt«,[21] wurde mit Hinweis auf Widersprüchlichkeiten zum geltenden Familienrecht des Bürgerlichen Gesetzbuches abgelehnt. Statt dessen wurde aber der Passus »Niemand darf [. . .] benachteiligt werden« um die Formulierung »wegen seines Geschlechts« ergänzt. Erst nach engagierten Diskussionen im Hauptausschuß am 18. Januar 1949[22] wurde die Gleichberechtigung von Mann und Frau ausdrücklich aufgeführt und fand in dieser Formulierung Eingang in das Grundgesetz (Art. 3 Abs. 2 GG). Unbeachtet blieb der Hinweis, daß die Forderung nach Gleichberechtigung im Grundsatz ohnehin schon im Grundgesetzentwurf enthalten sei. In der CDU glaubte man, daß die Öffentlichkeit mit ihren zahlreichen Eingaben an den Parlamentarischen Rat überreagiert habe.

Das Recht auf Kriegsdienstverweigerung wurde im Ausschuß für Grundsatzfragen erst aufgrund von Eingaben aus der Bevölkerung aufgegriffen. Angesicht der Entmilitarisierung Deutschlands schien die Aufnahme eines Artikel zur Sicherung des Individualrechts auf Kriegsdienstverweigerung eigentlich in ferner Zukunft. Seine Ablehnung begründete Heuss dennoch damit, daß Kriegsdienst eine Pflicht in der Demokratie sei. Er hielt es für »unglücklich, in eine demokratische Verfassung grundsätzlich hineinzuschreiben, daß jeder sich drücken darf, auch wenn es sich um einen Verteidigungskrieg« handele.[23] Erst nachdem die Abgeordnete Nadig erneut am 30. November 1948 das Grundrecht auf Kriegsdienstverweigerung forderte, wurde ein entsprechender Artikel wieder aufgenommen. Am 18. Januar 1949 wurde der Antrag von Heuss auf Streichung des Artikels aus dem Grundgesetz im Hauptausschuß mit 15 gegen zwei Stimmen abgelehnt. Die endgültige Formulierung des Artikels 4 Absatz 3 (»Niemand darf gegen sein Gewissen zum Kriegsdienst mit der Waffe gezwungen werden.«) erntete nach Verabschiedung des Grundgesetzes den Spott von Kabarettisten, die herausstellten, daß nun zwar keiner »mit der Waffe« zum Kriegsdienst gezwungen werden könnte, aber offensichtlich mit anderen Mitteln.

Die Frage des Elternrechts zählte zu den umstrittensten Themen im Parlamentarischen Rat und wurde erst unmittelbar vor der Verabschiedung des Grundgesetzes im Mai 1949 nach langwierigen Verhandlungen in interfraktionellen Besprechungen entschieden. Das Elternrecht sollte nach Forderungen der CDU/CSU über das Recht des Staates auf die Erziehung und Ausbildung der Kinder gestellt werden. An das Elternrecht war insbesondere die Forderung nach der freien Wahl der Schulform geknüpft, was wiederum zur Folge hatte, daß außer einer einheitlichen staatlichen Schulform auch Privatschulen, und damit auch sog. Bekenntnisschulen in kirchlicher Trägerschaft, zugelassen werden

Abbildung 7. Abschlußveranstaltung der Ministerpräsidenten für die Abgeordneten des Parlamentarischen Rates im Schaumburger Hof am 23. Mai 1949, von links nach rechts: Theodor Heuss (FDP), Karl Gengler (CDU, Präsident des Landtags von Württemberg-Hohenzollern.), Fritz Eberhard (SPD).

mußten. Schon die Behandlung des Elternrechts im Ausschuß für Grundsatzfragen führte zu Stellungnahmen und Gesprächen zwischen Vertretern der beiden großen christlichen Konfessionen und Delegierten des Parlamentarischen Rates im Dezember 1948 (siehe Kapitel IV, 6). Im Ausschuß engagierten sich für das Elternrecht die beiden katholischen CDU-Abgeordneten Helene Weber und Süsterhenn. Ihr »intellektueller Gegenspieler« war Heuss, der die umfangreichen Aktivitäten der katholischen und evangelischen Bischöfe und Kirchenvertreter als »Wichtigtuerei, die weit über das Maß« hinausgehen würde, abtat.[24]

Nachdem die Abgeordnete Weber zunächst nur die Formulierung forderte: »Die Erziehung der Kinder ist das natürliche Recht und die oberste Pflicht der Eltern«, wollte die CDU/CSU-Fraktion – vermutlich nach Rücksprache mit dem Münchener Kardinal Michael von Faulhaber – im Einvernehmen mit der DP eine Reihe von weiteren Grundrechtsartikeln einbringen. Darin sollten das Recht auf Leben und der Schutz der Ehe sowie eine Regelung des Verhältnisses von Staat und Kirche enthalten sein. In einem Vermittlungsgespräch zwischen CDU (Adenauer und Süsterhenn) und FDP (Dehler und Heuss) am 30. November 1948 deuteten sich zunächst Möglichkeiten einer Einigung ab, die aber letztlich keine Auswirkungen auf den Fortgang der Debatte hatten. Menzel plädierte stattdessen für die Beschränkung auf die »klassischen Grundrechte«. Keinerlei Kompromisse boten sich in der Frage der Einrichtungen von Bekenntnisschulen, da Süsterhenn von vornherein deutlich machte, daß in diesem Punkte die CDU/CSU-Fraktion nicht nachgeben würde.

Eine Verständigung zeichnete sich lediglich in der Frage des Grundrechts auf Schutz der Ehe und Familie ab, das Heuss mit Zustimmung der SPD um den Mutterschutz und den Schutz des unehelichen Kindes erweitert sehen wollte. Der gesamte Komplex wurde schließlich offengelassen und an den Hauptausschuß verwiesen, in dessen Sitzungen am 7./8. Dezember 1948 die gleichen Argumente – nur etwas pointierter – vorgetragen wurden. Nach Beendigung der Ausschußarbeit am 27. Januar 1949 wurden die Elternrechte, die Schulfrage und die Frage, ob die staatlichen Schulen einen konfessionellen Religionsunterricht anbieten müssen (später Art. 6, 7, 140 und 141 GG) unter großer Anteilnahme der Öffentlichkeit in interfraktionellen Gremien, im Hauptausschuß und im Plenum behandelt.

In diesen Beratungen unterbreitete Süsterhenn den Vorschlag, die staatsrechtliche Einbindung der Kirchen aus der Weimarer Verfassung zu übernehmen. Diese Anregung wurde als Minimalkonsens beschlossen. Die Artikel 136 bis 139 und 141 der Reichsverfassung von 1919, die in einzelnen Formulierungen auf die Verfassung der Paulskirche 1849 zurückgingen,[25] umfaßten insbesondere den Schutz der Freiheit des Bekenntnisses und der freien Religionsausübung, die Anerkennung der kirchlichen Selbstverwaltung, den Schutz der kirchlichen Vermögensrechte, die Sonntagsruhe sowie die Garantie der Anstaltsseelsorge.

Bereits in seinem Grundrechtskatalog vom 21. September 1948 hatte Bergsträsser den Schutz Fremder vor Auslieferung und Ausweisung vorgesehen, wenn diese »unter Verletzung der in dieser Verfassung niedergelegten Grundrechte im Ausland verfolgt werden und nach dem Geltungsbereich dieses Grundgesetzes geflohen« waren.[26] Dieser Grundsatz stand ganz in der Verpflichtung jener Erfahrungen, die Deutsche während ihrer Emigration in der Nazi-Zeit gemacht hatten. Eine solche Bestimmung im Grundgesetz sollte verhindern, daß bei einem Regierungswechsel etwa Ausweisungen aus tagespolitischen Gründen vorgenommen würden. Im Ausschuß war die Aufnahme des Artikels nie umstritten. Nur Schmid fragte an, wie der Rechtshilfeverkehr zwischen den Ländern und den Besatzungszonen aussehen sollte, der ohnehin durch Ausführungsgesetze und bilaterale Verträge geregelt werden müßte. Auch sah Schmid die Zeit kommen, in der die Bevölkerung in der Ostzone, »um sich Luft zu machen«, zu Mitteln greifen könnte, die auch nach den Grundrechten des Grundgesetzes gesetzeswidrig seien. Ein Widerstandskämpfer, der wegen Landfriedensbruch angeklagt werde und in den Westen fliehe, müßte dann ausgeliefert werden? Daraufhin empfahl der Ausschußvorsitzende von Mangoldt, solche Überlegungen in der Öffentlichkeit gar nicht zu behandeln.[27] Immerhin wurde mit Rücksicht auf solche Fälle die Formulierung eingeführt: »Kein Deutscher darf ins Ausland ausgeliefert werden. Politisch Verfolgte genießen Asylrecht«. Die Fassung des Allgemeinen Redaktionsausschusses, die mit Blick auf die Verhältnisse in der Ostzone auch Deutschen »im Bundesgebiet Asylrecht« gewähren wollte, wurde im Hauptausschuß am 4. Dezember 1949 und 19. Januar 1949[28] zugunsten der allgemeineren Formulierungen des Ausschusses für Grundsatzfragen abgelehnt (Art. 16 Abs. 2 GG).

Eine Vorentscheidung über die Bundesflagge (Bundesfarben) traf bereits der Verfassungskonvent von Herrenchiemsee, in dem er die Farben Schwarz-Rot-Gold vorschlug. Auch der Ausschuß für Grundsatzfragen hatte festgestellt, daß diese Farben nicht die Farben der Weimarer Republik seien, sondern »der deutschen Einheits- und Freiheitsbewegung« des beginnenden 19. Jahrhunderts.[29] Nachdem im Ausschuß über die zusätzliche Aufnahme von Symbolen, wie z. B. einem Kreuz, keine Einigung möglich war, wurde die Frage der Flagge und Bundesfarben im Hauptausschuß, später dann in einem interfraktionellen »Flaggenausschuß« behandelt. Nach zahlreichen Vorschlägen aus der Bevölkerung wurde erst am 8. Mai 1949 im Plenum die schwarz-rot-goldene Bundesflagge beschlossen.[30]

Die Arbeit des Ausschusses für Grundsatzfragen ist in ihrer Bedeutung nicht hoch genug anzusetzen. Schon im Sommer 1949 urteilte der Ausschußvorsitzende von Mangoldt, daß bei wohl kaum einem anderen Teil des Grundgesetzes die Entstehungsgeschichte für die Auslegung der Bestimmungen von nur ähnlicher Wichtigkeit sei, wie beim Teil über die Grundrechte.[31] Gerade die Entscheidung vom 21. September 1948, die Grundrechte nicht in der weiten und rechtlich unbestimmten Fassung der Weimarer Verfassung zu übernehmen, sondern die Grundrechte stärker zu konkretisieren, steht geradezu programmatisch für die Schaffung einer weitestgehenden Sicherung der Freiheitsrechte im Grundgesetz der Bundesrepublik Deutschland. So hieß es in Absatz 3 des Artikels 1: »Die nachfolgenden Grundrechte binden Gesetzgebung, Verwaltung und Rechtsprechung als unmittelbar geltendes Recht«.

2. Ausschuß für Organisation des Bundes sowie Verfassungsgerichtshof und Rechtspflege (sog. Kombinierter Ausschuß)

Am 15. September 1948 konstituierte sich der Kombinierte Ausschuß, der zunächst die zwei als selbständig geplanten Ausschüsse für die Organisation des Bundes sowie für Verfassungsgerichtshof und Rechtspflege zusammenfaßte. Erst nach 16 gemeinsamen Sitzungen trennten sich am 20. Oktober 1948 die beiden Ausschüsse. 20 Mitglieder, im Hinblick auf die bevorstehende Trennung der Ausschüsse seit dem 7. Oktober 1948 sogar 22 Mitglieder, zählte der Kombinierte Ausschuß; er entsprach damit schon fast einem »kleinen Hauptausschuß«.[32] Die CDU/CSU entsandte Paul de Chapeaurouge, Hermann Fecht, Albert Finck, Robert Lehr (Vorsitzender), Carl Schröter, Josef Schwalber, Felix Walter, Ernst Wirmer und ab 7. Oktober Walter Strauß. Die SPD vertraten Rudolf Katz, Fritz Löwenthal, Willibald Mücke, Hermann Runge, Carlo Schmid, Elisabeth Selbert, Friedrich Wilhelm Wagner, Georg August Zinn und ab 7. Oktober Karl Kuhn; für die FDP kamen Max Becker und Thomas Dehler, für die DP Wilhelm Heile, und das Zentrum vertrat Johannes Brockmann.

Von Beginn an erwies es sich als schwierig, die zentralen Punkte der zukünftigen Bundesregierung und Bundesverwaltung ohne Kontroversen zu behandeln. Während sich der Bereich Bundes- bzw. Volkstag als nahezu unproblematisch erwies, bildete die Frage der Zweiten Kammer (Ländervertretung) den größten Streitpunkt im Parlamentarischen Rat. An ihrer Zusammensetzung, Größe und der ihr zugebilligten Einfluß- und Kontrollmöglichkeiten gegenüber der Regierung und dem Bundestag wurde von den Alliierten und den Ministerpräsidenten der eingeforderte Föderalismus gemessen. Die weiteren Sachfragen, die der Ausschuß zu klären hatte, waren die Rolle des Bundespräsidenten, die Beamtenrechtsfrage, die Notstandsgesetzgebung und erst dann die Organisation der Bundesregierung.

In seinen ersten Sitzungen diskutierte der Kombinierte Ausschuß in aller Breite den gesamten Komplex der zukünftigen Organisation des Bundes und seiner

Organe. Erst später wurden die umstrittenen Problembereiche eingehender, zum Teil auch in Unterausschüssen, beraten. Die Aussprache im Kombinierten Ausschuß war durch eine unterschwellige pessimistische Lagebeurteilung der künftigen wirtschaftlichen und politischen Verhältnisse gekennzeichnet, die durch gelegentlich scharfe Diskussionsbeiträge von Heiland (SPD), der nur stellvertretendes Ausschußmitglied war, noch zusätzlichen Zündstoff erhielt. Die gesamte Ausschußarbeit aber prägte der versierte Kommunalpolitiker der Weimarer Zeit und auf Ausgleich bedachte Ausschußvorsitzende Lehr, der mit großer Umsicht das Geschehen im Ausschuß bestimmte.

Für die Erste Kammer übernahm der Kombinierte Ausschuß den vom Verfassungskonvent von Herrenchiemsee eingeführten Terminus »Bundestag«. Im Gegensatz zur Weimarer Reichsverfassung wurde schon auf Herrenchiemsee eine verfassungsmäßige Einbindung der Parteien festgelegt und darüber hinaus jene Parteien ausgeschlossen, die »sich nach der Art ihrer Tätigkeit die Beseitigung der freiheitlichen und demokratischen Grundordnung zum Ziel gesetzt haben«.[33] Ohne Diskussion wurde dieser Passus nach dem Entwurf von Herrenchiemsee vom Kombinierten Ausschusses zunächst übernommen. Er fand schließlich inhaltlich weitestgehend Eingang in das Grundgesetz (Art. 21). Es war eine der entscheidenden Lehren aus der Weimarer Republik, die Parteien in den Rang von verfassungsstaatlichen Institutionen zu erheben und ihnen das Recht zuzusprechen, bei der politischen Willensbildung des Volkes mitzuwirken. Dieses mag zwar die Entwicklung zu einem »Parteienstaat« begünstigen, doch darf nicht übersehen werden, daß die Parteien die wesentlichen Stabilitätsvoraussetzungen für das neue parlamentarische Regierungssystem schaffen sollten, solange sie verfassungskonform blieben.

Über die Zweite Kammer (später »Bundesrat«), die vorbehaltlich einer endgültigen Bezeichnung einstweilen als »Länderkammer« bezeichnet wurde, gingen die Auffassungen im Ausschuß auseinander. Grundsätzlich wurde schon auf dem Verfassungskonvent von Herrenchiemsee und schließlich auch im Parlamentarischen Rat zwischen zwei Prinzipien unterschieden. In einem Bundesrat sollten – in Anlehnung an den Reichsrat der Weimarer Republik – die Länderregierungen umfassend an der Gesetzgebung beteiligt werden. Beim Senatsprinzip, wie er sich schon in dem Verfassungsentwurf von 1849 fand, sollte die Wahl der Mitglieder durch die Landtage der Länder erfolgen. Bei den Befürwortern des Bundesratsprinzips stand der Gedanke einer weitreichenden gleichberechtigten Beteiligung der Länder an der politischen Willensbildung im Vordergrund, während bei den Anhängern des Senatsprinzips der Gedanke vorherrschte, daß der Senat mit der unmittelbaren Vollmacht der Länderparlamente als Regulativ gegenüber dem Bundestag fungieren und gegebenenfalls sogar als »Honoratiorenkabinett« für eine gewisse Kontinuität in der Bundespolitik einstehen sollte.

Eine Lösung der Frage Bundesrat oder Senat ist im Kombinierten Ausschuß nicht erreicht worden. Einerseits konnte die CDU/CSU erst im November 1948 in den eigenen Reihen eine Einigung herbeiführen (vgl. Kapitel IV, 4), andererseits trugen auch die Alliierten in dieser Frage dem Parlamentarischen Rat konkrete Wünsche vor, die erst in interfraktionellen Vereinbarungen behandelt wurden, bevor sie dann im Hauptausschuß und Plenum abschließend beraten wurden. Im Ausschuß wurden jedoch drei verschiedene Varianten vorgeschlagen:

a) Der Bundesrat sollte aus Vertretern der Landesregierungen zusammengesetzt werden. Er unterschied sich vom Bundesrat des Kaiserreichs und vom Reichsrat der Weimarer Republik u. a. dadurch, daß seine Mitglieder nicht an Weisungen ihrer jeweiligen Landesregierung gebunden sein sollten. Daß dieses selbstverständlich nur den Idealvorstellungen entsprach, sah auch der Kombinierte Ausschuß, denn die Mitglieder des Bundesrates konnten jederzeit von ihrer Landesregierung abberufen werden. Vertreter des Senatsprinzips brachten dagegen vor, daß politische Entscheidungen somit in die Hand der Bürokratie der Landesregierungen fallen würden. Umstritten war, ob jedes Land die gleiche Zahl von Mitgliedern entsenden sollte (so die SPD) oder ob die Mitgliederzahl in Proportion zum Bevölkerungsanteil eines jeden Landes ermittelt werden sollte (so die CDU/CSU und FDP). Die Parteizugehörigkeit der Mitglieder sollte prozentual der Anzahl der Landtagssitze entsprechen.
b) Die SPD hatte schon in ihrem Entwurf einer »Westdeutschen Verfassung« vom Sommer 1948 einen Senat gewünscht. Jedes Land sollte die gleiche Anzahl von Mitgliedern entsenden. Unabhängig von Wahlperioden sollten die Mitglieder sukzessive erneuert werden (sog. ewiger Senat).
c) Eine dritte Variante versuchte eine Synthese aus den beiden Positionen. Einen solchen vermittelnden Vorschlag machte die FDP, wonach die Hälfte der Mitglieder von den Landesregierungen auf jederzeitigen Abruf bestellt, die andere Hälfte von den Landtagen gewählt werden sollte. Dieser erst Ende Oktober 1948 ausgereifte Kompromißvorschlag entsprach einem »Halbsenat« und wurde spöttisch als »Bundesrat mit senatorialer Schleppe« bezeichnet.[34]

Die Entscheidungen für die Bundesrats- oder Senatslösung hatte erhebliche Konsequenzen für den Bereich der Gesetzgebung. Der Umfang der Mitwirkung an der Legislative konnte demnach erst festgelegt werden, wenn klar war, wie sich die Länderkammer zusammensetzen würde. Bei voller Gleichberechtigung der beiden Kammern, wie sie CDU/CSU und auch einzelne Vertreter von FDP, DP und Zentrum forderten, wären größere Zugeständnisse an die Länderkammer gemacht worden, als wenn diese nur ein suspensives Vetorecht hätte erhalten sollen. Es bedurfte einer grundsätzlichen politischen Entscheidung, die unmöglich im Ausschuß getroffen werden konnte. Diese Entscheidung wurde nach zähen Verhandlungen in interfraktionellen Besprechungen erst im November 1948 gefällt, worauf jedoch an späterer Stelle näher eingegangen wird (vgl. Kapitel IV, 3).

Angesichts des bestehenden Besatzungsrechts in Deutschland und des provisorischen Charakters des Grundgesetzes hatte die SPD im Kombinierten Ausschuß den Antrag eingebracht, auf die Besetzung des Amtes des Bundespräsidenten zu verzichten und dessen Funktion vorläufig durch den Präsidenten des Bundestages ausüben zu lassen. Dem stand die Fassung des Entwurfes von Herrenchiemsee entgegen, nach der vom Bundesrat und Bundestag für fünf Jahre ein Bundespräsident gewählt werden sollte, der weder dem Bundestag noch dem Bundesrat angehören noch an der Bundesexekutive mitwirken durfte und dem auch kein Notverordnungsrecht zustand. Eine davon zur Diskussion gestellte abweichende Variante von Herrenchiemsee, nur ein Bundespräsidium zu führen, bestehend aus dem Präsidenten des Bundestages und des Bundesrates sowie dem Bundeskanzler, wurde vom Kombinierten Ausschuß fallengelassen. Der Kombinierte Ausschuß sprach sich zwar in der Mehrzahl für einen Bundespräsidenten aus, der Antrag der SPD auf Verzicht des Amtes blieb dennoch bis Ende April 1949 virulent. Auch die Frage des Anteils der beiden Kammern bei seiner Berufung bzw. die Wahl durch eine Bundesversammlung blieb offen.

Aus dem vom Kombinierten Ausschuß zu bearbeitenden Abschnitt Gesetzgebung war das Notverordnungsrecht neu gestaltet worden. Wurde in der Weimarer Republik der Notstand vom Reichspräsidenten ausgerufen, einigte sich nun der Ausschuß darauf, daß nur die Bundesregierung den Notstand ausrufen könnte. Diese Entscheidung mußte aber vom Parlament sanktioniert werden und sollte nach einer gewissen Dauer wesentliche Einschränkungen hinsichtlich der Voraussetzungen und des Zweckes der Notverordnungen erfahren. Grundsätzlich sollte jede Notverordnung an die Voraussetzung gebunden sein, daß die gesetzgebenden Körperschaften an der Erfüllung ihrer Aufgaben durch »höhere Gewalt« gehindert werden. Abgelehnt wurde die Auffassung, eine Notverordnung auch dann zu erlassen, wenn eine konstruktive Mehrheit die Regierung zwar nicht durch positives Mißtrauensvotum zu stürzen vermag, aber dennoch die Annahme der Regierungsvorlagen im Parlament beharrlich verhindert. Schließlich bestand Einigkeit darüber, daß auf eine Anwendung des Notverordnungsrechts weitestgehend verzichtet werden sollte und statt dessen die »Verfassung an den Bundestag« appellieren sollte, »sich seiner Verantwortung nicht zu entziehen«. Bei Ausrufung des Notstands sollten die Bestimmungen über Pressefreiheit, Versammlungsfreiheit, Vereinigungsfreiheit sowie Fernsprech- und Telegraphengeheimnis außer Kraft gesetzt werden. Erst am 5. Mai 1949 wurde in der letzten Lesung des Hauptausschusses die vom Ausschuß vorgelegte Notstandsgesetzgebung aus dem Grundgesetzentwurf gestrichen.[35]

Der Ausschuß hatte als weiteres die Gestaltung der zukünftigen Bundesregierung behandelt. Im wesentlichen wurde der Grundgedanke von Herrenchiemsee eingebracht, den Bundespräsidenten, den Bundestag und auch die Länderkammer an der Regierungsbildung zu beteiligen.[36] Bei diesem Vorschlag wurde im Gegensatz zur Weimarer Reichsverfassung der Einfluß des Bundespräsidenten auf die Regierungsbildung erheblich eingeschränkt. Präsidialregierungen, die – wie in der Weimarer Republik – aufgrund der Autorität des Staatspräsidenten in Krisenzeiten eine handlungsfähige Regierung mit weitgehenden Machtbefugnissen (z. B. Notverordnungsrecht) bilden sollten, wurden vom Ausschuß abgelehnt. Dehler (FDP) schlug statt dessen die Schaffung einer »Regierung auf Zeit« vor. Das Aufkommen von Krisenzeiten könnte, wie er glaubte, grundsätzlich vermieden werden, indem Bundestag und Bundesrat in einer Bundesversammlung den umfassend bevollmächtigten Bundeskanzler für eine Zeit von vier Jahren wählen. Doch schien den Ausschußmitgliedern die Schaffung einer Regierung auf Zeit kein Garant für ein konflikt- und krisenfreies Verhältnis von Parlament und Regierung, weshalb der Vorschlag der FDP abgelehnt wurde.

Schließlich hatte der Ausschuß den Vorschlag von Herrenchiemsee für eine »konstruktive Neuerung« zur Überwindung einer Krise angenommen. Durch die Einführung eines sog. »positiven« (konstruktiven) Mißtrauensvotums unter gleichzeitiger Benennung eines neuen Bundeskanzlers sollte verhindert werden, daß eine regierungsunfähige oder zur Übernahme der Verantwortung nicht geeignete Opposition die Regierung stürzt. Doch sollten sich die Bundesminister nach dem Herrenchiemseer Entwurf keiner parlamentarischen Verantwortung unterziehen. Sie sollten nur bei Amtsantritt das Vertrauen des Bundestages einfordern. Doch hier hatte der Organisationsausschuß die Lösung der Weimarer Verfassung übernommen: Wenn schon nicht der Bundeskanzler, so sollten wenigstens einzelne Minister durch ein Mißtrauensvotum aus dem Kabinett »herausgeschossen« werden können.

Am 20. Oktober 1948, nachdem der Kombinierte Ausschuß in erster Lesung die Organisation des Bundes abschließend beraten hatte, trennten sich die zusammengeschlossenen Ausschüsse. Der Organisationsausschuß hatte bis zum 20. Januar 1949 in 17 Sitzungen seine Beratungen zu den bisher im Kombinierten Ausschuß behandelten Themen fortgesetzt. Dem Ausschuß gehörten an: Hermann Fecht, Albert Finck, Robert Lehr (Vorsitzender), Josef Schwalber und Felix Walter von der CDU/CSU; Otto-Heinrich Greve, Rudolf Katz, Karl Kuhn, Willibald Mücke und Hermann Runge von der SPD; Thomas Dehler von der FDP und Johannes Brockmann vom Zentrum.

Der Ausschuß für Verfassungsgerichtshof und Rechtspflege konstituierte sich als selbständiger Ausschuß am 12. Oktober 1948, tagte aber zunächst noch bis zum 20. Oktober 1948 gemeinsam mit dem Organisationsausschuß in weiteren vier Sitzungen. Bis zum 11. Januar 1949 hatte der Ausschuß für Verfassungsgerichtshof und Rechtspflege in insgesamt zehn Sitzungen seine Arbeit am Abschnitt zur Rechtsprechung (Art. 92–104 GG) abgeschlossen. Dem Ausschuß gehörten zehn Mitglieder an: Paul de Chapeaurouge, Wilhelm Laforet, Walter Strauß und Ernst Wirmer von der CDU/CSU; Fritz Löwenthal, Elisabeth Selbert, Friedrich Wilhelm Wagner (Vorsitzender) und Georg August Zinn von der SPD; Max Becker von der FDP und Wilhelm Heile von der DP.

War im Grundgesetzentwurf von Herrenchiemsee der Bereich Rechtsprechung in die Einzelabschnitte Bundesverfassungsgericht und Rechtspflege eingeteilt, wollte der Ausschuß für Verfassungsgerichtshof und Rechtspflege die darin zum Ausdruck gelangte besondere Bedeutung und Gleichberechtigung des Bundesverfassungsgerichts als dritte Gewalt (Judikative) neben der gesetzgebenden Gewalt (Legislative) und der Regierung (Exekutive) nicht nachvollziehen.[37] Der Abgeordnete Strauß (CDU) begrüßte in einer Denkschrift zwar grundsätzlich die Betonung der obersten Gerichtsbarkeit, strebte jedoch eine neue Form an. Daran anlehnend schuf der Ausschuß obere Bundesgerichte für die Bereiche der ordentlichen Gerichtsbarkeit, der Verfassungs-, Verwaltungs-, Finanz-, Arbeits- und Sozialgerichtsbarkeit. Auch sollten Dienststrafgerichte für Dienststrafverfahren gegen Bundesbeamte und Bundesrichter zugelassen werden (Art. 96 GG). Das Bundesverfassungsgericht sollte nach Vorstellung des Ausschusses eine herausragende Stellung einnehmen, da sich abzeichnete, daß Entscheidungen über die Verfassungsmäßigkeit von Rechtsprechung und Gesetzgebung auch größere politische Auswirkungen haben könnten. Im übrigen legte der Ausschuß besonderen Wert darauf, nur die organisatorischen Rahmenbedingungen festzulegen und die Einzelheiten den Ausführungsbestimmungen in der zukünftigen Gesetzgebung zu überlassen. Die Hauptaufgabe des Bundesverfassungsgerichts bestand in der Nachprüfung von Bundes- und Landesrecht auf seine Vereinbarkeit mit dem Grundgesetz (Normenkontrollfunktion).

In diesem Zusammenhang gehörte die richterliche Prüfung der Verfassungsmäßigkeit von Gesetzen zu den umstrittenen Bereichen. Das sog. richterliche Prüfungsrecht wurde dahingehend geregelt, daß die Gerichte zwar ein Vorprüfungsrecht haben sollten, jedoch die letzte Entscheidung über die Frage der Unvereinbarkeit beim Bundesverfassungsgericht liegen sollte.

Gegenüber der Weimarer Verfassung wurde – wie bereits erwähnt – vom Ausschuß die Neuerung eingeführt, den Charakter der Richter als Repräsentanten der dritten staatlichen Gewalt (Judikative) stärker herauszustellen. War besonders im Dritten Reich der Richter zu einem kleinen Justizbeamten degradiert worden, so wurde nun ein neuer Richtertyp geschaffen, der unabhängig von anderen Laufbahnen des öffentlichen Dienstes seine Funktion ausüben sollte. Mit der Heraushebung des Richters aus der übrigen Beamtenschaft sollte seine Besonderheit deutlich werden. Dazu mußte Vorsorge getroffen werden, daß die Richter die ihnen anvertraute Macht nicht mißbrauchen. Dem Bundesverfassungsgericht wurde diese Kontrollmöglichkeit nach Antrag des Bundestages zugesprochen für den Fall, daß ein Bundesrichter gegen die Grundsätze des Grundgesetzes oder gegen die Verfassung eines Landes verstoßen würde (Art. 98 Abs. 2 GG).

Die Protokolle des Kombinierten Ausschusses bzw. der später konstituierten Ausschüsse für die Organisation des Bundes sowie für Verfassungsgerichtshof und Rechtspflege belegen eindrucksvoll das Bemühen der Abgeordneten, aus dem Scheitern der Weimarer Republik die richtigen Lehren zu ziehen. Die Schaffung einer stabilen Regierung und geeigneter Kontrollorgane, wie Bundesrat und Bundestag, wurden hier zwar im wesentlich beraten. Doch konnten nur wichtige Weichenstellungen erfolgen. Die politischen Entscheidungen besonders über die Frage Bundesrat oder Senat, wovon wiederum zahlreiche Einzelfragen abhingen, wurden im Hauptausschuß und vor allem in den interfraktionellen Beratungsgremien entschieden, bevor sie vom Plenum bestätigt wurden.

3. Ausschuß für Zuständigkeitsabgrenzung

Die Aufgabe des Ausschusses für Zuständigkeitsabgrenzung bestand zunächst darin, die Verteilung der Gesetzgebungszuständigkeit zwischen dem Bund und den Ländern festzuschreiben (Art. 70–75 GG). Später wurde auch der Abschnitt über die Ausführung der Bundesgesetze und die Bundesverwaltung behandelt (Art. 83–91 GG). In der Zeit vom 15. September bis 7. Dezember 1948 beriet der Ausschuß in insgesamt 21 Sitzungen diese Angelegenheiten. Die personelle Zusammensetzung des Ausschusses bot günstige Voraussetzungen für einen breiten Grundkonsens und die Gewähr dafür, daß bei der Kompetenzabgrenzung im Ergebnis – ganz im Sinne der Alliierten – eine föderalistische Lösung entstehen würde. Dem Ausschuß gehörten zehn Mitglieder an: Die CDU/CSU vertraten Adolf Blomeyer, Walter Strauß, Josef Ferdinand Kleindinst und Wilhelm Laforet; die SPD: Hannsheinz Bauer, Adolf Ehlers, Fritz Hoch, Ernst Reuter (Berlin) und Friedrich Wilhelm Wagner (Vorsitzender); die FDP: Hans Reif und das Zentrum: Helene Wessel.

Zur Aufteilung der Kompetenzen zwischen Bund und Ländern hatte der Verfassungskonvent von Herrenchiemsee in Anlehnung an Artikel 6 der Weimarer Verfassung für den Bund die ausschließliche Gesetzgebungszuständigkeit (wo also eine Zuständigkeit der Länder ausgeschlossen ist) in den Bereichen Auswärtige Angelegenheiten, Staatsangehörigkeit, Auslieferung, Paßwesen und Auswanderung, Währungs-, Geld- und Münzwesen, Maße und Gewichte, Zoll und Handel, Post- und Fernmeldewesen sowie Bundesstatistik vorgeschlagen. Dem schloß sich der Ausschuß zunächst an, überwies allenfalls den Bereich Bundesstatistik der Vorranggesetzgebung und erweiterte den Katalog noch um die Einzelbereiche Gewerblicher Rechtsschutz, Urheber- und Verlagsrecht sowie Bundeseisenbahn und Luftverkehr.

Als im Ausschuß die Zuständigkeit für die Auswärtigen Angelegenheiten diskutiert wurde, kamen auch Überlegungen nach einem geeigneten »Schutz« bzw. einer »Sicherung des Bundes nach außen« zur Sprache, was nichts anderes bedeutete, als eine angemessene militärische Verteidigung des von den Alliierten demilitarisierten Deutschlands zu erreichen. In diesem Zusammenhang wurde von den Abgeordneten auch die Wiedererlangung der »vollen Souveränität« Deutschlands angesprochen. Um nicht Gerüchte aufkommen zu lassen, der Parlamentarische Rat beabsichtige den Aufbau einer Streitmacht, strichen die Abgeordneten einen solchen politisch hochbrisanten Passus nach langer Diskussion. Auf die Verankerung von dem Bund unterstehenden Polizeikräften (Bundespolizei oder Bereitschaftspolizei) im Grundgesetz wurde angesichts der Erfahrungen mit der totalitären NS-Polizei zunächst verzichtet. Doch schlug Walter Menzel (SPD) wenigstens eine Zuständigkeit des Bundes im »Bundeskriminalwesen« vor sowie eine Klausel, daß der Bund im Falle eines Notstands über bestehende Landespolizeikräfte verfügen sollte. Die CSU lehnte solche Forderungen entschieden ab, weil ihr eine Verbrechensverfolgung über die Landesgrenzen hinaus aufgrund Länderabsprachen als ausreichend erschien.[38] Nachdem auch in der ersten und zweiten Lesung im Hauptausschuß keine Lösung gefunden wurde, bemühte sich seit Ende Januar 1949 der interfraktionelle Fünferausschuß um eine Kompromißlösung. Diese wurde jedoch erst am 5. Mai 1949 gefunden und enthielt im wesentlichen die Errichtung einer »Zentralstelle für Verfassungsschutz«, nachdem die Alliierten zuvor in dem sog. Polizeibrief vom 14. April 1949 dem Parlamentarischen Rat mitgeteilt hatten, daß sie sich eine Genehmigung von Bundespolizeibehörden für spätere Zeiten vorbehalten würden (siehe Kapitel VI, 3).

Der zweite große Themenkomplex des Ausschusses umfaßte die Erstellung des Katalogs der Vorranggesetzgebung. Darin wurden Bereiche aufgeführt, in denen Bundesrecht grundsätzlich Vorrang vor Landesrecht eingeräumt werden kann. Im Ausschuß wurde jedoch Wert darauf gelegt, daß der Bund nur das regeln sollte, was einheitlich geregelt werden müsse. Bereits der Entwurf des Verfassungskonvents von Herrenchiemsee umfaßte u. a. Gerichtsverfassung, Handels-, See- und Schiffahrtsrechte, Personenstandswesen, Presserecht, Vereins- und Versammlungswesen, Lichtspielwesen, Maßnahmen gegen Krankheiten und Tierseuchen, Bergbau, Privatversicherung, Hochsee- und Küstenfischerei, Eisenbahn und Straßenverkehr, Kraftfahrwesen und Luftfahrt. Der Umfang des Katalogs der Vorranggesetzgebung hing jedoch davon ab, inwieweit die Länder an der Willensbildung in der Zweiten Kammer (dem späteren Bundesrat) beteiligt werden würden. Grundsätzlich wollten die Abgeordneten dem Bund weitge-

Abbildung 8. Im Plenum, im Vordergrund Ernst Reuter (SPD) und Max Becker (FDP).

henden Vorrang zubilligen, doch mußten im Gegenzug die Länder an der Entstehung von Bundesgesetzen und an deren Vollziehung umfassender beteiligt werden. Alleine schon weil dem Bund auch die »Sicherung der Ernährung« zur Vorranggesetzgebung überlassen wurde, befürchtete der bayerische Ministerpräsident Ehard, daß damit die Grundlage für Zwangs- und Planwirtschaft geschaffen werden könnte.[39]

Der letzte Entwurf des Ausschusses für einen Katalog der Vorranggesetzgebung vom 18. November 1948 umfaßte wie der Entwurf vom 18. Oktober 1948 21 Bereiche.[40] Nachdem die Arbeit des Zuständigkeitsausschusses abgeschlossen war, wurde der Kompetenzenkatalog für die Vorranggesetzgebung zugunsten des Bundes im Hauptausschuß erweitert; hinzu kamen das Notariat und die Rechtsberatung, die Förderung der wissenschaftlichen Forschung, der Naturschutz einschließlich der Landschaftspflege sowie Raumordnung und Wasserhaushalt. Der Schutz der Mutterschaft, den der Hauptausschuß in der zweiten Lesung auf Antrag von Wagner (SPD) eigens in den Katalog der Vorranggesetzgebung einfügte, wurde im Entwurf des Fünferausschusses am 5. Februar 1949 wieder gestrichen. Er fand auf Anregung von Heuss in den Grundrechtsartikeln seine ausreichende Berücksichtigung (Art. 6 Abs. 4 GG).

In der Frage der Anwendung der Vorranggesetzgebung durch den Bund forderten die Alliierten in einem Memorandum vom 2. März 1949, daß Länder die Gesetzgebung behalten, »außer wenn es offenbar für ein einziges Land unmöglich ist, wirksame Gesetze zu erlassen, oder wenn solche Gesetze, falls erlassen, den Rechten oder Interessen anderer Länder schädlich wären«. Der Bund sollte das Recht erhalten, die nötigen und angemessenen Gesetze zu erlassen, wenn »die Interessen der verschiedenen Länder offenbar, unmittelbar und im ganzen berührt sind«.[41] Daraufhin wurde jener spätere Artikel 72 des Grundgesetzes geschaffen, in dem den Ländern die Befugnis zur Gesetzgebung zugewiesen wurde, »solange und soweit der Bund von seinem Gesetzgebungsrecht keinen Gebrauch macht«.

Eine Aussprache um die Ausführung der Bundesgesetze und über die Bundesverwaltung wurde aufgeschoben, solange ungeklärt war, welchen Umfang die Länderbeteiligung durch den Bundesrat erreichen würde. Je größer die Kompetenz des Bundes sein würde, um so stärker sollten die Länder an der Durchführung der Gesetze und der Verwaltung beteiligt werden. Der Ausschuß konnte in dieser Frage keine Lösung mehr herbeiführen; als CDU und CSU sich Ende November 1948 endlich einigten und danach erst ein Kompromiß mit der SPD für einen mehrheitsfähigen Beschluß gesucht werden konnte, hatte der Ausschuß seine Arbeit bereits eingestellt.

Einen »unverhältnismäßig breiten Raum« nahm die Diskussion um die Verwaltung der Binnenwasserstraßen und der Straßen ein.[42] Gegenstand des Streits war, ob dem Bund oder den Ländern die Binnenwasserstraßen und Straßen gehören sollten und wer für ihren Unterhalt aufkommen sollte. Als Lösung wurde der Alternativvorschlag unterbreitet, daß die Straßen in den Besitz des Bundes übergehen und dieser den Auftrag für den Unterhalt an die Länder abgeben würde (sog. Auftragsverwaltung). Doch fand dieser Vorschlag keine Mehrheit. Statt dessen wurde später der Bund »Eigentümer der bisherigen Reichswasserstraßen« und der »bisherigen Reichsautobahnen und Reichsstraßen« (Art. 89 und 90 GG).

4. Ausschuß für Finanzfragen

Die Einrichtung eines eigenen Finanzausschusses war noch bis zur Konstituierung der Fachausschüsse am 15. September 1948 umstritten. Die CSU machte den Vorschlag, daß dieser als Unterausschuß des Ausschusses für Zuständigkeitsabgrenzung gebildet werden könnte oder daß zumindest beide Ausschüsse eng zusammenarbeiten sollten. Doch Präsident Adenauer warnte wohl zu Recht schon in der interfraktionellen Besprechung am 1. September 1948 davor, die Klärung grundsätzlicher verfassungsrechtlicher Fragen dadurch zu erschweren, »daß bei jeder Forderung, welche von föderalistischer Seite erhoben werde, sofort die finanzielle Belastung entgegengehalten werde«. Er empfahl vielmehr, in einem ersten Arbeitsgang »das Grundsätzliche vom Finanziellen« zu trennen.[43] So wurde am 15. September 1948 der Ausschuß für Finanzfragen ins Leben gerufen. Zehn Mitglieder gehörten diesem Ausschuß an. Von der CDU/CSU kamen Paul Binder (Vorsitzender), Lambert Lensing, Karl Sigmund Mayr und Kaspar Gottfried Schlör. Die SPD entsandte Otto-Heinrich Greve, Walter Menzel, Jean Stock und Friedrich Wolff. Von der FDP kam Hermann Höpker Aschoff und von der DP Hans-Christoph Seebohm. Die Ausschußarbeit war bis zum 15. Dezember 1948 in 19 Sitzungen abgeschlossen. Doch wurde der Finanzausschuß am 7. April 1949 kurzfristig zu seiner 20. und zugleich letzten Sitzung in veränderter personeller Zusammensetzung einberufen.

Der Verhandlungsverlauf im Finanzausschuß wurde wesentlich von dem ehemaligen preußischen Finanzminister Höpker Aschoff bestimmt, der auch als »heimlicher Vorsitzender« des Finanzausschusses bezeichnet werden kann und der als Experte mit großer Sachkompetenz das Geschehen im Parlamentarischen Rat nachhaltig beeinflußte.[44] In einem Eröffnungsreferat übte Höpker Aschoff scharfe Kritik an der Arbeit des Verfassungskonvents von Herrenchiemsee, der sich zuwenig mit der Finanzverfassung beschäftigt habe. Er trat gemeinsam mit der SPD für eine bundeseinheitliche Steuererhebung ein, neben der allenfalls den Kommunen die Festlegung der Steuerhöhe auf Erträge bestimmter Produktionsfaktoren bzw. -aktivitäten sowie die Festlegung der Grundsteuer und Ge-

Abbildung 9. Plenarsitzung, von links nach rechts: Hermann Höpker Aschoff (FDP), Paul Löbe (SPD), Jakob Kaiser (CDU).

werbesteuer (sog. Realsteuerhebesätze) überlassen werden sollte. Er befürchtete, daß bei regional unterschiedlicher Besteuerung die Wettbewerbschancen verzerrt und unweigerlich Steuerparadiese die Entstehung von Industriezentren begünstigen würden.

Für die Verteilung der Steuererträge schlug Höpker Aschoff ein gemischtes System vor. Demnach sollten die Verbrauchssteuer und die Verkehrssteuer hauptsächlich dem Bund zufallen, während Erbschaftssteuer, Vermögensteuer, Kraftfahrzeugsteuer und Rennwettsteuer den Ländern zukommen sollte. Eine flexible Verteilung mittels eines Steuerverbundes forderte er für die Einkommensteuer, Umsatzsteuer und Biersteuer. Durch ein Finanzausgleichsgesetz sollten diese Steuereinnahmen je nach Bedarf anteilig dem Bund und den Ländern zufließen. Eine Verteilung der Steuereinnahmen nach dem örtlichen Steueraufkommen lehnte Höpker Aschoff ab, weil zwischen den Ländern zu hohe Steuerkraftunterschiede entstehen würden. Statt dessen schlug er als Verteilungsschlüssel für die Umsatz- und Kraftfahrzeugsteuer vor, die Umsatzsteuer den Ländern nach der Bevölkerungszahl und die Kraftfahrzeugsteuer nach der Länge der zu unterhaltenden Straßen zukommen zu lassen. Finanzschwache Länder, die über ein verhältnismäßig großes, aber dünn besiedeltes Gebiet verfügten, hätten somit erhebliche Steuervorteile gehabt. Ein solches Finanzsystem war auf eine zentrale Bundesfinanzverwaltung und die bundeseinheitliche Festlegung der Steuersätze angewiesen. Auf keinen Fall durfte bei einer Bundesfinanzverwaltung die Aufteilung der Gesetzgebungskompetenz außer acht gelassen werden. Hier galt die Prämisse: Je zentralistischer die Finanzverwaltung ausfallen würde, um so mehr Einfluß sollte den Ländern bei der Gesetzgebung in der Länderkammer (Bundesrat) zugesprochen werden, insbesondere bei der Festsetzung der Steuersätze und der Einführung und Verteilung neuer Steuern.

Der Finanzausschuß akzeptierte im wesentlichen den Vorschlag von Höpker Aschoff.[45] Damit war auch die Verteilung der Steuereinnahmen nach dem örtlichen Steueraufkommen abgelehnt, die der Sachverständige von der Arbeitsgemeinschaft der Industrie- und Handelskammern, Dr. Gast phantasievoll als ein »Einkommensteuerbukett« bezeichnete, »dessen einzelne Blumen ganz verschieden sein werden«.[46] Allerdings ging der Ausschuß auf die Forderung der Abgeordneten Binder (CDU), Schlör (CSU) und Seebohm (DP) ein, die den Vorschlag von Höpker Aschoff nur unterstützen wollten, wenn eine Zustimmung der Länderkammer zur Steuergesetzgebung vorgesehen sei. Entsprechend wurde am 6. Oktober 1948 entschieden, daß der Bund die ausschließliche Gesetzgebung erhalte über Zölle und Finanzmonopole sowie die Vorranggesetzgebung über 1) die Verbrauchs- und Verkehrssteuern (mit einigen Ausnahmen), 2) die Einkommens- und Körperschaftssteuer, Vermögenssteuern und Erbschaftssteuer und 3) die Realsteuern mit Ausnahme der Festsetzung der Hebesätze (Art. 122a; später Art. 105 GG).

Der Artikel wurde mit den Stimmenthaltungen von Schlör und Seebohm angenommen. Die CSU stellte daraufhin den Antrag, die Biersteuer unter den in Absatz 1 genannten Ausnahmen aufzunehmen. Dieser Antrag wurde abgelehnt, nicht zuletzt, weil dann z. B. auch Rheinland-Pfalz eine Weinsteuer für sich hätte beanspruchen können.

Im Finanzausschuß und im Parlamentarischen Rat blieb bis zum Schluß die Form der zukünftigen Finanzverwaltung umstritten. Schon auf dem Verfassungskonvent von Herrenchiemsee waren drei Möglichkeiten erwogen worden, nämlich: 1) eine bundeseigene Verwaltung, 2) eine landeseigene Verwaltung und 3) eine Finanzverwaltung, die nach Weisung des Bundes von einer Landesverwaltung zu führen sei (Auftragsverwaltung).

SPD und FDP machten sich am 7. Oktober 1948 für eine Bundesfinanzverwaltung stark, während CDU/CSU und DP diese strikt ablehnten und als Kompromiß die dritte Möglichkeit anboten.

Die Schwierigkeit bestand darin, daß ein einheitliches Wirtschaftsgebiet in einem föderativen Staat geschaffen werden sollte. Gerade die deutsche Nachkriegsgeschichte hatte gezeigt, welche selbständige Rechtsentwicklung in elf Ländern aufgrund der Auslegung der Kontrollratsgesetze über das Steuerwesen herbeigeführt werden konnte. Die Mitglieder des Ausschusses einigten sich deswegen auf eine Mischform, in der die Länder zwar ein ausgeprägtes und weitreichendes Aufsichtsrecht haben sollten, in dessen Gegenzug sie jedoch eine einheitliche Ausbildung der Finanzbeamten, ein Mitwirkungsrecht des Bundesfinanzministers bei der Besetzung der Oberfinanzpräsidenten und ein Revisionsrecht durch den Bundesfinanzminister zuließen. Allerdings sprach dieser Kompromiß nach Ansicht der CDU/CSU gleich für eine Landesfinanzverwaltung. Denn sollten diese Punkte tatsächlich berücksichtigt werden, entstünde mit der Zeit sowieso eine weitgehend einheitliche Finanzverwaltung. Die Ablehnung der Landesfinanzverwaltung sei somit nur noch ein Streit um Worte.

Gerade in Fragen der Finanzverwaltung lud der Ausschuß zahlreiche Sachverständige ein, die einen von Höpker Aschoff vorbereiteten Fragebogen zur Grundlage ihrer Ausführungen machen sollten. Mit insgesamt 23 Sachverständigen, die bis zum 5. Oktober 1948 angehört wurden, hatte kein anderer Ausschuß so viele eingeladen wie der Finanzausschuß. Zu den prominentesten Sachverständigen zählten der rheinland-pfälzische Finanzminister Dr. Hans Hoffmann (SPD), der nordrhein-westfälische Finanzminister Dr. Heinrich Weitz (CDU) sowie der Senator und Präses der Finanzbehörde in Hamburg, Dr. Walter Dudek (SPD), die zu jenen 90 % der Sachverständigen zählten, die sich deutlich für eine Bundesfinanzverwaltung aussprachen. Lediglich der bayerische Staatsminister der Finanzen Dr. Johann-Georg Kraus (CSU) trat entschieden für eine Länderfinanzverwaltung ein, während sein hessischer Kollege Dr. Werner Hilpert (CDU) eine Auftragsverwaltung der Länder vorschlug.[47]

Wieder einmal forcierte Höpker Aschoff den Verlauf der Verhandlungen, indem er am 7. Oktober 1948 den ausformulierten Vorschlag zu Artikel 123 (später Art. 108 GG) unterbreitete. Er lautete: »1) Die Bundessteuern werden durch Bundesfinanzbehörden verwaltet. [...] 2) Die Länder können die Verwaltung der Landessteuer an die Bundesfinanzbehörden übertragen. 3) Die Erhebung der Realsteuern wird durch die Landesgesetze geregelt.«

Diese Lösung war für die CDU/CSU und die DP allerdings unannehmbar. In einem Minderheitenvotum schlug Binder (CDU) vor, zwar die Erhebung von Zöllen und Steuern in einem Bundesgesetz festzulegen, aber durch die Länder zu erheben. Die Länder garantierten dafür eine einheitliche Verwaltung und Ausbildung ihrer Finanzbeamten.

Der vom Finanzausschuß vorgeschlagenen Bundesverwaltung nahm sich danach der Hauptausschuß an. Doch scheiterte dessen Vorschlag an den Forderungen der Militärgouverneure, die schon in ihrem Memorandum vom 22. November 1948 auf die Wahrung eines »Regierungsaufbaus föderalistischen Typs« drängten und in späteren Memoranden dem Bund ein Gesetzgebungsrecht nur für diejenigen Steuern zugestehen wollten, die er ganz oder zum Teil für seine eigenen Ausgaben in Anspruch nehmen müßte. Die inhaltliche Arbeit an der Finanzverfassung blieb als neuralgischer Punkt beim Hauptausschuß und wurde an interfraktionelle Beratungsgremien überwiesen. Sie wurde im weiteren Verlauf der Geschichte des Parlamentarischen Rates in zähen Verhandlungen mit den Alliierten erst Ende April 1949 entschieden und bleibt der weiteren Darstellung vorbehalten (siehe Kapitel IV-VI).

5. Ausschuß für Wahlrechtsfragen

Die Einrichtung eines Wahlrechtsausschusses war von Beginn an umstritten, denn es blieb ungeklärt, ob der Parlamentarische Rat oder die Ministerpräsidenten ein Wahlgesetz erlassen durften, nach dem der erste Deutsche Bundestag gewählt werden konnte. Auch bestand Uneinigkeit bei den Mitgliedern des Parlamentarischen Rates darüber, ob das Wahlrecht als Bestandteil des Grundgesetzes oder als eigenständiges Gesetz abgefaßt werden sollte. Weder das Schlußkommuniqué der Londoner Außenministerkonferenz noch die Frankfurter Dokumente vom 1. Juli 1948 hatten die Zuständigkeit eindeutig geklärt. Während die Ministerpräsidenten schon auf der Rittersturzkonferenz am 8./10. Juli 1948 dem Parlamentarischen Rat diese Aufgabe zuweisen wollten, lehnten die Militärregierungen den Erlaß eines Wahlgesetzes durch den Parlamentarischen Rat ab. Sie wollten die Entscheidung über einen Wahlmodus den einzelnen Ländern überlassen. Dem gaben die Ministerpräsidenten im Modellgesetz über die Errichtung des Parlamentarischen Rates (27. Juli 1948) nach, indem sie darauf verzichteten, das Wahlrecht in die Aufgabenbeschreibung aufzunehmen. Trotzdem konstatierte Schmid noch am 8. September 1948 im Plenum, daß unklar sei, wer das Wahlgesetz erlassen sollte. Bisher schien nur festzustehen, daß es nicht der Parlamentarische Rat erlassen sollte.[48] Demgegenüber hielt Süsterhenn die Ausarbeitung eines Wahlrechts sogar für »eine der Hauptaufgaben« des Parlamentarischen Rates[49] – allerdings ein Anspruch, den gelegentlich auch andere Ausschüsse für ihre Arbeit erhoben.

Der Parlamentarische Rat beschloß endlich mit großer Mehrheit, ein Wahlgesetz zu erlassen, da neben ihm kein Gremium vorhanden war, das diese Aufgabe hätte übernehmen können. Durch die inhaltlichen Überschneidungen der Ausschüsse für Wahlrechtsfragen und für die Organisation des Bundes, besonders in den Bereichen Abgeordnetenzahl, Einführung einer Fünf-Prozent-Sperrklausel oder Einrichtung von eigenen Wahlkreisen für die Flüchtlinge, wurde die anfängliche Sonderstellung des Wahlrechtsausschusses innerhalb des Parlamentarischen Rates schnell nivelliert. Nur die Alliierten hielten – etwa in ihren Memoranden vom 2. März 1949 – weiterhin streng Grundgesetz- und Wahlgesetzentwurf auseinander, weil – wie Ministerpräsident Stock annahm – die Frage noch nicht entschieden war, wer für die Verabschiedung des Wahlgesetzes zuständig sei. Immerhin bestand wenigsten zwischen dem Parlamentarischen Rat und den Ministerpräsidenten Einigkeit darüber, daß die Kompetenz zur Abfassung eines Wahlgesetzes beim Parlamentarischen Rat lag. Die Alliierten aber enthielten sich – offensichtlich bewußt – einer eindeutigen Stellungnahme.[50]

Am 15. September 1948 konstituierte sich der Wahlrechtsausschuß. Mitglieder waren Gerhard Kroll (der am 2. Dezember 1948 durch Theophil Kaufmann abgelöst wurde), Josef Schrage, Carl Schröter und Felix Walter von der CDU/CSU; Jean Stock, Walter Menzel, Georg Diederichs und Rudolf-Ernst Heiland von der SPD; Max Becker (Vorsitzender) von der FDP und Max Reimann von der KPD. Der Wahlrechtsausschuß tagte bis zum 5. Mai 1949 in 25 Sitzungen. Insgesamt wurden elf verschiedene Wahlgesetzvorlagen im Ausschuß vorgelegt, gemeinsam erarbeitet oder in überarbeiteter Form von dessen Redaktionskomitee erstellt. Hinzu kam eine große Anzahl von Einzelanträgen, die während der Beratungen des Wahlgesetzes im Hauptausschuß und im Plenum in den Monaten Februar und Mai 1949 eingebracht wurden.

Den übrigen Fachausschüssen des Parlamentarischen Rates diente der Entwurf des Verfassungskonventes von Herrenchiemsee als Grundlage ihrer Arbeit. Da es für den Wahlrechtsausschuß keinen Entwurf für ein Wahlgesetz gab, war die erste Verhandlungsphase von Grundsatzdiskussionen über die verschiedenen Wahlsysteme und der Anhörung von Sachverständigen gekennzeichnet.

Bei den Wahlrechtssystemen wird grundsätzlich zwischen dem relativen bzw. absoluten Mehrheitswahlrecht und dem Verhältniswahlrecht unterschieden. Der

Unterschied der beiden Mehrheitswahlrechtssysteme besteht darin, daß bei einem relativen Mehrheitswahlrecht ein Kandidat in ein Parlament gewählt ist, der in einem Wahlgang die meisten Stimmen erhält (so in Großbritannien und den USA). Demgegenüber ist bei der absoluten Mehrheitswahl der gewählt, der mehr als 50 % der Stimmen in einem Wahlkreis erhält. Dabei bedarf es oft eines zweiten Wahlganges, wenn im ersten kein Kandidat die absolute Mehrheit erreicht. Im zweiten Wahlgang kann entweder eine Stichwahl zwischen den beiden erfolgreichsten Kandidaten des ersten Wahlgangs erfolgen (so im Kaiserreich), oder der zweite Wahlgang kann eine freie Kandidatenaufstellung und in diesem Fall die Entscheidung mit relativer Mehrheit vorsehen (so zeitweise in Frankreich während des 19. und 20. Jahrhunderts), oder es kann eine Stichwahl unter den drei erfolgreichsten Bewerbern mit relativer Mehrheit im zweiten Wahlgang erfolgen. Eine Mehrheitswahl begünstigt ein Zweiparteiensystem und schafft eine verhältnismäßig stabile Regierung, da die kleineren Parteien kaum eine Chance haben, ihre Kandidaten in ein Parlament wählen zu lassen. Beim absoluten Mehrheitswahlsystem besteht theoretisch die Möglichkeit, daß eine Partei in allen Wahlbezirken mit 51 % siegen und dann alle Mandate in einem Parlament wahrnehmen könnte. Das Stimmengewicht der Wähler wäre ungerecht auf die Mandate aufgeteilt.

Beim Verhältniswahlrecht besteht das Bemühen, allen im Volk vorhandenen politischen Richtungen gemäß ihrem Stimmenanteil eine entsprechende Vertretung im Parlament zu ermöglichen.

Während beim Mehrheitswahlrecht die zu wählenden Persönlichkeiten im Vordergrund stehen, kommen beim Verhältniswahlrecht Parteien, d. h. politische Richtungen und Weltanschauungen stärker zum Tragen. Je größer die Wahlkreise sind, um so eher haben, wie in Deutschland während der Weimarer Republik, Splitterparteien größere Chancen, in einem Parlament vertreten zu sein. So spiegeln Verhältniswahlen die politischen Strömungen wieder, doch kann die Vielfalt der Parteien die Willensbildung in einem Gremium und damit auch eine Regierungsbildung erschweren, ja sogar unmöglich machen.

Schon am 22. September 1948 wurde als erster Sachverständiger des Ausschusses für Wahlrechtsfragen der Bonner Wahlrechtsexperte Professor Dr. Richard Thoma als Befürworter des Verhältniswahlsystems eingeladen. Der ehemalige Reichskanzler Dr. Hans Luther empfahl am 5. Oktober 1948 – wie auch am 14. Oktober die Deutsche Wählergesellschaft (DWG) – die Einführung des relativen Mehrheitswahlsystems. Der Einfluß der Sachverständigen auf den Verlauf der Beratungen blieb gering. Da die Abgeordneten sehr bald »die Wahlrechtsfrage als Überzeugungsfrage behandelten«,[51] lehnten sie die Anhörung weiterer Wahlrechtsexperten ab.

Von seiten der Ausschußmitglieder legte Diederichs (SPD) einen ersten »Strukturentwurf« für ein Wahlsystem nach dem Verhältniswahlsystem vor. Für die FDP schlug der Ausschußvorsitzende Becker ein absolutes Mehrheitswahlrecht in Anlehnung an die Wahlgesetze des Kaiserreichs vor. Diesem sehr ausführlichen Entwurf setzte Kroll für die CDU/CSU ein auffallend kurzes Wahlgesetz für ein relatives Mehrheitswahlsystem entgegen.

In einer ersten Abstimmung über die drei verschiedenen bis dahin eingebrachten Entwürfe am 14. Oktober 1948 konnte keiner eine Mehrheit erreichen. Während die Abgeordneten das relative Mehrheitswahlsystem und das Verhältniswahlsystem nur mit knapper Mehrheit ablehnten, wurde der Vorschlag von Becker für ein absolutes Mehrheitswahlsystem deutlich überstimmt, worüber der Ausschußvorsitzende Becker auch persönlich verstimmt war. Immerhin zeichnete sich wenig später ab, daß wenigstens zwischen seinem absoluten Mehrheitswahlrecht und dem von der CDU/CSU geforderten relativen Mehrheitswahlrecht durchaus ein Kompromiß möglich sein könnte. SPD und Zentrum, später auch die FDP, forderten nun ein modifiziertes Verhältniswahlsystem; lediglich der Abgeordnete der KPD votierte weiterhin mit dem Wunsch nach Übernahme des Wahlgesetzes der Weimarer Republik für ein reines Verhältniswahlsystem.

Mitte Oktober lehnten die SPD-Abgeordneten die Forderung nach einem Verhältniswahlrecht zugunsten des sich abzeichnenden Kompromisses für wenige Wochen ab. Mit dem Hinweis, das Verhältniswahlrecht habe in der Weimarer Republik dazu geführt, daß keine regierungsfähigen Mehrheiten zustande gekommen seien, legten sich CDU/CSU und DP gemeinsam auf ein relatives Mehrheitswahlsystem fest, während die SPD und das Zentrum als Kompromiß ein absolutes Mehrheitswahlsystem vorübergehend für annehmbar hielten.

Die sich Mitte Oktober 1948 abzeichnende Einigung kam nicht zustande. Die ausweglose Situation verschärfte sich noch, als am 3. November 1948 erneut drei verschiedene Wahlgesetzentwürfe abgelehnt wurden und Kroll mit einem Boykott der Ausschußverhandlungen durch die CDU/CSU drohte. Zwar konnte ein offener Eklat vermieden werden, doch die Arbeit des Wahlrechtsausschusses geriet zunächst völlig ins Stocken. Erst Ende November 1948 zeichnete sich nach interfraktionellen Gesprächen eine Koalition von SPD, FDP und Zentrum ab, die bereit war, ohne die CDU/CSU-Fraktion einen Wahlgesetzentwurf mit einem Verhältniswahlrecht zu verabschieden.

Doch zeichnete sich unerwartet ein Ausweg ab. Dehler (FDP) und Heuss (FDP) deuteten gegenüber Adenauer und Süsterhenn (CDU) an, daß sie sich in kulturpolitischen Fragen, insbesondere hinsichtlich des Elternrechts, gegenüber der SPD noch nicht festgelegt hätten. Eine Annäherung in der umstrittenen Elternrechtsfrage an die Forderungen der Unionsparteien erschien der FDP möglich, wenn im Gegenzug dazu ein Entgegenkommen der CDU/CSU in Wahlrechtsfragen erfolgen würde. Die Situation änderte sich jedoch schlagartig, als am 2. Dezember 1948 die Ausschußberatungen wieder aufgenommen wurden und die CDU/CSU-Fraktion Kroll ablöste und Kaufmann, der ein ausgesprochener Gegner des reinen Mehrheitswahlrechts war, beauftragte, einen Kompromiß mit der FDP zu suchen. Diederichs (SPD) legte einen neuen Wahlgesetzentwurf vor,[52] der vom Redaktionskomitee des Wahlrechtsausschusses überarbeitet wurde und einen mehrheitsfähigen und – so schien es – konsensfähigen Vorschlag darstellte.

Erst am 15. Dezember 1948 stellte Kaufmann seinen Wahlgesetzentwurf vor, dessen Beratung erneut eine Debatte über die Grund- und Vorzüge des Mehrheitswahlrechts und des Verhältniswahlrechts auslöste. Heiland (SPD), der seine Wahlrechtskenntnisse als Mitglied des Verfassungs- und des Wahlprüfungsausschusses im nordrhein-westfälischen Landtag erworben hatte, sorgte sich deswegen, ob bei einer späteren Durchsicht der Protokolle noch mit »dem notwendigen Ernst« vom Wahlrechtsausschuß geredet werden könne.[53] Von der Aufnahme der Verhandlungen im September 1948 bis zum Jahresende war der Wahlrechtsausschuß inhaltlich keinen wesentlichen Schritt weitergekommen. Auch die Vermittlungsgespräche Kaufmanns mit dem FDP-Fraktionsvorsitzenden Heuss im Dezember 1948 scheiterten.

Zu einem Durchbruch in den Wahlrechtsverhandlungen kam es erst nach der Weihnachtspause. Diederichs (SPD) kam am 18. Januar 1949 mit einem neuen Vermittlungsvorschlag, der zwar das Verhältniswahlrecht vorsah, aber mit der Bildung kleinerer Wahlkreise zugleich die Gesamtzahl der Wahlkreise erhöhte, in denen der Abgeordnete mit relativer Mehrheit gewählt würde. Damit war die von der CDU/CSU gewünschte Persönlichkeitswahl bei den Abgeordneten, die direkt in einem Wahlkreis gewählt werden, gewährleistet. Auf Grundlage dieses Kompromisses brachte Becker einen Wahlgesetzentwurf ein, der am 24. Februar 1949 zur Vorlage des ersten im Plenum gegen die Stimmen von CDU/CSU und DP verabschiedeten Wahlgesetzes wurde.

Neben der Frage des Wahlrechtssystems waren die wichtigsten Themen des Wahlrechtsausschusses:

1) Die Frage des aktiven und passiven Wahlrechts für Personen, die unter die Bestimmungen des alliierten Entnazifizierungsgesetzes vom 12. Oktober 1946 fielen, konnte im Wahlgesetz nicht verbindlich definiert werden, da in den drei Besatzungszonen ungleiche Einstufungen von NS-Belasteten vorgenommen waren.
2) Die Alliierten lehnten ein passives Wahlrecht für Beamte ab. Mit dem in den Grundrechten vorgesehenen Artikel über die Gleichheit aller Bürger vor dem Gesetz schien der Ausschluß von Beamten von der Wahl ins Parlament jedoch nicht vereinbar. Erst nach langwierigen Verhandlungen – darunter auch mit

den Alliierten – wurde die Regelung getroffen, Beamte für die Zeit ihres Mandats ohne Bezüge zu beurlauben.

3) Bestandteil des von Diederichs am 18. Januar 1949 eingebrachten Vermittlungsvorschlags war die bereits auf dem Verfassungskonvent von Herrenchiemsee aufgeworfene Frage nach einer Fünf-Prozent-Sperrklausel für Splitterparteien. Diese lehnte der Wahlrechtsausschuß jedoch schon am 28. Oktober 1948 ab, wie auch später der Hauptausschuß und das Plenum.

Am 4. Februar 1949, noch vor Verabschiedung des Wahlgesetzentwurfes im Plenum am 24. Februar 1949, verständigten sich die Ministerpräsidenten mit dem Parlamentarischen Rat darauf, daß die Ausarbeitung des Wahlgesetzes – vorbehaltlich der Zustimmung der Alliierten – in die Kompetenz des Parlamentarischen Rates falle.[54] Zur großen Verwirrung erklärten die Alliierten jedoch am 2. März 1949, daß das Wahlgesetz »dem Grundgesetz nicht angeschlossen werden« könne. Allenfalls zogen sie in Betracht, »daß der Parlamentarische Rat die Anzahl der Volkstagsabgeordneten und die Zuweisung dieser Abgeordneten in jedes Land bestimmen« sollte. Die Ministerpräsidenten aber sollten in ihren Landtagen die entsprechende Landesgesetzgebung vorbereiten. Für die individuelle Landesgesetzgebung dürften sie freilich Vorschläge des Parlamentarischen Rates berücksichtigen.[55] In der Aussprache über das Memorandum erläuterte General Clay der Delegation des Parlamentarischen Rates am 2. März 1949, daß in den Bundesstaaten der USA mit Erfolg nach jeweils anderen Wahlgesetzen Kongreß- und Präsidentschaftswahlen durchgeführt würden.

Im Anschluß an die Besprechung kündigte Schmid an, daß sich der Parlamentarische Rat mit den im Memorandum dargelegten Kompetenzen nicht zufriedengeben und das Wahlsystem trotzdem im Grundgesetz festlegen werde. Namens des Wahlrechtsausschusses lehnten auch Becker (FDP) und Diederichs (SPD) das Memorandum ab, da sie den im großen und ganzen von ihren Parteien getragenen Wahlgesetzentwurf gefährdet sahen. Sie machten geltend, daß die Konstituierung des ersten Volkstages (bzw. Bundestages) beträchtlich hinausgezögert würde, wenn in allen elf Länderparlamenten erst über Wahlrechtsfragen diskutiert werden müsse, bevor Wahlgesetze geschaffen werden könnten. Problematisch schien ihnen die Entsendung der Abgeordneten in ein Parlament aufgrund verschiedener Wahlsysteme. Dieses würde eine Ungleichheit zur Folge haben, die politisch nicht verantwortbar schien.

Wesentlich verhaltener war die Kritik der CDU/CSU am Memorandum vom 2. März 1949. Süsterhenn hielt die Bedingungen der Alliierten für durchaus ausführbar.[56] Auch die Tagung der CDU/CSU-Fraktion mit Mitgliedern des Parteivorstands am 5. März 1949 in Königswinter machte deutlich, daß für die Union – wie Kritiker behaupteten – nicht die Frage der Umsetzung des Volkswillens im Vordergrund stand, sondern die Bildung einer regierungsfähigen Parlamentsmehrheit. In Parteikreisen, fern ab von der Öffentlichkeit, bekannte Adenauer, daß er »eine sozialistisch-kommunistische Mehrheit im zukünftigen Bundesparlament« zu verhindern beabsichtige.[57] Deswegen sollte auch auf die Durchsetzung des relativen Mehrheitswahlrechts verzichtet werden, an dem allenfalls aus wahltaktischen Überlegungen nach außen hin weiterhin festgehalten werden sollte. Wenn dieses Ziel nicht zu verwirklichen war, so bestand immer noch die Chance, über die Wahlgesetzgebungen in den einzelnen Ländern das für die CDU/CSU jeweils beste Wahlsystem durchzusetzen. Das von der CDU/CSU gewünschte Wahlsystem entsprach übrigens den Alliierten Vorstellungen am ehesten. Der britische Verbindungsoffizier Chaput de Saintonge hatte schon im Februar 1949 historisch argumentierend bekräftigt, es sei unvorstellbar, daß Großbritannien ein Wahlgesetz durch seinen Militärgouverneur billigen ließe, »das den größten Fehler Weimars, die Kleinparteien zu konservieren«, wiederhole.[58]

Vergeblich empfahl Adenauer den CDU/CSU-Ministerpräsidenten, keinen Einwand gegen die Entscheidung der Militärgouverneure zu erheben, Wahlgesetze in den einzelnen Ländern zu erlassen.[59] Ungeachtet dessen erklärten die Ministerpräsidenten auf ihrer Konferenz am 24. März 1949 in Königstein, daß sie es für zweckmäßig hielten, ein einheitliches Wahlrecht zu schaffen. Sie baten den Parlamentarischen Rat, die Beratungen um ein Wahlgesetz wieder aufzunehmen und ein solches mit einer 2/3 Mehrheit zu beschließen.[60] Mit der Forderung nach einer 2/3 Mehrheit war der vorliegende Entwurf nicht mehr haltbar und mußte im Sinne der CDU/CSU-Fraktion modifiziert werden. Bei Becker, der gemeinsam mit Diederichs den größten Anteil an dem bisherigen Wahlgesetzentwurf hatte, machte sich das »Gefühl der Hoffnungslosigkeit und Nutzlosigkeit« breit, weil nun auf die Wünsche der CDU/CSU eingegangen werden mußte. Hinzu kam, daß sich seine eigene Verhandlungsbasis im Vergleich zum Januar 1949 verschlechtert hatte, denn die Beratungen um die im Januar noch umstrittenen Grundgesetzabschnitte zum Senat bzw. Bundesrat und zum Finanzwesen waren soweit fortgeschritten, daß dort kein Verhandlungsspielraum mehr blieb: Nun hatte die CDU »die Trümpfe in der Hand«.[61]

Am 14. April 1949 sprachen die Militärgouverneure dem Parlamentarischen Rat »gewisse Zuständigkeiten« zu, was 1) die Festsetzung der Anzahl der Abgeordneten, 2) die Aufschlüsselung der Sitze auf die Länder und 3) die Festlegung des Wahlsystems betraf.[62] Diederichs entwarf daraufhin einen neuen Wahlgesetzentwurf, der mit Becker (FDP) und Schröter (CDU) abgestimmt wurde. Der Entwurf bestimmte das Verhältniswahlrecht, bereichert durch Elemente der Persönlichkeitswahl, hatte sich aber – im Gegensatz zum ersten Entwurf, der die Modalitäten der Bundestagswahl detailliert festlegte – auf das Wesentliche beschränkt. Dafür wurde jedoch neben Wahlverfahren und Wahlvorbereitung auch das Verfahren für die Wahl zur Bundesversammlung bestimmt, in der der Bundespräsident zu wählen war.

Der Entwurf von Diederichs wurde am 3. und 5. Mai 1949 im Wahlrechtsausschuß, am 9. Mai 1949 im Hauptausschuß und am 10. Mai 1949 im Plenum vorgelegt. Diese Eile war geboten, da bereits am 8. Mai 1949 das Grundgesetz im Parlamentarischen Rat beschlossen wurde, und nach seiner Genehmigung durch die Alliierten war es unsicher, ob der Parlamentarische Rat möglicherweise umgehend aufgelöst und damit die Zuständigkeit für das Wahlgesetz wieder den Ministerpräsidenten übertragen werden würde. Trotz der Mitarbeit Schröters lehnte die CDU/CSU-Fraktion auch diesen Wahlgesetzentwurf ab, da er am Verhältniswahlrecht festhielt. Mit 36:29 Stimmen konnte nur die einfache Mehrheit für das Wahlgesetz erreicht werden. Die Ablehnungen kamen von der CDU/CSU (27 Stimmen) und vermutlich von der DP (2 Stimmen). Damit war die Arbeit des Ausschusses für Wahlrechtsfragen abgeschlossen. Die Verkündung des Wahlgesetzes blieb den Ministerpräsidenten vorbehalten, wenn die Militärgouverneure zugestimmt hatten.

In einer Erklärung vom 28. Mai 1949 beanstandeten die Alliierten, daß das Wahlgesetz nicht von der von den Ministerpräsidenten geforderten 2/3 Mehrheit beschlossen worden war und der Parlamentarische Rat unzulässigerweise mit der Festlegung eines Wahltermins seine Kompetenz überschritten hatte. Dabei hatten die Alliierten noch 16 Tage zuvor das Grundgesetz genehmigt, in dem es hieß, daß für die Wahl des ersten Bundestages, der ersten Bundesversammlung und des ersten Bundespräsidenten der Bundesrepublik das vom Parlamentarischen Rat zu beschließende Wahlgesetz gilt (Art. 137 GG). Von Seiten des Parlamentarischen Rates wurde nun öffentlichkeitswirksam propagiert, daß bereits der erste Verfassungsbruch vorliege, wenn sich jetzt die Ministerpräsidenten mit dem Wahlgesetz beschäftigten.

In dem von den Ministerpräsidenten endgültig am 15. Juni 1949 verabschiedeten Wahlgesetz zum ersten Bundestag wurden die Anzahl der über Listen zu vergebenden Mandate vergrößert und – was einem Entschluß des Parlamentarischen Rates widersprach – die Fünf-Prozent-Sperrklausel eingeführt. Gerade die letztgenannte Entscheidung hatte die Arbeit des Wahlrechtsausschusses »in einem ganz wesentlichen Punkte konterkariert«.[63]

6. Ausschuß für das Besatzungsstatut

Dem Ausschuß für das Besatzungsstatut gehörten zwölf Mitglieder an. Von der CDU/CSU kamen: Paul Binder, Walter Strauß, Gerhard Kroll, Paul de Chapeaurouge, Heinrich von Brentano; von der SPD: Carlo Schmid (Vorsitzender), Georg Diederichs, Friedrich Wilhelm Wagner, Fritz Eberhard, Georg August Zinn; von der FDP Hermann Schäfer, von der KPD Hugo Paul (der am 8. Oktober

1948 von Heinz Renner abgelöst wurde) und von der DP Hans Christoph Seebohm (der nicht stimmberechtigt war).

Nur fünfmal kam der Ausschuß für das Besatzungsstatut zusammen. Er wurde vermutlich auf Anregung von Schmid eingerichtet und legitimierte seine Existenz damit, daß der amerikanische Militärgouverneur Clay am 20. Juli 1948 zusicherte, eine Stellungnahme der Ministerpräsidenten zu einem Besatzungsstatut entgegennehmen zu wollen, bevor ein solches Statut seine endgültige Fassung erhalten würde.[64] Das veranlaßte auch den Parlamentarischen Rat, einen eigenen Ausschuß damit zu befassen. In der konstituierenden Sitzung am 15. September 1948 wurde angesichts einer gewissen Ratlosigkeit, was der Ausschuß konkret tun sollte, bevor das Besatzungsstatut vorlag, überlegt, wo geeignetes Material zu Fragen des Besatzungsrechts und vor allem über die finanziellen Belastungen der Länder durch die Besatzungsmächte zu erhalten war. Es bot sich an, auf Arbeiten des Referats für Besatzungsfragen in der Staatskanzlei von Württemberg-Hohenzollern zurückzugreifen, dessen Leiter, Dr. Gustav von Schmoller, schon auf dem Verfassungskonvent von Herrenchiemsee als Mitarbeiter von Schmid in Erscheinung trat.[65]

Die Ministerpräsidenten hegten gegen den Ausschuß von vornherein gewissen Argwohn, da sie nicht einschätzen konnten, welche Pläne der Ausschuß verfolgte. Erst nach einer gemeinsamen Sitzung mit dem Ausschuß am 27. Oktober 1948 waren die Vorbehalte überwunden, da die Ministerpräsidenten feststellten, daß es keinerlei Meinungsverschiedenheiten gab.[66] In dieser Sitzung hatte von Schmoller ein Referat über die Besatzungskosten gehalten und versucht, diese annähernd zu bestimmen. Er war sich allerdings darüber im klaren, daß viele Vorteile für die Besatzungsmächte und Nachteile für Deutschland sich kaum in Geldbeträgen ausdrücken ließen; dazu zählten auf der einen Seite z. B. die Überlassung von Grundstücken und mietfreies Wohnen für die Alliierten und auf der anderen Seite volkswirtschaftliche Verluste angesichts des monopolartig gesteuerten deutschen Außenhandels. Gegen Ende der Ausschußsitzung mit den Ministerpräsidenten wurden Unterausschüsse, zusammengesetzt aus Länderministern und Abgeordneten des Parlamentarischen Rates, gebildet, über deren Tätigkeit keine näheren Angaben überliefert sind. Wahrscheinlich haben diese Ausschüsse nie getagt und somit ihr großes Arbeitsvorhaben nicht erfüllt. Sie sollten klären, wie die Militärregierungen künftig organisiert sein würden und wie möglicherweise aufkommende Konflikte zwischen Alliierten und Deutschen gelöst werden sollten. Überlegt wurde auch, ob Grundrechte einen besonderen Schutz erhalten könnten, wenn sie Eingang in das Besatzungsstatut erhielten.[67]

Die Arbeit des Ausschusses für das Besatzungsstatut war zunächst gekennzeichnet durch Warten auf einen Hinweis der Alliierten, daß die Ministerpräsidenten bzw. der Parlamentarische Rat seine Stellungnahme abgeben dürfe. Doch erhielten die Ausschußmitglieder von den alliierten Verbindungsstäben noch bis in den November 1948 hinein widersprüchliche Informationen. Rechnete man auf deutscher Seite zunächst damit, daß das Besatzungsstatut gemeinsam mit dem Grundgesetz bekanntgegeben wird, so teilte am 2. November 1948 der amerikanische Verbindungsoffizier Pabsch mit, daß das Besatzungsstatut wohl doch erst nach Verabschiedung des Grundgesetzes bekanntgegeben werden könne. Er ging allerdings zu diesem Zeitpunkt noch davon aus, daß der Parlamentarische Rat zum Jahresende möglicherweise seine Arbeit abgeschlossen haben könnte. Die offensichtlichen Verzögerungen bei den Alliierten deuteten darauf hin, daß diese sich über die Inhalte des Besatzungsstatuts nicht einigen konnten. Diese Entwicklung nutzte Adenauer am 5. November 1948; er verlangte, daß das Besatzungsstatut nicht weniger als ein Ersatz für einen ausstehenden Friedensvertrag sein dürfte.[68] Diese Forderung wurde vermutlich absichtlich überzogen, denn die Grundfunktion des Besatzungsstatuts wurde bereits in dem Frankfurter Dokument Nr. III vom 1. Juli 1948 im wesentlichen umrissen und umfaßte eben keine Regelungen für Friedenszeiten.

Nachdem Adenauer am 2. Dezember 1948 die Militärgouverneure offiziell um eine Besprechung gebeten hatte (siehe dazu Kapitel IV, 7), entwickelte der Ausschuß für das Besatzungsstatut erneut umfangreiche Aktivitäten, da sich zunächst abzeichnete, daß das Grundgesetz bald fertig werden könnte und deswegen auch die Militärgouverneure mit der Vorlage ihres Entwurfes für ein Besatzungsstatut reagieren müßten. Zugleich hoffte der Ausschuß, auf der für Mitte Dezember 1948 anberaumten Sitzung Besatzungsfragen ansprechen zu können. Der Vorschlag, die Besatzungsfragen in einer öffentlichen Plenarversammlung zu behandeln, wurde jedoch auch aus Angst vor kommunistischen Agitationen[69] wieder zurückgenommen. Statt dessen hatte ein Unterausschuß bis zum 5. Dezember 1948 »Thesen zum Besatzungsstatut« entworfen, in denen eine »klare rechtliche Regelung des Verhältnisses der Besatzungsmächte gegenüber Deutschland« gefordert wurde. Positiv ausgedrückt benannten die Thesen als Ziele die »Rückkehr Deutschlands in die Völkergemeinschaft«, die »Erhaltung der demokratischen Einrichtungen in Deutschland«, die »Sicherung der friedlichen Entwicklung Deutschlands (Entmilitarisierung)« und den »Schutz der öffentlichen Ordnung und Sicherheit«. Konsequenterweise wurde nur ein befristetes Einspruchsrecht der Besatzungsmächte und eine »volle Unabhängigkeit der deutschen Justiz« in den Katalog der Forderungen aufgenommen.[70]

Doch in der Besprechung mit den Militärgouverneuren am 16./17. Dezember 1948 machten diese keine Angaben zum Inhalt des Besatzungsstatuts. Statt dessen forderten sie die Delegierten des Parlamentarischen Rates auf, konkrete Fragen zum Besatzungsstatut zu stellen, worauf diese nicht vorbereitet waren, obwohl Adenauer vorher gebeten wurde, solche Fragen vorzubereiten (siehe ausführlich Kapitel IV, 7).

Als sich im Februar und noch einmal im März 1949 im Parlamentarischen

Rat Kompromisse in den strittigen Fragen abzeichneten, tauchten regelmäßig Gerüchte auf, daß in kürzester Zeit mit einem Besatzungsstatut gerechnet werden könne. Doch erst am 10. April 1949 wurde dem Parlamentarischen Rat überraschend das von den Außenministern der drei Westmächte paraphierte Besatzungsstatut mitgeteilt. Darin wurde erklärt, daß ein Fortdauern der Besatzung notwendig sei, und daß dem westdeutschen Staat »das größtmögliche Maß an Selbstregierung« zugestanden werden solle. Als Besatzungszweck wurden angekündigt: Fortsetzung der Entmilitarisierung; Kontrollen der Ruhr, der Restitutionen, der Reparationen, der Dekartellisierung, der auswärtigen Angelegenheiten und internationalen Abkommen; Überwachung des Außenhandels und des Devisenverkehrs; Überwachung der Rechtspflege. Nach zwölf Monaten und in jedem Falle innerhalb von 18 Monaten nach Inkrafttreten des Besatzungsstatuts sollte eine Überprüfung seiner Bestimmungen durchgeführt werden.[71]

Schon am Tage nach Übermittlung des Entwurfes des Besatzungsstatuts kam der Ausschuß für das Besatzungsstatut mit dem Besatzungsstatut-Ausschuß der Ministerpräsidenten zusammen, um das Dokument einer genauen Analyse zu unterziehen und einen Unterausschuß einzusetzen, der einen Fragenkatalog für eine Besprechung mit den Militärgouverneuren vorbereiten sollte.

Die Analysen ergaben insgesamt ein wenig erfreuliches Bild für die Zukunft des westdeutschen Staates. Die SPD-Abgeordneten Schmid und Wagner vermißten ein Schiedsgericht, das bei Streitigkeiten zwischen Deutschen und Alliierten hätte Entscheidungen fällen können. Ebenfalls waren keine Vorschriften enthalten, daß die Besatzungskosten früh genug festgelegt und bekanntgegeben werden müssen, damit auf deutscher Seite ausreichende Vorbereitungen laufen könnten. Schließlich wurden keine klaren Schritte aufgezeigt, die eine baldige Wiederherstellung der deutschen Souveränität erkennen ließen. Positiv wurde allenfalls bemerkt, daß Möglichkeiten einer Revision des Besatzungsstatuts konkret in Aussicht gestellt wurden. Bis zum 12. April 1949 arbeiteten der Parlamentarische Rat und die Ministerpräsidenten einen Katalog mit 16 Punkten aus, in denen gefragt wurde nach weiteren Ausführungsbestimmungen zum Besatzungsstatut, nach Beratungsmöglichkeiten mit deutschen Stellen vor einer Entscheidung der Alliierten, nach dem Umfang der Zulassung von konsularischen Vertretungen im Ausland, nach der Kalkulierbarkeit der Besatzungskosten (Erstellung einer jährlichen Pauschalsumme mit Rücksichtnahme auf die Haushalts- und Wirtschaftslage in Deutschland), nach dem Eingreifen von Besatzungsbehörden in das deutsche Justizwesen, nach dem Umfang der Kontrollen über den Außenhandel sowie nach den Möglichkeiten über eine Änderung des formell noch bestehenden Kriegszustandes.

Noch vor der Besprechung einer Delegation des Parlamentarischen Rates mit den Militärgouverneuren veröffentlichten die Ministerpräsidenten ein wenig eilfertig ein Kommuniqué, in dem sie erklärten, daß sie im Besatzungsstatut »einen bedeutsamen Fortschritt auf dem Wege zur Wiedererlangung der Souveränität des deutschen Volkes« erkennen. Sie begrüßten die Entwicklungsmöglichkeiten für Deutschland zu einer »gleichberechtigten Einordnung in die europäische Völkerfamilie«.[72]

Das Zusammentreffen mit den Militärgouverneuren in Frankfurt am 14. April 1949, dem noch am 13. April eine lebhafte Diskussion mit der KPD im Hauptausschuß – mit einer beinahe handgreiflichen Auseinandersetzung zwischen Strauß (CDU) und Reimann (KPD) im Flur – vorausgegangen war, diente im wesentlichen der näheren Erläuterung des Besatzungsstatuts durch die Militärgouverneure. Gleichzeitig drängte der amerikanische Militärgouverneur Clay auf einen baldigen Abschluß der Arbeit des Parlamentarischen Rates. Nach dieser Besprechung tagte der Ausschuß für das Besatzungsstatut, dessen Aufgabe beendet war, nicht mehr.

Abbildung 10. Fraktionszimmer der FDP in der Pädagogischen Akademie, links Max Becker (FDP), Frau Renner (Sekretärin), rechts Hans Reif (FDP), ferner Angehörige des Sekretariates und der Fahrbereitschaft des Parlamentarischen Rates.

IV. Erste Beratungen über das Grundgesetz im Plenum und im Hauptausschuß

1. Die Plenarsitzungen am 20./21. Oktober 1948

Ursprünglich sollten alle Ergebnisse der Fachausschüsse abgewartet und dann im Hauptausschuß zusammengetragen werden. Doch schon wenige Wochen nach Beginn der Fachausschußberatungen zeichnete sich ab, daß der angestrebte Termin zur Beendigung der Beratungen, der 17. Oktober 1948,[1] nicht einzuhalten war. Hinzu kam die Tatsache, daß Vereinbarungen zwischen den Parteien zu politischen Einzelfragen, wie der Gestaltung des Verhältnisses zwischen Bund und Ländern bzw. der Gestaltung des Bundesrates, in den Fachausschüssen nicht getroffen werden konnten. Vor diesem Hintergrund schlug der Abgeordnete Süsterhenn (CDU) und auch der Parteivorstand der SPD eine »Fühlungnahme« zwischen den Fraktionsführern der beiden großen Parteien CDU/CSU und SPD vor. Diese kam jedoch nicht zustande, da bei der CDU/CSU in der Frage der Gestaltung der Länderkammer noch keine Einigung erzielt worden war. Das war der SPD nicht entgangen, deswegen forderte sie am 12. Oktober 1948 überraschend und gegen den Willen von FDP und CDU/CSU die Einberufung einer Plenarsitzung. Die SPD wollte die bis dahin hinter verschlossenen Türen in den Fachausschüssen ablaufenden Diskussionen in die Öffentlichkeit tragen. Damit hoffte sie, »eine gewisse Klärung der verschiedenen parteipolitischen Standpunkte« erreichen zu können. Dem politischen Gegner warf sie Ängstlichkeit vor, sollte dieser glauben, daß der Parlamentarische Rat nicht die »richtige Mitte«[2] finden könnte. Für den bereits eröffneten Wahlkampf in Berlin hoffte der Abgeordnete Suhr, auf den der Vorschlag einer Plenarsitzung zurückging, durch eine öffentliche Debatte eine größere Publizität für die SPD zu erreichen. Die CDU/CSU hingegen lehnte zur Vermeidung von parteipolitischer Polarisierung – wie bereits Anfang September 1948 – eine öffentliche Diskussion ab.

Nun mußten übereilt die bis dahin formulierten Artikel zusammengetragen und innerhalb der Fraktionen zu den kontroversen Themen ein möglichst einheitliches Meinungsbild erstellt werden. Weil dieses Ziel in der Union in den nächsten Tage nicht zu erreichen war, erschien ein zufriedenstellender Abschluß der Ausschußarbeiten unmöglich. Deswegen hatten die Mitglieder der CDU/CSU ihre Zustimmung zu den Entwürfen der Ausschüsse nur unter dem Vorbehalt ihrer späteren Annahme durch die Fraktion gegeben.[3] Auch die interfraktionellen Besprechungen am 13./14. Oktober 1948 zwischen CDU/ CSU und SPD waren von dem Bemühen gekennzeichnet, jene »Gelenke zu finden, die die verschiedenen Auffassungen verbinden könnten«.[4] Hier standen die Frage nach der Gestaltung der Länderkammer und die Arbeit des Ausschusses für Grundsatzfragen im Mittelpunkt, da dessen Beratungen am weitesten fortgeschritten waren. Schließlich wurde vereinbart, in der Plenarsitzung eine »tour d'horizon« vorzunehmen und sich nicht in Einzelheiten zu verlieren.

In der Plenarversammlung am 20./21. Oktober 1948 trug Schmid (SPD) in Fortsetzung zu seinen Ausführungen im Plenum am 8./9. September 1948 die Grundlagen der zukünftigen »neuen Ordnung« vor. Wiederum betonte er den Gedanken des provisorischen Charakters des Grundgesetzes, das »an dem Tage automatisch außer Kraft tritt, an dem eine frei gewählte, frei handelnde, von dem ganzen deutschen Volk entsandte Nationalversammlung – nicht in Abänderung dieses Grundgesetzes, sondern originär – die endgültige Verfassung Deutschlands geschaffen haben wird«. Süsterhenn (CDU) legte in seiner Rede Wert darauf, dem Grundgesetz durch eine Zuordnung auf Gott eine sittlich-ethische Qualifikation zu geben.[5] Heuss (FDP), der selbst an dem Entwurf der Präambel mitgewirkt hatte, überraschte mit einem neuen Vorschlag. Seiner Meinung nach sollte eine Präambel eine gewisse »Magie des Wortes besitzen«, und sich nicht in »historisch netten Bezeichnungen« verlieren. Auch wehrte er sich dagegen, ständig das Provisorische zu betonen, da man so von vornherein dem Grundgesetz etwas von seiner »Integrationskraft« nehmen würde. Renner (KPD) nutzte die Plenarversammlung zu allgemeinpolitischen Erörterungen. Gegen eine »gesellschaftliche Neuordnung«, die einen »monopolkapitalistischen, imperialistischen, friedenbedrohenden Charakter« habe, empfahl Renner für die drei Westzonen eine Bodenreform durch Enteignung der Großagrarier, Entmilitärisierung und Sozialisierung.[6] Auch Ermahnungen des Tagungsleiters Schönfelder (SPD), zum Thema zu sprechen, hinderten Renner nicht, in seiner Rede fortzufahren. Nach den kommunistischen Angriffen gegen die westdeutsche Staatsbildung wies Reuter (SPD) auf die in Berlin täglich zu erlebende Willkürherrschaft und Rechtlosigkeit in der sowjetischen Besatzungszone hin und wünschte um so mehr die Begründung eines »wirklich demokratischen« Staates. Erst in der Aussprache am 21. Oktober 1948 wurde über die Länderkammer, Finanzfragen und das Wahlrecht beraten. Die Abgeordneten referierten auf Absprachen der Parteiführungen im wesentlichen den Stand der Arbeit in den Fachausschüssen.

Die eineinhalb Tage andauernden Plenarsitzungen hatten die Verhandlungen um einen Grundgesetzentwurf in der Sache nicht einen Schritt vorangebracht.

Die in der interfraktionellen Besprechung getroffene Vereinbarung, polemische Dispute möglichst nicht aufkommen zu lassen, verhinderte zugleich eine schärfere Konturierung der unterschiedlichen Standpunkte; abgesehen davon, daß etwa Lehr (CDU) den Vorschlag seiner Fraktion zum Bundesrat halbherzig vortrug, wurde nur Binder (CDU) nach den Plenarsitzungen für seine scharfen Bemerkungen über das Besatzungsstatut von der Fraktion gerügt.[7] Differenzen zwischen den Parteien konnten zwar aufgezeigt werden, aber eine mehrheitsfähige Meinung kristallisierte sich nicht heraus. Diese Plenarsitzungen sollten bis zum 24. Februar 1949 zunächst die letzten bleiben.

2. Erstes Eingreifen der Alliierten

Abgesehen davon, daß die Aussprache im Plenum wenig greifbare Ergebnisse für die Arbeit des Parlamentarischen Rates hervorbrachte, erhielten mit der am 18. Oktober 1948 erfolgten Zusammenstellung und Vervielfältigung der vorläufigen Artikel[8] die Arbeiten der Ausschüsse nach außen hin eine besondere Beachtung. Da die Drucksachen des Parlamentarischen Rates nach einer Absprache vom 10. September 1948 auch an die Alliierten weitergeleitet wurden, hatten deren Verfassungsexperten in den Verbindungsstäben erstmals einen umfassenden Eindruck von der bisher geleisteten Arbeit im Parlamentarischen Rat erhalten und diesen Entwurf einer kritischen Prüfung unterzogen.

Schon am 16. Oktober 1948 beschlossen die Militärgouverneure, ihre Verbindungsstäbe in Bonn anzuweisen, unzweideutig zur beabsichtigten Schaffung einer Bundesfinanzverwaltung Stellung zu beziehen. Dem Präsidenten des Parlamentarischen Rates sollte eröffnet werden, daß mit der Verteilung der Finanzhoheit das Kernproblem des Föderalismus berührt werde und nach alliierter Sichtweise der Entwurf des Finanzausschusses nicht den Grundsätzen der Londoner Empfehlungen entsprechen würde. Da Adenauer wegen eines Verkehrsunfalls und seiner bevorstehenden Reise in die Schweiz verhindert war, nahm am 20. Oktober 1948 Vizepräsident Schönfelder die Erklärung der Alliierten vom 19. Oktober 1948 von den Leitern der alliierten Verbindungsbüros, Simons, Chaput de Saintonge und Laloy, vor der Nachmittagssitzung des Plenums entgegen.[9] Darin machten die Militärgouverneure darauf aufmerksam, daß der Entwurf des Grundgesetzes mit ihren Grundsätzen übereinstimmen müsse, um ihre Zustimmung zu erhalten. Doch lagen ihrer Meinung nach »gewisse Anzeichen vor«, daß die Länderkammer eine Körperschaft werden sollte, die die Länder nicht »als politische und verwaltungsmäßige Einheiten« vertritt, sondern nur wie »Wahlbezirke«. Damit aber würden die Machtbefugnisse der Länderkammer eingeschränkt werden. Die derzeitigen Ergebnisse des Finanzausschusses hätten die Militärgouverneure nun veranlaßt, die Frage zu stellen, ob die Entscheidungen des Parlamentarischen Rates »noch den Erfordernissen entsprechen, die eine Bundesverfassung erfüllen muß«. Da die Militärgouverneure wußten, daß eine starke Minderheit im Parlamentarischen Rat eine Verwaltung der Steuern durch den Bund abgelehnt hatte, wollten sie sich schon »jetzt zu diesen Vorschlägen äußern«. Sie unterstrichen, »daß die Machtbefugnisse der Bundesregierung auf dem Gebiet der öffentlichen Finanzen auf die Erhebung von Steuern und die Verfügung über Gelder begrenzt werden sollten«. Zum Zwecke einer gewissen Einheitlichkeit wurde dem Bund zugebilligt, Richtlinien zur Festsetzung der Steuersätze aufzustellen. Doch sollte die Einziehung und Verwendung solcher Steuern ausschließlich den einzelnen Ländern überlassen bleiben.[10]

Schönfelder, der selbst an Sitzungen des Finanzausschusses teilgenommen hatte und mit der Materie grundsätzlich vertraut schien, hatte den Stellenwert des Memorandums schlichtweg unterschätzt. Schon am nächsten Abend suchte er im Anschluß an die Plenarsitzung in Begleitung des Finanzexperten Höpker Aschoff (FDP) den amerikanischen Verbindungsoffizier Simons auf, um sich das Memorandum noch einmal erläutern zu lassen. Doch Schönfelder und Höpker Aschoff hatten – zum Ärgernis der Alliierten – es nicht für nötig erachtet, den Parlamentarischen Rat offiziell von dem Dokument in Kenntnis zu setzen, so daß das Memorandum auch in der Aussprache zur Finanzfrage in der Plenarsitzung vom 21. Oktober 1948 unerwähnt blieb. Anscheinend wurde absichtlich »zur Tagesordnung« übergegangen.[11] Höpker Aschoff, der Berichterstatter des Finanzausschusses, reagierte in seiner Rede im Plenum lediglich indirekt auf die Erklärung, indem er – ohne jedoch das Memorandum explizit zu erwähnen – versuchte, die geäußerten Bedenken der Alliierten zu zerstreuen. Darüber hinaus hatte er aus privater Initiative heraus in einem Schreiben an die Verbindungsstäbe vom 28. Oktober 1948 die wesentlichen Aussagen seiner Plenarrede wiederholt.[12]

Von dem Memorandum, das ihm der Vorsitzende der CDU/CSU-Fraktion, Pfeiffer, schon vorab übermittelte, erfuhr Präsident Adenauer offiziell erst Anfang November, gut zwei Wochen nach der Aushändigung. Adenauer besprach daraufhin am 10. November 1948 zunächst mit britischen und amerikanischen Verbindungsoffizieren die alliierte Demarche, um sich von der Zuverlässigkeit des Textes zu überzeugen. Im Ältestenrat rechtfertigte Schönfelder das Zurückhalten des Memorandums damit, daß er es nur als einen Rat aufgefaßt habe und bemüht gewesen sei, daß der deutsche Standpunkt unabhängig bleibe. Doch Adenauer stellte unmißverständlich fest, daß es sich um ein »offizielles« Dokument handelte und der Parlamentarische Rat nun an der »Arbeit an einem Diktat« sei.[13]

3. Interfraktionelle Besprechungen im Oktober/November 1948 und das Gespräch zwischen Ehard und Menzel

Schon in der Plenarsitzung am 21. Oktober 1948 regte Lehr (CDU) interfraktionelle Sitzungen an, um bei der Formulierung der Präambel sowie der Gestaltung der Länderkammer, der Finanzverwaltung und des Wahlrechts Kompromißlösungen zu finden.[14] Zu den umstrittensten Bereichen zählte die Länderkammer, also die Frage, ob ein »Bundesrat« (so die Mehrheit der CDU/CSU) oder ein »Senat« (so die Mehrheit der SPD) eingerichtet werden sollte. Davon wiederum hing die Gestaltung der Finanzverwaltung ab. Je stärker der Bund werden würde, desto mehr Kompetenzen im Bereich der Finanzverwaltung und Steuererhebung sollten den Ländern überlassen werden, bzw. umgekehrt. Nicht nur SPD und CDU/CSU waren sich uneins über die anstehenden zentralen Fragen, auch innerhalb der Fraktionen gab es gegensätzliche Auffassungen. Deswegen stellte augenscheinlich erst die interfraktionelle Besprechung am 27. Oktober 1948 eine Wende dar.

In dieser Sitzung überraschte die SPD den Präsidenten Adenauer mit ihrer Zustimmung zur Bundesratslösung. Doch tatsächlich wurde diese Wende schon am Tag zuvor während eines fast konspirative Züge tragenden und vom CDU/CSU-Fraktionsführer Pfeiffer vermittelten Abendessens des SPD-Abgeordneten und nordrhein-westfälischen Innenministers Menzel mit dem bayerischen Ministerpräsidenten Ehard (CSU) in Bonn eingeleitet.[15] Im Laufe des Gesprächs, das im Hotel Königshof in Bonn stattfand, verständigten sich die beiden Politiker auf einen Bundesrat mit suspensivem Vetorecht. Nach dieser Lösung waren Bundesrat und Bundestag nicht gleichberechtigt. Eine Bundesratsentscheidung konnte vom Bundestag bei einer Zweidrittelmehrheit überstimmt werden. Eine Gleichberechtigung sollte lediglich beim Finanzausgleichsgesetz und bei Änderung der Kompetenzen des Bundes bestehen.

Vereinbarungsgemäß informierte Menzel seine Fraktion über die herbeigeführte Verständigung. Hingegen hatte Pfeiffer die Gesprächsergebnisse seiner Fraktion nicht weitergegeben. Völlig ahnungslos ging Präsident Adenauer in die interfraktionelle Besprechung am 27. Oktober 1948, während die anwesenden SPD-Mitglieder durchweg informiert schienen. Katz (SPD) legte zum Erstaunen Adenauers gleich zu Beginn das neue Konzept der SPD vor. In einer umgehend nach der interfraktionellen Besprechung anberaumten Fraktionssitzung ließ der in allerhöchstem Maße verstimmte Adenauer seinem Ärger über das eigenmächtige Vorgehen Ehards und das Versäumnis Pfeiffers freien Lauf.

Das Gespräch zwischen dem »rheinische[n] Sozialist[en]« und dem »weißblaue[n] Staatsmann« war zwar schon bald zur »Legende« stilisiert worden[16], doch fiel in diesem Gespräch die Vorentscheidung für die Bundesratslösung nur insofern, als daß lediglich die bis dahin vorgeschlagene Schaffung einer Mischung aus Bundesrat und Senat mit dem Recht zu verschiedenen Vetos (auch als »Bundesrat mit senatorialer Schleppe« bezeichnet; siehe dazu bereits Kapitel III, 2), obsolet waren. Hingegen war – wie die weitere Entwicklung zeigte – die Gestaltung des Bundesrates noch längst nicht entschieden. Da sich Bayern für den Komplex Bundesrat so stark engagiert hatte, wurde in der nächsten interfraktionellen Besprechung am 2. November 1948, die nur auf Druck der SPD einberufen wurde, angesichts des Fehlens eines CSU-Vertreters das Thema Länderkammer gar nicht behandelt. Für die CDU/CSU wurde es zusehends schwierig, die SPD, die mit der erneuten Einberufung des Plenums gedroht hatte, noch länger hinzuhalten.[17] Deswegen räumten Vertreter der CDU wenigstens ein, bei verschiedenen offenen Fragen gewisse Zugeständnisse zu machen – nicht jedoch bezüglich der Länderkammer.

Am 9. November 1948 unterbreitete Adenauer, der dem Senatsgedanken nahestand und noch am Tag zuvor zu einem versöhnlichen Gespräch mit Ehard in München zusammengekommen war, in der Sitzung der CDU/CSU-Fraktion einen vermittelnden Vorschlag zur Länderkammer. Darin sah Adenauer vor: 1) ein Bundesparlament mit Gesetzgebungsbefugnis, bestehend aus a) einem Abgeordnetenhaus und b) einem gleichberechtigten Senat, sowie 2) eine Ländervertretung, die entscheidende Mitwirkung bei der Änderung der Kompetenzgewalt zwischen Bund und Ländern sowie bei der Finanzgesetzgebung haben sollte. Wenn die Schaffung eines Senats als Länderkammer politisch nicht umsetzbar war, so sollte nach Adenauers Vorstellung nun eine senatorisch-politische Führungsschicht bzw. der »neu[e] Typ des Politikers«[18] beim oder im Abgeordnetenhaus installiert werden. Lehr (CDU) bezeichnete diese Konstruktion nicht als ein Drei-, sondern als Zweieinhalb-Kammersystem.

Nachdem der Kompromiß von Adenauer die Zustimmung seiner Fraktion fand, vermißte Schmid am nächsten Tag in der interfraktionellen Besprechung eine stärkere Berücksichtigung der SPD-Forderungen. Katz wies die Idee mit dem Hinweis zurück, daß die Sache zu kompliziert werde. Er glaubte, daß sich CDU/CSU und SPD mit diesem Vorschlag nur noch weiter voneinander entfernen würden. Gegen Ende der Diskussion rief Heuss schließlich zu einem Neuanfang in der Frage zur Länderkammer auf und karikierte die Entwicklung mit dem Hinweis darauf, daß im Ehard-Menzel-Gespräch die SPD der CDU entgegengekommen sei und deren »Lieblingskind«, den Bundesrat, aufgenommen habe. Jetzt hingegen »adoptiert die CDU das Lieblingskind und die SPD verstößt ihr Kind«. Zu Recht hielt Lehr entgegen, daß die CDU gar kein »Lieblingskind« habe,[19] da sie sich immer noch nicht zu einer einheitlichen Meinung durchgerungen hatte. Erst am 26. November 1948 votierte die CDU/CSU-Fraktion mit 13:9 Stimmen für einen Bundesrat mit gestaffeltem Stimmrecht der Länder; er sollte der Ersten Kammer vollkommen gleichberechtigt gegenüberstehen und sich aus den von den Länderregierungen ernannten weisungsgebundenen Vertretern zusammensetzen.[20]

Die Ursachen dafür, daß der Parlamentarische Rat verhältnismäßig spät eine Lösung für die Gestaltung der Länderkammer erreichte, waren sehr vielfältiger Art. Zunächst wünschten die Alliierten und auch die Länder ein möglichst großes Mitspracherecht einer Länderkammer bei der Gesetzgebung des Bundes. Die Länderkammer sollte zugleich das kritische Korrektiv zum Bundestag und der Regierung werden. Gleichzeitig erkannten die Abgeordneten, daß eine zu starke Länderkammer mit ihrem Votum die Handlungsfähigkeit eines Parlaments blockieren könnte, wenn dort andere politische Mehrheiten herrschen würden als im Bundestag. Unter solch ungünstigen Voraussetzungen drohte jedes Votum einer Länderkammer zu einem Veto zu werden. Die Uneinigkeit in der CDU nutzte Ministerpräsident Ehard geschickt, um mit Menzel und der SPD gemeinsame Sache zu machen.

4. Aufnahme der Beratungen im Hauptausschuß

Bereits am 16. September 1948 konstituierte sich der Hauptausschuß des Parlamentarischen Rates. Seine Aufgabe bestand darin, die Arbeiten »der Fachausschüsse zu koordinieren und die politischen Vorentscheidungen zu treffen«. Deswegen mußte der Hauptausschuß freilich auf deren Ergebnisse warten. Ihm gehörten 21 Mitglieder an. Die CDU/CSU entsandte Konrad Adenauer, Heinrich von Brentano, Theophil Kaufmann, Wilhelm Laforet, Robert Lehr, Anton Pfeiffer, Heinrich Rönneburg (abgelöst am 11. November 1948 durch Hermann von Mangoldt) und Adolf Süsterhenn; von der SPD waren Otto Heinrich Greve, Friedrich Maier, Walter Menzel, Carlo Schmid (Vorsitzender), Adolph Schönfelder, Josef Seifried (abgelöst am 14. Oktober 1948 durch Jean Stock), Friedrich Wolff und Gustav Zimmermann vertreten; von der FDP kamen Thomas Dehler und Theodor Heuss; die DP entsandte Hans-Christoph Seebohm, die KPD schickte Max Reimann und das Zentrum Johannes Brockmann.

Nachdem in den bisherigen Plenarversammlungen die Parteien ihre grundsätzlichen politischen Standpunkte vorgetragen und die Fachausschüsse in der ersten und zum Teil in der zweiten Lesung die einzelnen Abschnitte des Grundgesetzes beraten hatten und nebenbei in interfraktionellen Gesprächen Einigungen gesucht wurden, schien es sinnvoll, nun im Hauptausschuß die weiteren Weichen zum Abschluß der Grundgesetzberatung zu stellen. In insgesamt 59 bzw. 60[21] Sitzungen wurde in bis zu vier Lesungen der Grundgesetzentwurf beraten. Wie bereits in den Fachausschüssen verlor sich auch im Hauptausschuß die Aussprache mehrfach in Kleinigkeiten und in ausufernde Interpretationen von Einzelbegriffen, die allerdings für die Artikelformulierung durchaus von großer Bedeutung sein konnten. Es hatte beinahe den Anschein, als wäre mit den

Vorberatungen in den Fachausschüssen nur wenig erreicht worden, da viele Themen grundlegend aufgerollt wurden. Die Arbeit des Hauptausschusses kann nicht isoliert betrachtet werden. Vielmehr fand sie im Wechselspiel zwischen Fachausschüssen, Fraktionen, interfraktionellen Besprechungsgremien und Alliierten statt.

Bei Verhandlungsbeginn am 11. November 1948 schlug Schmid zum Procedere der Beratungen vor, den Stoff – in Anlehnung an die Abschnitte des Grundgesetzes – in Kapitel zu gliedern, die »wie ein orientierendes Fadenkreuz« einen Zugang zu der oftmals schwierigen Materie ermöglichen sollten, damit innerhalb dieser Kapitel artikelweise vorgegangen werden könne. Die Berichterstatter der jeweiligen Fachausschüsse sollten kurz den Beratungsstand im Ausschuß erläutern. Die zahlreichen bereits vorliegenden und noch zu erwartenden Eingaben sollten von Löwenthal (SPD) durchgesehen und zum jeweiligen Thema im Hauptausschuß vorgetragen werden.[22]

Eine der wichtigsten Vorarbeiten für den Hauptausschuß hatte der Allgemeine Redaktionsausschuß, bestehend aus von Brentano (CDU), Dehler (FDP) und Zinn (SPD), geleistet, der die gesamte bis dahin abgeschlossene Ausschußarbeit in der Zeit vom 5. November bis 5. Dezember 1948 in einen neuen Gesamtentwurf brachte und kommentierte.[23] Befürchtungen blieben nicht aus, mit dem Redaktionsausschuß könne ein »neues retardierendes Moment in die Bonner Arbeit hineingetragen werden«[24] und Aufgaben des Hauptausschusses vorweggenommen werden.[25] Nicht unberechtigt waren Klagen, daß mit redaktionellen Änderungen auch substantielle Veränderungen am Sinn der Entwürfe der Fachausschüsse vorgenommen wurden. Deswegen legte der Ältestenrat den Arbeitsablauf zwischen den Fachausschüssen, dem Allgemeinen Redaktionsausschuß, dem Hauptausschuß und dem Plenum verbindlich fest. Demnach überprüfte das Redaktionskomitee die Ausschußfassung »auf Rechtssprache und sonstige Formalien, insbesondere im Hinblick auf die Angleichung an die von den anderen Ausschüssen erarbeiteten Formulierungen des Grundgesetzentwurfes sowie auf Lücken«. Der Redaktionsausschuß sollte Änderungen nur im Einvernehmen mit den Ausschußvorsitzenden vornehmen und gegebenenfalls erst nach erneuter Beratung im Fachausschuß diese dem Hauptausschuß vorlegen. Der Hauptausschuß erörterte den gesamten Entwurf einschließlich der nicht-strittigen Artikel; er sollte die »politischen Entscheidungen« fällen.[26]

Aufgrund der eng verwobenen Zusammenarbeit mit anderen Gremien des Parlamentarischen Rates kann die im übrigen entgegen den Fachausschüssen »presse-öffentliche«[27] Tätigkeit des Hauptausschusses an dieser Stelle nur überblicksartig erfaßt werden: Nach seiner Konstituierung am 15. September 1948 beriet der Hauptausschuß vom 11. November bis 10. Dezember 1948 in erster Lesung den gesamten Grundgesetzentwurf. Dabei begann er mit der Organisation des Bundes, weil die Ergebnisse des Kombinierten Ausschusses am weitesten

Abbildung 11. Im Schreibbüro des Sekretariates des Parlamentarischen Rates, links Hans-Christoph Seebohm (DP).

Abbildung 12. Abstimmung im Hauptausschuß: Der Vorsitzende Carlo Schmid (SPD) zählt die Stimmen.

gediehen schienen. Daran schlossen sich Diskussionen um die Gestaltung der Bundesregierung, das Verhältnis von Bund und Ländern, den Bundespräsidenten, den Bundesrat, das Finanzwesen und die Grundrechte an. Vom 7.–10. Dezember wurden die umstrittenen Artikel zu Kultur und Kirchen, zum Beamtentum, zur Flaggenfrage, zur Einbindung Berlins in den Bund sowie zur kurz zuvor fertiggestellten Arbeit über die Rechtspflege behandelt. Die erste Lesung endete mit der Vorranggesetzgebung und schließlich mit der Präambel.

Die Vorgehensweise während der Verhandlungen war vielfach gleich: Nach Aufruf des jeweiligen Artikels durch den Vorsitzenden konnten die Parteien, deren Wünsche im Fachausschuß überstimmt worden waren, ihre Anträge – meist in modifizierter Form – stellen. In vielen Fällen schloß sich eine längere Aussprache an, in der – zur Enttäuschung vieler Abgeordneter – gegenüber den Fachausschüssen nur selten neue Argumente vorgebracht wurden. Doch nutzte der kommunistische Abgeordnete Renner die Gelegenheit, seine Positionen auch in Hinblick auf die anwesenden Pressevertreter deutlich vorzutragen.

Während der ersten Lesung im Hauptausschuß stellte sich heraus, wie langwierig und zäh sich die Verhandlungen hinzogen. Ursprünglich gingen die Abgeordneten davon aus, bis Mitte Dezember 1948 die zweite Lesung abzuschließen. Adenauer suchte u. a. auch deswegen schon Anfang Dezember bei den Alliierten um ein Gespräch nach, um mit ihnen die Ergebnisse der zweiten Lesung zu besprechen. Um so mehr drängte nun die Zeit, unmittelbar mit der zweiten Lesung (15. Dezember 1948) zu beginnen. Die zweite Lesung wurde jedoch unterbrochen durch die Verabschiedung einer Entschließung des Parlamentarischen Rates zur Kriegsgefangenenfrage am 18. Dezember 1948 und erst nach der Beilegung des Mißtrauensvotums gegen Präsident Adenauer am 5. Januar 1949 (siehe Kapitel IV, 7) fortgesetzt mit den Bestimmungen über das Verhältnis von Bund und Ländern.

Am 20. Januar 1949 waren alle Artikel in zweiter Lesung im Hauptausschuß durchgesprochen. Da sich zeigte, daß in einzelnen strittigen Fragen immer noch keine Einigung herbeigeführt werden konnte, wurde die Aussprache in die interfraktionellen Beratungen des Fünferausschusses verlegt (siehe Kapitel V, 3). Vom 8.–10. Februar 1949 wurde auf der Grundlage der Einigung im interfraktionellen Fünferausschusses die dritte Lesung durchgeführt. Allerdings wurden einige Bestimmungen, vor allem aus dem Bereich der Rechtspflege und dem Bereich Bund-Länder, die der Hauptausschuß während der Verhandlungen an den Fünferausschuß verwiesen hatte, nun noch einmal am 10. Februar 1949 im Hauptausschuß behandelt.

Die vierte Lesung begann am 6. und 13. April und wurde erst am 5./6. Mai 1949 fortgesetzt, weil in der Zwischenzeit noch einmal interfraktionelle Vereinbarungen getroffen wurden und die Verhandlungen mit den Alliierten die Neuformulierung mancher Artikel erforderten.

5. Das alliierte Memorandum vom 22. November 1948

Möglicherweise war die geringe Beachtung, mit der das Memorandum der Alliierten vom 19. Oktober 1948 vom Parlamentarischen Rat aufgenommen wurde, für die drei Militärgouverneure Anlaß, auf ihrer gemeinsamen Sitzung am 16. November 1948 ein weiteres Memorandum zu beschließen. Darin sollte inhaltlich der bisher geheimgehaltene Anhang zu den Frankfurter Dokumenten vom 1. Juli 1948 bekanntgegeben werden, um den Mitgliedern des Parlamentarischen Rates »eine zuverlässige Vorstellung von den Auffassungen der Alliierten« zu vermitteln.[28] Bereits einen Tag später – am 17. November 1948 – erhielt der CDU/CSU-Fraktionsführer Pfeiffer aufgrund seiner guten Kontakte zu Mitarbeitern der alliierten Verbindungsbüros Nachricht von der beabsichtigten Demarche. Um die Übergabe des Memorandums diplomatisch vorzubereiten, informierte General Robertson, der für den Monat November den Vorsitz der Alliierten innehatte, am 18. November 1948 Adenauer vorab über die Absicht der Militärgouverneure. Adenauer drängte im Gespräch mit Robertson darauf, bei der Übergabe des Memorandums den Anschein zu vermeiden, die Alliierten würden Druck auf den Parlamentarischen Rat ausüben. Problematisch schien ihm der Zeitpunkt der Übergabe. Da in Berlin Wahlen zur Stadtverordnetenversammlung unmittelbar bevorstanden (5. Dezember 1948), konnte ein alliiertes Eingreifen den Kommunisten Wahlkampfstoff gegen die Westmächte bieten. Robertson und Adenauer vereinbarten deshalb, das Memorandum nicht zu überreichen, sondern durch die Verbindungsstäbe so langsam vorzulesen, damit es von einem deutschen Stenographen mitgeschrieben werden könne.

Als Mitglieder des britischen und französischen Verbindungsstabes am 21. November 1948 zur Vereinbarung eines Übergabetermins in telefonischen Kontakt mit Adenauer traten, lehnte dieser eine Begegnung in einem der alliierten Verbindungsbüros strikt ab. Erst der Amerikaner Simons konnte Adenauer bewegen, der Aufforderung – nur in Verbindung mit der Einladung zu einem Lunch – nachzukommen, weshalb das Gespräch schließlich doch noch in einer freundlichen Atmosphäre stattfinden konnte; nicht ohne eine gewisse Ironie bemerkte der britische Verbindungsoffizier in einem Bericht, daß Adenauer den Geschäften bei einem Cocktail nachgegangen sei (»did business over a cocktail«).[29] Nachdem die Alliierten also vereinbarungsgemäß das Memorandum vorgelesen hatten und Adenauer den Text überreichen wollten, weigerte sich dieser, das Dokument entgegenzunehmen. Erst nach der Androhung von Simons, das Memorandum der Presse zu übermitteln, nahm Adenauer den Text schließlich entgegen.

Darin wurden Forderungen vorgetragen, die die Militärgouverneure bei der endgültigen Prüfung des Grundgesetzes zur Grundlage nehmen wollten, um festzustellen, ob die ihrer Meinung nach wesentlichen Forderungen des Frankfurter Dokumentes Nr. I bis dahin erfüllt worden sind oder nicht. Als Grundsätze wurden genannt:

a) ein Zweikammersystem mit genügenden Befugnissen der Länderkammer;
b) eine Exekutive, deren Befugnisse in der Verfassung genau vorgeschrieben sind und deren Ausnahmebefugnisse gesetzlich oder gerichtlich geprüft werden können;
c) eingeschränkte Befugnisse der Bundesregierung, darunter auch auf dem Gebiet der Polizei, jedoch keine Befugnisse in den Bereichen Erziehungswesen, kulturelle und kirchliche Angelegenheiten, Selbstverwaltung und öffentliches Gesundheitswesen;
d) eingeschränkte Befugnisse der Bundesregierung über die öffentlichen Finanzen, die sie für sich selbst benötigt; eine selbständige Landesfinanzverwaltung;
e) eine unabhängige Gerichtsbarkeit zur Nachprüfung von Bundesgesetzen, zur Nachprüfung der Ausübung der Befugnisse der Bundesexekutive, zur Entscheidung über Streitigkeiten zwischen Behörden des Bundes und der Länder usw.;
f) klare Befugnisse der Bundesregierung zur Schaffung von eigenen Bundesbehörden und eine Beschränkung auf die Verwaltungsbereiche, die durch Landesbehörden offensichtlich nicht durchführbar sind;
g) Zutritt für jeden Bürger zu öffentlichen Ämtern sowie dessen Einstellung und Beförderung ausschließlich von seiner Eignung abhängig zu machen, sowie einen unpolitischen Charakter des öffentlichen Dienstes;
h) Rücktritt eines öffentlichen Bediensteten von seiner Dienststelle vor Annahme der Wahl in eine Bundeslegislative.

Obwohl das Memorandum vom 22. November 1948 tatsächlich wenig Überraschendes enthielt – sieht man vielleicht von der Forderung der »Entpolitisierung der Beamtenschaft« ab[30] – und auch keine extremen und unerfüllbaren Positionen enthielt, schien das Ansehen des Parlamentarischen Rates »angeknackt«, wie Vizepräsident Schönfelder sich am 25. November 1948 im Ältestenrat ausdrückte.[31] Schmid fürchtete »eine stückweise Einflußnahme« der Besatzungsmächte und empfahl, »zur Tagesordnung« überzugehen[32] oder die Demarche als Erläuterung zum Frankfurter Dokument Nr. I anzusehen. Dabei beteuerten die Alliierten ohnehin, daß sie dem Parlamentarischen Rat kein »Diktat« vorgeben, sondern nur die Generallinie aufzeigen wollten, die zu einer Genehmigung des Grundgesetzes führen würde. Das versuchten in den folgenden Tagen Verbindungsoffiziere auch Mitgliedern der SPD nahezubringen, von denen am ehesten Widerstand zu erwarten war. Denn das Memorandum kam inhaltlich – auch wenn dieser Eindruck seitens der Alliierten unbedingt vermieden wurde – den Positionen der CDU/CSU-Fraktion weitgehend entgegen.

Trotzdem regte sich auch innerhalb der CDU – die mit Sicherheit nicht zum Handlanger alliierter Interessen werden wollte – grundlegende Kritik an der Vorgehensweise der Alliierten. Der Vorsitzende des Finanzausschusses, Binder (CDU), glaubte zu erkennen, daß »der Föderalismus [...] jetzt der deutschen Bevölkerung nicht mehr als eine deutsche Angelegenheit, sondern weitgehend als ein Mittel der alliierten Besatzungspolitik [erscheine], das möglicherweise nicht eine Stärkung Deutschlands, sondern dessen Schwächung zum Ziel habe. [...] Eine zwangsweise Einführung des Föderalismus könne nur zur Folge haben, daß in Deutschland die zentralistischen Tendenzen gestärkt würden. Die Abgeordneten der CDU würden daher genau prüfen, daß die Durchführung des von ihnen gewünschten Föderalismus nicht eine Handhabe für die Besatzungsmacht zu einer Schwächung Deutschlands gäbe«.[33]

Für die KPD war mit dem Memorandum vom 22. November 1948 »endgültig« bewiesen, daß der Parlamentarische Rat »ein Vollzugsorgan der Besatzungsmächte« sei und »ohne Rücksicht auf den Willen des deutschen Volkes« die von den Alliierten aufgestellten Grundsätze in der Verfassung formuliert habe. Der Parlamentarische Rat hatte ihrer Meinung nach offensichtlich »nicht vom deutschen Volk den Auftrag zur Beratung und Beschlußfassung über eine Verfassung erhalten«.[34]

Die Arbeit des Parlamentarischen Rates am Grundgesetz nahm nach Übermittlung des Memorandums ihren gewohnten Lauf. Der Finanzausschuß berücksichtigte die Empfehlungen der Militärgouverneure kaum. Adenauer kündigte noch am 24. November 1948 gegenüber dem politischen Berater der amerikanischen Militärregierung, Botschafter Murphy, an, daß zu Weihnachten mit dem Abschluß der Arbeiten am Grundgesetz zu rechnen sei.[35]

Trotz der deutlichen Sprache, die im Memorandum angeschlagen wurde, rechneten britische Verbindungsoffiziere am 2. Dezember 1948 mit einer Zustimmung der Militärgouverneure zum Grundgesetz, auch wenn dieses nicht ganz nach ihrem Willen ausfallen würde. Voraussetzung war jedoch, daß Frankreich keine Schwierigkeiten mache.[36] In diesem Augenblick jedoch eine zuverlässige Prognose zur Haltung Frankreichs zu machen, war schier unmöglich. Zum einen war Koenig bei den gemeinsamen Verhandlungen seinen Kollegen Clay und Robertson schon mehrfach aufgefallen, da er die Arbeiten am Grundgesetz besonders kritisch beobachtete und mit Nachdruck auf die Durchsetzung föderalistischer Ziele drängte. Andererseits befand sich jedoch der politische Berater der französischen Militärregierung, Botschafter André François-Poncet seit dem 1. Dezember 1948 in Bonn, um mit Mitgliedern des Parlamentarischen Rates, insbesondere den Fraktionsführern und dem Präsidenten, zu verhandeln, womit wenigstens nach außen hin eine Gesprächsbereitschaft signalisiert worden war. Adenauers persönlicher Referent Blankenhorn war umgekehrt wenige Tage später nach Paris gereist und verhandelte mit Außenminister Robert Schuman.

6. Gespräche mit Vertretern der Gewerkschaften und der Kirchen

Im Laufe der Verhandlungen des Parlamentarischen Rates wurden in den Ausschüssen etliche Sachverständige angehört, die als Gutachter auftraten. Außerdem gab es gesellschaftlich einflußreiche Gruppierungen und Berufsstände, deren Leitungsgremien in direkte Verhandlungen mit dem Parlamentarischen Rat traten, und als »Lobbyisten« die Interessen ihrer Vereinigungen und Verbände vorbrachten. Dazu zählten Beamte und Richter, Gemeinden und Kommunen (z. B. Deutscher Städtetag), Kirchen, Gewerkschaften, Unternehmer sowie Flüchtlinge und Vertriebene (z. B. Flüchtlingsrat des Zonenbeirates). Bei ihrer Vorgehensweise bedienten sich einige der ihnen besonders nahestehenden Parteien, andere wählten aber auch den in Demokratien üblichen Weg der schriftlichen Eingabe oder Petition, von denen etliche sogar als Drucksache vom Sekretariat des Parlamentarischen Rates für jeden Abgeordneten vervielfältigt wurden.

Zu den einflußreichsten und wichtigsten Interessenvertretern gehörten neben den Beamten, die sich im Beamtenbund mit Erfolg für den Erhalt des aktiven Wahlrechts der Beamten einsetzten, die Gewerkschaften und die Kirchen.

Die Gewerkschaften der Bizone legten erstmals 1947 den »Entwurf einer gewerkschaftlichen Prinzipienerklärung zur Frage der demokratischen Staatsorganisation« vor, der sich – ohne daß es ausdrücklich formuliert wurde – gegen die in der sowjetischen Besatzungszone im Aufbau befindliche Staatsordnung wandte.[37] Deswegen verurteilten sie darin sehr allgemein gehalten alle staatlichen Systeme, die nicht die Freiheit der Person und der Meinungsäußerung, demokratische Wahlen, die Unabhängigkeit der Volksvertretung und eine Gesetzmäßigkeit der staatlichen Organe garantierten. Da die Schaffung einer alle drei westlichen Besatzungszonen übergreifende Gewerkschaft am Widerstand der französischen Besatzungsmacht scheiterte, war eine gemeinsame Interessenvertretung gegenüber dem Parlamentarischen Rat erschwert worden. Auch unter den Abgeordneten des Parlamentarischen Rates fanden sich keine Gewerkschaftsfunktionäre. So hielten sie Kontakt zu den Abgeordneten der traditionellen Arbeiterpartei, der SPD, aber auch zu Vertretern der Arbeitnehmer innerhalb der CDU und dem Zentrum.

Für die Gewerkschaften bedeutete die Entscheidung des Ausschusses für Grundsatzfragen, auf die Verankerung einer Sozial- und Wirtschaftsordnung im Grundgesetz zu verzichten (siehe Kapitel III, 1), eine herbe Enttäuschung. Die Sozialordnung war u. a. auch von der SPD abgelehnt worden, die ohnehin eigentlich kein Grundgesetz wollte, sondern nur ein Organisationsstatut, in dem nur die staatlichen Grundlagen festgeschrieben wurden. Für die SPD kam deswegen weder eine Sozial- und Wirtschaftsordnung noch eine von der CDU/CSU und dem Zentrum und der DP geforderte Erweiterung des Katalogs der individuellen Grundrechte um die Bereiche des Elternrechts und der Privilegien der Kirche in Frage. Als nach intensiven Gesprächen mit der SPD-Fraktion diese nicht bereit war, sich für die Forderungen der Gewerkschaftsführer stark zu machen, brachen die Gewerkschaften schon im Dezember 1948 ihre Kontakte zum Parlamentarischen Rat ab. Unzufriedenheit machte sich bei den Gewerkschaftsführern jedoch breit, als sie erleben mußten, mit welchem Erfolg die Kirchen dank ihrer Hartnäckigkeit ihre Forderungen zu den kulturellen Fragen mit Ausdauer zu erheben vermochten, während sie von der SPD keine Unterstützung für ihre Interessen erhielten.[38] Immerhin konnten die Gewerkschaften in Artikel 9 Absatz 3 des Grundgesetzes fast wörtlich ihren Vorschlag wiederfinden, der das Recht zur Gründung von Vereinigungen zur Wahrung und Förderung der Arbeits- und Wirtschaftsbedingungen für alle Berufe gewährleisten sollte.

Einen Erfolg konnten die Gewerkschaften auch in der Frage der Schaffung einer obersten Arbeits- und Sozialgerichtsbarkeit verbuchen, die im Rechtspflegeausschuß entschieden wurde (siehe Kapitel III, 2). Anders als von Vertretern der Justiz gefordert wurde, entschieden die Abgeordneten, daß die jeweiligen Ressortminister bei der Ernennung der Richter für die obersten Bundesgerichte zuständig seien und eben nicht die Justizminister der Länder und des Bundes (Art. 96 Abs. 2 GG). An der Bestellung eines Richters des Bundessozialgerichts wirkten somit der Bundesarbeits- und Sozialminister

Die Vertreter der beiden christlichen Konfessionen fanden bei der CDU/CSU, beim Zentrum (katholischerseits) und bei der DP (evangelischerseits) Ansprechpartner, die ihre Ideen in die Debatten einbringen sollten. Dabei war das Engagement der Kirchen besonders ernstzunehmen, da sie nach der Kapitulation 1945 die einzigen gesellschaftlichen Großgruppen waren, die in ihrem inneren Wertesystem und in ihrer Struktur – auch über die Besatzungszonen hinweg (wie bei der Katholischen Kirche) – intakt geblieben waren; somit fungierten sie als wichtige Kontinuitätsträger und besaßen hohes Ansehen und moralische Autorität.

Hauptansprechpartner für den Kölner Erzbischof Josef Kardinal Frings und seinen engen Mitarbeiter, den Kölner Domkapitular Wilhelm Böhler, waren Brockmann (Zentrum), Süsterhenn (CDU) und Präsident Adenauer. Die evangelischen Kirchenverbände wandten sich im Oktober und November 1948 in offiziellen Schreiben zugleich an alle Abgeordneten, um die Grundrechte auf Unversehrtheit des Körpers, den Schutz des menschlichen Lebens und das Recht der Eltern, über die Erziehung ihrer Kinder zu bestimmen, einzufordern. Unbeeindruckt von der Reaktion von Frings auf die Arbeiten des Grundsatzausschusses am 20. November 1948, der einen Verzicht auf die Garantie des Elternrechts für unannehmbar erklärte und die Sicherung der Menschenrechte forderte,[39] lehnten SPD und FDP am 7./8. Dezember 1948 im Hauptausschuß auch die schulpolitischen Forderungen der CDU/CSU ab, die auch für die Kirchen bedeutsam waren.

Auf Einladung von Präsident Adenauer kamen am 14. Dezember 1948 Vertreter der beiden christlichen Konfessionen mit Fraktionsführern und weiteren prominenten Abgeordneten des Parlamentarischen Rates in Bonn zusammen. Die katholische Delegation leitete der Bischof von Münster, Michael Keller, und die evangelische Delegation der Präses der westfälischen Landeskirche, Karl Koch. Die Diskussion wurde trotz der krassen Gegensätze zur SPD und FDP betont sachlich geführt. Auf das Hauptanliegen von Keller und Koch, ausreichend christliche Traditionen bei der Grundgesetzarbeit zu berücksichtigen, sah sich Schmid (SPD) veranlaßt, deutlich zu machen, daß der Parlamentarische Rat einen christlichen Staat nicht schaffen könne. Es könne allenfalls das Verhältnis zu den Körperschaften festgestellt werden, »die sich die Verwaltung des Glaubensgutes zur Aufgabe gemacht haben. Das Verhalten muß durch die Gesetzgebung auf beiden Seiten bestimmt werden. Die Entscheidung hat das Staatsvolk«. Böhler betonte hingegen, daß das »Naturrecht der Eltern Auffassung der ganzen Welt zu werden« beginne und wies auf die päpstlichen Enzykliken und bischöflichen Hirtenbriefe sowie auf Ausführungen der evangelischen Kirche hin. Er forderte jetzt wenigstens jene Rechte ein, die die Kirchen auch »im Vornazistaat besaßen«. Ferner machte er darauf aufmerksam, daß der Parlamentarische Rat Wert auf die Feststellung lege, daß »das alte Reich nicht verschwunden sei«. Konsequenterweise sollte deswegen auch das Reichskonkordat von 1933 anerkannt werden, sonst würde der Staat seine eigenen Grundlagen verleugnen.[40]

Das Konkordat zwischen dem Deutschen Reich und dem Heiligen Stuhl war am 20. Juli 1933, also kurz nach der nationalsozialistischen »Machtergreifung«, abgeschlossen worden. Hierin war zum einen die Zusicherung an die Kirche ergangen, eigenständig kirchliche Stellen zu besetzen – insbesondere Bischofsstühle und theologische Fakultäten an den staatlichen Universitäten. Zum anderen aber war darin auch der im Zusammenhang mit der aktuellen Diskussion viel entscheidendere Punkt eines konfessionsgebundenen Religionsunterrichts vereinbart worden. Während gegenüber dem Parlamentarischen Rat von kirchlicher Seite die völkerrechtliche Verbindlichkeit des bilateralen Vertrags herausgestellt wurde, machte die FDP geltend, daß das Konkordat eine hinfällige Vereinbarung mit einem »verbrecherischen Regime« sei – eine bei Kirchenkritikern weitverbreitete Argumentation. So sah auch Zinn (SPD) im Reichskonkordat kein »Ruhmesblatt« für die katholische Kirche und prangerte am 19. Januar 1949 im Hauptausschuß »gewisse Kreise des deutschen Katholizismus« an, die 1933 den Abschluß des Konkordats »mit Begeisterung begrüßt« hätten.[41] Die Weitergeltung des Reichskonkordats wurde schließlich 1957 vom Bundesverfassungsgericht bestätigt.

Hinsichtlich der »kulturellen« Fragen, zu denen die Eltern- bzw. Schulfrage zählte, unterbreitete Heuss im Ausschuß für Grundsatzfragen den Vorschlag, die in der Reichsverfassung von 1919 getroffene Regelung in das ohnehin nur provisorische Grundgesetz zu übernehmen (siehe Kapitel III, 1). Die Weimarer Verfassung hatte in den Artikeln 136–139 und 141 die Religionsfreiheit in einem umfassenden Sinn, d. h. sowohl individuell als auch institutionell garantiert. Zwar wurde eine Staatskirche abgelehnt, doch die Freiheit der Vereinigung zu Religionsgemeinschaften wurde gewährleistet. Ferner sollten die Religionsgemeinschaften ihre Angelegenheiten innerhalb der geltenden Gesetze selbständig ordnen und verwalten.

Bei ihrem Kampf um die Schulbestimmungen engagierten sich auch weite Teile der katholischen Bevölkerung. Wenige Tage nach der Besprechung vom 14. Dezember 1948 rief der Generalvikar von Münster, Johannes Pohlschneider, den Diözesanklerus auf, in Predigten über die Lage in Bonn zu unterrichten und die Katholiken aufzufordern, sich in Eingaben an den Parlamentarischen Rat zu richten. Die Bischöfe anderer Diözesen folgten diesem Beispiel und schon Mitte Januar 1949 zählte das Sekretariat etwa 500 Eingaben von Katholiken und Elternausschüssen, von Pfarreien, Verbänden und Einzelpersonen.[42]

Erst in den Schlußverhandlungen zum Grundgesetz (Mai 1949) wurden die genannten Weimarer Artikel (siehe Art. 140 GG) und die Beibehaltung der Bremer Klausel (Art. 141 GG) als Zugeständnisse der CDU/CSU an die SPD zugunsten deren Konzeption einer Bundesfinanzverwaltung in die Kompromißlösung eingebracht. Die Bremer Klausel ermöglichte jenen Ländern wie Bremen, in denen am 1. Januar 1949 kein bekenntnismäßig gebundener Religionsunterricht als ordentliches Lehrfach bestand, trotz der verfassungsrechtlichen Regelung weiterhin darauf zu verzichten.

Der Besprechung mit Kirchenvertretern und die mehrfachen Begegnungen Adenauers mit Kardinal Frings bis zum Frühjahr 1949 erweckten bei sozialdemokratischen Abgeordneten im Rückblick den ungerechtfertigten Eindruck, daß man eine Verfassung »im Schatten des Kölner Domes« gemacht habe.[43] Kritische Tageszeitungen glaubten später sogar, eine »Fernsteuerung des Vatikans« ausmachen zu können. Demgegenüber wies ein Mitarbeiter der bei den Besatzungsmächten akkreditierten päpstlichen Vertretung in Deutschland (Apostolische Delegatur) in einem vertraulichen Gespräch mit einem Mitarbeiter Adenauers im Februar 1949 darauf hin, daß mit dem Rückgriff auf die Weimarer Artikel das bestmöglichste erreicht worden sei und die Bischöfe sich bei einem eventuellen »Kampf« nicht auf Rom berufen könnten.[44]

Aus Sicht der katholischen Bischöfe war mit diesem Kompromiß und der Beibehaltung der Bremer Klausel das hochgesteckte Ziel nicht erreicht worden, weswegen sie am Tage der Verkündung des Grundgesetzes feststellten, daß die christliche Bevölkerung seine Änderung erstreben müsse. Ihnen schien ein »Kampf aufgezwungen« worden zu sein, der zu verhindern gewesen wäre, wenn ihre

Abbildung 13. Angehörige des Sekretariates des Parlamentarischen Rates stellen die Drucksachen mit dem Entwurf des Grundgesetzes zusammen

»Mahnungen, die dem inneren Frieden unseres Volkes dienten, Gehör geschenkt« worden wäre.[45]

Die Einflußnahme der Vertreter der unterschiedlichen Verbände und berufsständischen Gruppen auf die Arbeit des Parlamentarischen Rates hatte im wesentlichen ein gemeinsames Ziel: Es sollten die ihnen in der Weimarer Verfassung und/oder sogar im Kaiserreich grundgelegten Freiheiten und Rechtstitel wiederhergestellt werden, ungeachtet inzwischen erfolgter staatlicher und gesellschaftlicher Umbrüche und Reformen. Damit brachten die Verbandsvertreter ein stark »restauratives Moment« in das Grundgesetz. So wollten beispielsweise die Beamten im Kampf um den Beibehalt des institutionellen Berufsbeamtentums ihre früher erworbenen Rechte nicht aufgeben und verhinderten eine grundlegende Reform der öffentlichen Verwaltung.[46] Die Richter hielten fest an dem Bild des unabhängigen Berufsrichters und des unpolitischen obersten Bundesgerichts und wehrten sich gegen die Berufung von Volks- und Laienrichtern. Die Kirchen verlangten eine grundgesetzliche Bestätigung der alten Konkordate und wollten ihren Einfluß auf das Schulwesen nicht verlieren. Damit widersetzten sie sich zugleich der strikten Trennung von Kirche und Staat, wie sie etwa bereits in den USA und in Frankreich bestand. Die Gewerkschaften schließlich hatten unter Berufung auf alte Rechte in der Weimarer Verfassung an der Auskoppelung der Arbeitsgerichte aus der ordentlichen Gerichtsbarkeit bestanden.

Hinter dem Drängen nach Verankerung von Rechten in das Grundgesetz bestand das nachvollziehbare Verlangen nach Privilegierung der eigenen Gruppe oder Institution; unweigerlich wurde damit aber auch die Möglichkeit verhindert, auf einfachem gesetzgeberischen Wege – ohne Grundgesetzänderungen – Reformen des Gemeinwesens vorzunehmen. Antriebsfeder der klassischen Institutionen des Staates – wie Beamtenschaft, Justiz und Kirchen – für den Kampf um den Beibehalt ihrer Rechte, mag auch die Furcht vor einem sich breitmachenden Pluralismus gewesen sein.[47]

7. Die Besprechungen mit den Militärgouverneuren am 16./17. Dezember 1948, die »Frankfurter Affäre« und ihre Beilegung im Januar 1949

Nach seinem Gespräch mit General Robertson am 18. November 1948, spätestens aber im Laufe der Behandlung des Memorandums der Alliierten vom 22. November im Ältestenrat kam Adenauer auf die Idee, mit den drei Militärgouverneuren den Grundgesetzentwurf zu besprechen. Diese mußten ohnehin das Grundgesetz genehmigen. Um einer möglichen Ablehnung vorzubeugen, glaubte Adenauer, daß es sinnvoll sei, die Militärgouverneure zu einem möglichst frühen Zeitpunkt mit den Grundzüge des Grundgesetzes vertraut zu machen und gegebenenfalls gesprächsweise die umstrittenen Entscheidungen des Parlamentarischen Rates zu erläutern. Da die SPD jedoch über das Memorandum sehr verärgert war, schien Adenauer der Zeitpunkt noch ungünstig, die Abgeordneten mit seiner Idee vertraut zu machen. Erst am 30. November 1948 teilte er eher beiläufig mit, daß die Militärgouverneure – wie Robertson ihn habe wissen lassen – bereit seien, das Grundgesetz in kleinem Kreise zu besprechen.[48] Offensichtlich ohne eine eingehende Aussprache unterbreite Adenauer am 2. Dezember 1948 dem Ältestenrat den Vorschlag zu einer Besprechung mit den Alliierten. Da es keinen Widerspruch gab, ließ Adenauer noch in der Sitzung ein – zuvor durch den Abteilungsleiter und Sekretär des Parlamentarischen Rates, Kajus Köster, vorbereitetes – Schreiben an die drei Militärgouverneure schicken. Darin schlug Adenauer den Militärgouverneuren unter Hinweis auf einen angeblichen Beschluß des Ältestenrates einen Besprechungstermin für die Zeit nach der geplanten zweiten Lesung vor, um eine möglichst schnelle und reibungslose Verabschiedung und Genehmigung des Grundgesetzes herbeizuführen. Selbstverständlich wünschte er auch eine »vertrauliche informelle Kenntnisnahme des Besatzungsstatuts«,[49] zumal Robertson ja den unmittelbar bevorstehenden Abschluß der Beratungen schon am 18. November 1948 angekündigt hatte.

In der Tat stand Robertson dem Ansinnen Adenauers positiv gegenüber. Hingegen sah sein amerikanischer Kollege einem solchen Gespräch eher gleichgültig entgegen. Clay drängte aber darauf, sich von vornherein von alliierter Seite auf generelle und allgemeine Aussagen in der Besprechung zu beschränken, die über das Kommuniqué der Londoner Sechsmächtekonferenz nicht hinausgehen sollten.

Noch am 2. Dezember 1948 erfuhr Adenauer, daß die Militärgouverneure von den Parlamentariern Bemerkungen zu den Grundzügen eines neuen Besatzungsstatuts erwarten würden. Deswegen hatte ein interfraktioneller Unterausschuß des Ausschusses für das Besatzungsstatut umgehend »Thesen zum Besatzungsstatut« als Besprechungsgrundlage ausgearbeitet. Auch die Ministerpräsidenten der französischen Besatzungszone erwarteten, nachdem sich bereits der Hauptausschuß am 10. Dezember 1948 mit dieser Frage beschäftigt hatte, daß in der Sitzung mit den Parlamentariern das Besatzungsstatut Gegenstand der Verhandlungen sein würde.[50] Adenauer drängte schließlich auch in Besprechungen mit Chaput de Saintonge und Laloy in den ersten Dezembertagen darauf, über das Besatzungsstatut zu sprechen; die Militärgouverneure hatten sich anscheinend darauf auch eingestellt.[51]

Da die zweite Lesung des Grundgesetzentwurfes im Hauptausschuß bis zum Gesprächstermin mit den Alliierten nicht abgeschlossen werden konnte, war unter den Abgeordneten der Wunsch nach einer Behandlung des Besatzungsstatuts um so größer. Im Parlamentarischen Rat herrschte in diesen Tagen »allgemeine Nervosität und Reizbarkeit«[52]. Die dürftigen Ergebnisse der bisherigen Grundgesetzarbeit waren offensichtlich geworden, denn ersehnte Kompromisse wurden nicht herbeigeführt. Hinzu kam, daß der Wahlrechtsausschuß am 3. November 1948 seine Verhandlungen fürs erste ergebnislos abgebrochen hatte. Gleichzeitig aber waren die Erwartungen an das bevorstehende Treffen mit den Militärgouverneuren am 16./17. Dezember 1948 in Frankfurt sehr hoch; es wurde aber – wie sich jedoch später zeigen sollte – weder vom Ältestenrat noch von interfraktionellen Gremien auch nur annähernd ausreichend vorbereitet. Im Ä ltestenrat wurden keinerlei Vereinbarungen über die Vorgehensweise und die anzusprechenden Inhalte getroffen. Der Begegnung schenkten die Abgeordneten unter den großen Arbeitsbelastungen während der Grundgesetzlesung im Hauptausschuß zu wenig Aufmerksamkeit. Eine inhaltliche Vorbereitung der Frankfurter Gespräche nahm Adenauer schließlich nur in Einzelgesprächen mit Mitgliedern von CDU/CSU, SPD und FDP vor. Damit wich er einer Diskussion im größeren Rahmen aus, in deren Verlauf seine Pläne möglicherweise hätten verhindert oder eingeschränkt werden können. Auch der Aufforderung der Verbindungsstäbe, zu der bevorstehenden Besprechung schriftlich ausgearbeitete Fragen vorzulegen, kam Adenauer nicht nach; statt dessen hatte der Ausschuß für das Besatzungsstatut seine Thesen zusammengestellt, die ihrerseits eher einem Minimalkatalog an Forderungen als einer Grundlage für einen Informationsaustausch entsprachen.

Während die Abgeordneten sich zunehmend darauf versteiften, von den Alliierten über das Besatzungsstatut informiert zu werden, ließ Adenauer von seiner Idee, eine positive Resonanz der Militärgouverneure zum Grundgesetzentwurf zu erhalten, nicht ab. Noch am 11. Dezember 1948 teilte er Ministerpräsident Ehard mit, daß in der Unterredung mit den Militärgouverneuren die »bundesstaatliche Gestaltung« Deutschlands zur Sprache kommen werde.[53]

An der Besprechung zwischen Vertretern des Parlamentarischen Rates und den Militärgouverneuren, die der französische Militärgouverneur Koenig leitete, nahmen auf deutscher Seite Adenauer, Pfeiffer, Lehr (CDU/CSU), Schmid, Menzel (SPD), Höpker Aschoff (FDP) und Seebohm (DP) teil. Auf ausdrücklichen Wunsch der Alliierten war kein Berliner Vertreter mit in die Besprechung gekommen.

General Koenig eröffnete die Sitzung und stellte fest, daß die Delegation auf einer aus Kreisen des Parlamentarischen Rates geäußerten Bitte hin empfangen worden sei. Zum Procedere schlug er vor, daß die Delegation in Frankfurt bleiben sollte, da die Militärgouverneure nicht in der Lage seien, ohne Vorbereitung die Fragen der Parlamentarier zu beantworten. Danach ergriff Adenauer das Wort und führt aus, »daß sich entgegen seiner ursprünglichen Beurteilung die

Arbeit des Parlamentarischen Rates doch etwas länger als erwartet hingezogen habe; er rechne aber mit Bestimmtheit auf einen Abschluß der Arbeiten im Januar. Man würde sich mit den Arbeiten besonders beeilen, da sich die Militärgouverneure das Recht vorbehalten hätten, Einspruch zu erheben. Es seien bis heute noch kulturelle Fragen, Ländervertretung und Finanzfragen offen geblieben«. Abschließend bemerkte Adenauer, daß man von deutscher Seiten eine »Klarstellung« über die unterschiedlichen Standpunkte des Alliierten Memorandums vom 22. November 1948 einerseits und dem Grundgesetzentwurf des Hauptausschusses andererseits bezüglich der Finanzfragen und der Länderkammer erbitte.[54]

Als Koenig daraufhin präzise Fragen zum Besatzungsstatut erwartete, wich Adenauer aus und bemerkte, daß man dieses nicht kenne und genaue Unterlagen wünschte. Danach wurde für den darauffolgenden Tag die nächste Besprechung vereinbart. Trotz ihrer nur sehr kurzen Dauer von einer halben Stunde war die Sitzung vom 16. Dezember 1948 von »herzlicher Höflichkeit erfüllt«.[55]

Doch schon unmittelbar vor der Sitzung kam es zu ersten Unstimmigkeiten zwischen den deutschen Delegationsmitgliedern über die Frage, ob die Alliierten die Deutschen eingeladen oder die Deutschen bzw. Adenauer die Alliierten um das Gespräch gebeten hätten. Es stand die Frage im Raum, ob die Parlamentarier möglicherweise zu einem weiteren Diktat gerufen wurden oder möglicherweise Adenauer die Alliierten geradezu aufgefordert hatte, Stellung zum bisherigen Grundgesetzentwurf zu beziehen. Die durch diese Diskussion bereits vor der Sitzung gereizte Stimmung innerhalb der deutschen Delegation verschärfte sich im Anschluß an die Sitzung, als nun die Vertreter der SPD und FDP monierten, daß Adenauer sich nicht an die Vorgaben des Ältestenrates gehalten habe. Statt Fragen der Militärgouverneure zu beantworten und sich nach dem Besatzungsstatut zu erkundigen, habe Adenauer von sich aus Fragen an die Alliierten gestellt. Mit diesen Fragen habe Adenauer die Militärgouverneure um eine »authentische Interpretation« der Memoranden gebeten und die Militärgouverneure zu Vermittlern oder »Schiedsrichtern«[56] zwischen den Positionen von SPD und FDP sowie der seiner eigenen Fraktion zur Gestaltung der Länderkammer und des Finanzwesens herbeirufen wollen. Diese Vermutung lag schon deswegen nahe, weil bekanntermaßen die Ansichten der Militärgouverneure denen der CDU/ CSU-Fraktion am ehesten entsprachen.

Der Eindruck, Adenauer habe die Alliierten um Auskünfte zu den Komplexen Länderkammer, Finanzhoheit und Ratifizierung gebeten, wurde auch in einer am 17. Dezember 1948 veröffentlichten Mitteilung der Deutschen Nachrichtenagentur (DENA) verbreitet. Schmid, Menzel und Höpker Aschoff hatten daraufhin ihre Vorwürfe am 17. Dezember 1948 morgens früh in einer kurzfristig einberufenen Ältestenratssitzung Adenauer auch persönlich vorgetragen.[57] Spätestens jetzt hätte den Mitgliedern der Frankfurter Delegation klar werden müssen, daß dieses erste Treffen mit den Generälen von allen Parteien schlecht vorbereitet war; denn Adenauer hatte zuvor nur in Einzelgesprächen die Meinung verschiedener Abgeordneter eingeholt und diesen sogar mitgeteilt, was er zu besprechen gedachte. Adenauer mußte auf Vorschlag von Höpker Aschoff und aufgrund einer Vereinbarung des Ältestenrats eine Erklärung an die Generäle vorbereiten, in der er die durch die Presse vermittelte Meinung dementieren sollte, daß er die Alliierten zu einer Entscheidung in den unter den Parteien strittigen Fragen gebeten hätte. Diese Erklärung ließ Adenauer noch vor der Sitzung am 17. Dezember 1948 General Koenig schriftlich zukommen, um den Eindruck einer Überrumpelung bei den Militärgouverneuren zu vermeiden, die zu weiteren Mißverständnissen und unüberlegten Reaktionen hätte führen können.

Auf Drängen von SPD und FDP stellte Adenauer gleich zu Beginn der Besprechung mit den Militärgouverneuren am 17. Dezember 1948 klar, daß er weder eine Entscheidung erbeten habe noch die Militärgouverneure die Absicht haben erkennen lassen, eine Entscheidung zu fällen. Adenauer führte ferner aus: »Es darf nach unserer Auffassung unter keinen Umständen der Eindruck entstehen, als ob der Parlamentarische Rat auf die gesetzgebende Autonomie, die ihm übertragen wurde, verzichten wollte und so die Militärgouverneure noch vor Abschluß der Beratungen in eine Rolle gedrängt würden, die weder ihren Intentionen noch der Auffassung des Parlamentarischen Rates über den Rahmen seines Auftrages entspricht. Mehrere Stellen der Denkschrift, welche Sie uns durch Ihre Verbindungsstäbe am 22.11.1948 haben überreichen lassen, können verschieden ausgelegt werden. Wir haben lediglich um eine genauere Darlegung Ihrer in der Denkschrift niedergelegten Ansichten gebeten«.[58]

Nachdem sich auch der Fraktionsvorsitzende der SPD, Schmid, gegenüber den Alliierten von dem durch die Äußerungen Adenauers vom Vortage entstandenen Eindruck deutlich distanziert hatte, verlas General Koenig vier vorbereitete Kommuniqués. Darin stellte er fest, daß die Militärgouverneure bisher an der ihrerseits gegenüber den Ministerpräsidenten angekündigten Ratifizierung des Grundgesetzes durch ein Referendum – für das sich auch der Hauptausschuß entschieden hatte – festhalten, aber eine Änderung zu »prüfen« beabsichtigten. Ferner empfahlen die Militärgouverneure eine weitgehende Finanzgewalt der Länder und kritisierten das ausschließliche Recht des Bundes in der Gesetzgebung über Zölle, Staatsmonopole sowie die Vorranggesetzgebung über fast alle wichtigen Steuern. Hinsichtlich der Länderkammer befürworteten die Militärgouverneure eine starke Kammer, welche die zum Schutz der Länderinteressen erforderlichen Befugnisse haben müsse. Ein Kommuniqué über das künftige Besatzungsstatut wurde nicht vorgelesen, da die Alliierten ihre Beratungen darüber nach wie vor noch nicht abgeschlossen hatten. Die deutsche Delegation wurde aber darauf vertröstet, daß noch vor Abschluß der Arbeit am Grundgesetz von den Deutschen vorbereitete Fragen zum Besatzungsstatut beantwortet werden würden.[59]

Die Verhandlungen zwischen Deutschen und Alliierten waren aus deutscher Sicht gescheitert. Nicht, weil die Alliierten die Rolle als tonangebende Besatzungsmächte nicht aufzugeben bereit gewesen wären; im Gegenteil: Gerade durch das Einlenken der Alliierten in der Frage des Referendums waren die Deutschen zum ersten Mal als »Partner«, der seine Wünsche äußern konnte, wie Adenauer betonte, anerkannt worden[60] – freilich handelte es sich hierbei allenfalls um eine höchst ungleiche Partnerschaft. Gescheitert waren die Frankfurter Besprechungen, weil die Abgeordneten wider Erwarten nichts über das Besatzungsstatut erfahren hatten und die Arbeit am Grundgesetz nicht einen Schritt vorangekommen war.

Noch am 18. Dezember 1948 sprach die SPD ihr Mißtrauen gegen Adenauer aus, nicht jedoch als Präsident, sondern als Delegationsführer, wie Menzel – vermutlich um die aufgeheizte Situation zu entschärfen – im Januar 1949 vorgab. In der noch vor Beginn der Weihnachtspause einberufenen Sitzung des Hauptausschusses am 18. Dezember 1948 wurden die Besprechungen mit den Alliierten ausgiebig diskutiert.[61] Die Forderung von Reimann (KPD), das Mißtrauensvotums gegen Adenauer in einer öffentlichen Plenarversammlung zu diskutieren, wurde abgelehnt.

In einer anschließenden Pressekonferenz schilderte Adenauer seine Sicht der Vorgänge in Frankfurt, die schon deswegen unter ungünstigen Vorzeichen gestanden hätten, weil der Parlamentarische Rat mit der zweiten Lesung des Grundgesetzentwurfes nicht fertig geworden war. Adenauer beteuerte, daß er gegenüber den Militärgouverneuren nichts von Differenzen im Parlamentarischen Rat gesagt habe. Ferner zeigte er sich verwunderte, daß das Schreiben der SPD mit ihrer Mißtrauenserklärung ihn erst erreicht habe, nachdem der Brief im Parlamentarischen Rat verteilt und bereits der Presse übermittelt worden sei. Mit Entschiedenheit bezeichnete er die von Schmid gewünschte Vorgehensweise, die Militärgouverneure mit einem fertigen Grundgesetz zu überraschen und erst dann ihre Zustimmung einzuholen, als die »Politik eines Hasardeurs«. Mit dem Hinweis auf die politische Situation in Mitteleuropa wandte sich Adenauer gegen den Vorwurf des »nationalen Verrats« und machte sich dafür stark, »daß eine Delegation des Parlamentarischen Rates von Zeit zu Zeit mit den Gouverneuren selbst Rücksprache nimmt« und nicht einzelne Abgeordnete mit den Offizieren der Verbindungsstäbe unter Einfluß von Alkohol (»bei so und so vielen Cocktails«) Interna der Grundgesetzarbeit ausplauderten.[62]

Die Arbeit des Parlamentarischen Rates endete im Jahr 1948 mit einem »doppelten Mißklang«, nämlich einmal wegen der Diskussion um die kulturellen und sozialen Grundrechte, die den Hauptausschuß daran hinderten vor Weihnachten die zweite Lesung des Grundgesetzentwurfes abzuschließen, zum anderen wegen der durch Adenauers »Manöver provozierten Krise« auf der Besprechung der Abgeordneten mit den drei Militärgouverneuren. Als die Mitglieder des Parlamentarischen Rates am 4. Januar 1949 in einer »atmosphère de fièvre« – so die Einschätzung von französischer Seite – in Bonn eintrafen, machte sich die Meinung breit, daß das tiefe Mißtrauen gegen Adenauer für einige Parlamentarier eine willkommene Gelegenheit sei, die Arbeit am Grundgesetz zu unterbrechen.[63] Doch nicht nur das: Führende Mitglieder der SPD waren sich schon am 17. Dezember 1948 einig, den als zu mächtig angesehenen Adenauer »endgültig« als möglichen Kandidaten für den Posten des zukünftigen Bundespräsidenten auszuschalten.[64] Am 4. Januar 1949 kam schließlich der stellvertretende SPD-Vorsitzende Ollenhauer, der zu diesem Zeitpunkt noch nicht Mitglied des Parlamentarischen Rates war, im Auftrage von Kurt Schumacher nach Bonn, um einen förmlichen Mißtrauensantrag gegen Adenauer in der SPD-Fraktion durchzusetzen. Der Antrag in der Fraktion scheiterte mit 16:3 Stimmen.[65] Lediglich der Mißtrauensantrag der KPD war – nun jedoch nur noch im Ältestenrat – zu behandeln.

Den Ältestenratssitzungen am 4./5. Januar 1949 waren gegenseitig erhobene Vorwürfe, veröffentlicht in den Pressediensten und amtlichen Publikationsorganen der CDU/CSU und der SPD, vorausgegangen, deren scharfe und verletzende Diktion nach Meinung der meisten Ältestenratsmitglieder eine fruchtbare Zusammenarbeit am Grundgesetz unmöglich machte. Es waren die Vertreter der beiden kleinen Parteien FDP und DP, die die Chance zu einer Vermittlerrolle sahen, zumal seitens der FDP Höpker Aschoff schon am 22. Dezember 1948 erklärte: »Obwohl unser Vertrauen zu Adenauer schwer erschüttert ist, haben wir doch keinen Anlaß, den Fall parteipolitisch auszunutzen und dadurch die Arbeit des Parlamentarischen Rates zu erschweren«.[66] Schließlich nahmen die Vertreter der großen Parteien auf der Ältestenratssitzung am 5. Januar 1949 ihre gegenseitigen Vorwürfe zurück und bekräftigten, daß man sich keine unlauteren Motive unterstelle und sich nun der gemeinsamen Arbeit am Grundgesetz widmen wolle. Adenauer demonstrierte nach außen hin umgehend seine Zuversicht, die Arbeit am Grundgesetz unbeschadet fortsetzen zu können.

Adenauer kam aus der Sache noch glimpflich heraus. Das Mißtrauensvotum gegen ihn scheiterte. Wenige Tage später, am 8./9. Januar 1949, dankten die Teilnehmer einer Arbeitstagung der CDU/CSU in Königswinter Adenauer demonstrativ für das bisher Geleistete und sprachen ihm ihr volles Vertrauen aus. Im März 1949 gestand Vizepräsident Schönfelder (SPD) gegenüber Adenauer, man habe ihn im Dezember 1948 zu Unrecht angegriffen.[67] Dennoch war erreicht worden, daß vorläufig weitere Initiativen zu Gesprächen mit den Militärgouverneuren von deutscher Seite unterbunden wurden. Den Adenauer entgegengebrachten Vorwurf der versuchten Kollaboration mit den Alliierten mußten sich nach dem Treffen in Frankfurt auch andere Abgeordnete des Parlamentarischen Rates gefallen lassen, die in anonymen Schreiben und Telefonaten als »Knechte der Alliierten« bezeichnet wurden und Todesdrohungen erhielten.[68] Vermutlich wurde bei einigen Bundestagsabgeordneten die »Frankfurter Affäre« wieder in Erinnerung gerufen, als der SPD-Parteivorsitzende Kurt Schumacher nach der Unterzeichnung des »Petersberger Abkommens« im Deutschen Bundestag in seinem berühmten Zwischenruf Adenauer am 24./25. November 1949 als »Bundeskanzler der Alliierten« bezeichnete.[69]

In der CDU/CSU-Fraktion hatte die Frankfurter Affäre zur Konsequenz, daß sie zunächst abwartend reagierte, als am 21. Januar 1949 die Militärverwaltungen Schritte unternahmen, mit dem Parlamentarischen Rat wegen der zukünftigen Finanzverwaltung in Kontakt zu treten.[70]

Abbildung 14. Durchgang in der Pädagogischen Akademie zwischen der Aula und den Sitzungs- und Büroräumen.

V. Grundgesetzarbeit und politisches Kalkül

1. Die weltpolitische Lage

Die Beilegung des großen öffentlich ausgetragenen Parteienstreits um das Verhalten Adenauers während der Frankfurter Besprechungen war für die Abgeordneten kein guter Start in das Jahr 1949. Darüber hinaus zeichnete sich eine zunehmend ungünstige weltpolitische Lage ab, die gleich einem Damoklesschwert die Atmosphäre im Parlamentarischen Rat zusehends stärker belastete.

Mit Aufnahme der Einigungsbemühungen in den drei westlichen Zonen im Sommer 1948 wurde Berlin (West) seitens der UdSSR von den Transportwegen über Land abgesperrt (Berlin-Blockade) und konnte nur mit Hilfe amerikanischer und britischer Militärflugzeuge (sog. »Rosinenbomber«) mit Lebensmitteln versorgt werden. Das Zögern der französischen Militärregierung angesichts der Eskalation des Ost-West-Konflikts und die Ungewißheit darüber, ob und wie lange sie ihre Truppen in Berlin belassen und sich an der praktisch am 24. Juni 1948 endenden Viermächteverwaltung zukünftig beteiligen würde, brachte Unruhe in die deutsche Bevölkerung. Die Amerikaner hingegen, so wurde ermutigend festgestellt, würden in eine verloren geglaubte Sache nicht soviel finanzielle Opfer und auch politisches Engagement stecken.

In der sowjetischen Besatzungszone hatte der Vorsitzende der SED und Vorsitzende des Verfassungsausschusses des Deutschen Volksrates in der Ostzone, Otto Grotewohl, die Arbeit des Parlamentarischen Rates schon im Oktober 1948 als »Ausdruck der vollendeten Kapitulation deutscher Menschen vor den Annektionsgelüsten der westlichen Besatzungsmächte« verurteilt.[1] Gleichzeitig wurde jedoch die Arbeit an einer Verfassung der Ostzone aufgenommen, die den Abgeordneten des Parlamentarischen Rates bewußt machte, wie schnell sich die Kluft zwischen den Westzonen und der sowjetischen Besatzungszone vertiefte und sich eine eigene politische Dynamik entwickeln konnte.

Seit der bedingungslosen Kapitulation im Mai 1945 war eine Kriegsgefahr in Mitteleuropa nie so groß wie in den letzten drei bis vier Wochen des Jahres 1948 gewesen. Die Angst vor einem russischen Einmarsch in Westdeutschland veranlaßte Präsident Adenauer, sich bei amerikanischen Offizieren nach seiner persönlichen Sicherheit zu erkundigen.[2] Ihm war klar, daß er als künftiger Protagonist des Weststaates in einem bolschewistischen Deutschland keine Zukunft haben könnte.

Wenig Beruhigung brachten die Beteuerungen des sowjetischen Partei- und Regierungschefs Josef Stalin vom 27. Januar 1949, der die Aufhebung der Berlin-Blockade in Aussicht stellte, wenn die westlichen Alliierten die Bildung des westdeutschen Staates solange hinauszögerten, bis die Deutschland-Frage erneut von den Außenministern der vier Mächte erörtert worden sei.[3] Dieses wurde zwar als Propagandaspiel im Vorfeld eines vom sowjetischen Diktator gewünschten Zusammentreffens mit dem amerikanischen Präsidenten Harry S. Truman (1945–1953) abgetan, dennoch wurden von deutscher Seite die Reaktionen der Westalliierten mit starkem Interesse beobachtet. Insbesondere die Amerikaner zeigten, wie Adenauer in der Fraktion der CDU/CSU am 27. Januar 1949 berichtete, am Grundgesetz nur noch nachlassendes Interesse angesichts divergierender Auffassungen mit den Franzosen und Briten über die Gestaltung der Besatzungsaufsicht und der Beurteilung der weltpolitischen Lage.[4] Stalin sei auf alle Fälle bemüht, die Verabschiedung des Grundgesetzes und auch die angekündigte spätere Aufnahme eines westdeutschen Staates in einen Nordatlantikpakt und einen »Europapakt« zu verhindern. Ein Erfolg Stalins konnte – nach Adenauers Meinung – nur zur Konsequenz haben, daß die elf Länder weiterhin nebeneinander bestehen bleiben würden, Deutschland würde keine Außenpolitik betreiben und somit auch keinen internationalen Organisationen beitreten können und schließlich ganz von der Landkarte verschwinden. Adenauer drängte deswegen gegenüber der CDU/CSU-Fraktion am 1. Februar 1949 darauf, daß der Parlamentarische Rat seine Arbeit am Grundgesetz nicht einstellen sollte, denn damit würde man sowjetischen Interessen entgegenkommen. Der Parlamentarische Rat sollte statt dessen mit der Fortsetzung der Arbeit »auch gegenüber dem Auslande eine sehr eindrucksvolle Kundgebung dafür leisten, daß die Deutschen so viel staatenbildende Kraft noch in sich haben, daß sie trotz aller Parteizersplitterung unter Zurückstellung des Trennenden sich zusammenfinden«.[5]

Auch britische Beobachter drängten Anfang Februar 1949 auf eine rasche staatliche Konsolidierung, um den Interessen der UdSSR entgegenzuwirken, die alles verhindern würde, »was die Bildung eines geordneten politischen staatlichen Körpers im Herzen Europas herbeizuführen geeignet sei«.[6] Bemerkenswerterweise aber kamen die Militärgouverneure und ihre Sachverständigen bei ihren Beratungen über das Besatzungsstatut, das das Verhältnis der Alliierten zum deutschen Weststaat regeln sollte, auch nicht weiter, weswegen schon seit dem 17. Januar 1949 auf Regierungsebene in London Gespräche der drei Besatzungsmächte stattfanden.

2. Das Ruhrstatut und der »Fall Reimann«

Auf der Regierungskonferenz vom 11. November bis 24. Dezember 1948 in London wurde von Vertretern Belgiens, Frankreichs, Großbritanniens, Luxemburgs, der Niederlande und der USA der Entwurf eines »Abkommens über die internationale Kontrolle der Ruhr« (Ruhrstatut) vereinbart. Da das Ruhrgebiet sich während des Krieges als das bedeutendste Zentrum der deutschen Kriegswirtschaft entwickelt hatte, sollte es aus dem britischen Kontrollgebiet abgekoppelt und einem internationalen Kontrollorgan unterstellt werden, um ein Wiedererstehen der deutschen Rüstungsindustrie zu verhindern und Kohle und Eisen für den Wiederaufbau Europas zu verwenden. Während der Londoner Beratungen einigten sich die sechs Mächte auf einen Rat als Kontrollorgan, der sich aus Vertretern der Signatarstaaten zusammensetzen sollte, und in dem, sobald eine deutsche Regierung gebildet worden sei, auch ein deutscher Vertreter Mitglied werden sollte. Von deutscher Seite wurde grundsätzlich eine Einschränkung der Entfaltungsmöglichkeiten der Industrie befürchtet, da die Befugnisse der Kontrollbehörde geeignet schienen, die deutsche Industrie den Interessen ausländischer Konkurrenz zu unterwerfen.

Der Parlamentarische Rat beschäftigte sich am 7. Januar 1949 im Hauptausschuß mit dem Ruhrstatut, das neben den ohnehin erwarteten Einschränkungen durch das angekündigte Besatzungsstatut als eine zusätzliche Belastung empfunden wurde. Doch sahen Vertreter der beiden großen Fraktionen CDU/CSU und SPD in der deutschen Mitarbeit innerhalb der einzurichtenden Internationalen Ruhrbehörde eine Chance für eine engere wirtschaftliche Zusammenarbeit zwischen den Völkern Europas.[7]

Hingegen hatte aber der Abgeordnete Reimann auf einer kommunistischen Kundgebung in der Düsseldorfer Rheinhalle eine deutsche Mitwirkung in der Kontrollbehörde als Kollaboration gebrandmarkt und bemerkt, daß jene Deutsche sich nicht zu wundern bräuchten, »wenn sie eines Tages vom deutschen Volk als Quislinge bezeichnet werden«.[8] Durch den Vergleich mit dem hitlerfreundlichen faschistischen norwegischen Politiker Vidkun Quisling (1887–1945) hatte Reimann nach Auffassung des britischen Militärgerichts implizit die Alliierten mit dem Hitlerschen Regime verglichen. Reimann entzog sich einem britischen Haftbefehl zunächst durch Flucht in die sowjetische Besatzungszone. Er kam jedoch schon kurze Zeit danach zur Beerdigung seines verstorbenen Bruders nach Düsseldorf zurück. Hier konnte er sich unter abenteuerlichen Umständen einige Tage lang dem Zugriff des britischen Militärs entziehen, doch schließlich faßte man ihn und verurteilte ihn am 1. Februar 1949 zu drei Monaten Haft. Dadurch hatte Reimann seine Arbeit im Parlamentarischen Rat nicht fortführen können.[9]

Schon vor der Verurteilung hatte Präsident Adenauer nach Rücksprache mit der

CDU/CSU-Fraktion am 19. Januar 1949 in einer Ältestenratssitzung erörtern lassen, ob der Parlamentarische Rat unter Hinweis auf die parlamentarische Immunität in der Angelegenheit Reimanns offiziell an die Militärgouverneure herantreten sollte. Die Abgeordneten waren sich darin einig, daß mit der Verhaftung eines Abgeordneten ein Präzedenzfall geschaffen worden war. Gleichzeitig stand für sie jedoch fest, daß Reimann vor dem Militärgericht nicht unter dem Schutz der Immunität stand, weil der Parlamentarische Rat ein »indirektes Parlament«[10] sei und ihm keine souveränen Volksvertreter angehörten. Gegen diese Ansicht erhob nur Dehler (FDP) Einspruch, weil im Modellgesetz zur Wahl der Abgeordneten vom 27. Juli 1948 ausdrücklich festgelegt war, daß auf die Mitglieder des Parlamentarischen Rates »die landesrechtlichen Bestimmungen über die Immunität entsprechende Anwendung« finden sollten.[11] Ferner befürchteten die Abgeordneten, daß Reimann durch den Prozeß zum »Märtyrer« gemacht werden könnte und der sowjetisch kontrollierten Ostzone neue Gründe zur kommunistischen Agitation gegen den Westen geliefert würden. Adenauer wurde deswegen beauftragt, mit der britischen Militärverwaltung in Düsseldorf in Verbindung zu treten.[12]

Unabhängig von der Forderung der KPD-Fraktion nach einer eindeutigen Verurteilung des Vorgehens des Militärgerichtes bat Adenauer am 2. Februar 1949 den britischen Kommandanten für Nordrhein-Westfalen, Generalmajor W. Henry Alexander Bishop, dafür einzutreten, daß bis zum Abschluß der Arbeiten des Parlamentarischen Rates, mit denen Adenauer binnen sechs Wochen rechnete, die Vollstreckung der dreimonatigen Haftstrafe für Reimann ausgesetzt werde. Nach Ablehnung des Gesuchs trug eine Delegation von Parlamentariern schließlich Bishop den Wunsch des Parlamentarischen Rates persönlich vor, doch zunächst ebenfalls ohne Erfolg. Der eingeforderte Immunitätsschutz, der jedem Landtagsabgeordneten in den Westzonen zugebilligt worden war, galt für die Mitglieder des Parlamentarischen Rates nicht, wie Bishop bereits am 20. Januar 1949 Adenauer wissen ließ.[13] Nach Ansicht der Alliierten war der Parlamentarische Rat nur ein Beratungsgremium mit parlamentarischem Charakter, was auch durch die Bezeichnung »Parlamentarischer Rat« hinlänglich zum Ausdruck gebracht worden war.

Bei Reimann konnte allenfalls seine gleichzeitige Mitgliedschaft im Wirtschaftsrat für das Vereinigte Wirtschaftsgebiet in Frankfurt geltend gemacht werden. Erst nach der öffentlichen Erörterung der Angelegenheit im Hauptausschuß am 8. Februar 1949 und mit Unterstützung von General Robertson wurde die Haftverbüßung Reimannss schließlich ausgesetzt und dieser am 12. Februar 1949 entlassen.

Zwar hatte diese Angelegenheit keinerlei Auswirkungen auf die inhaltlichen Beratungen zum Grundgesetz, doch beschäftigte sie verschiedene Gremien bzw. Ausschüsse des Parlamentarischen Rates und berührte vor allem unmittelbar das Selbstverständnis der Abgeordneten.

3. Die zweite und dritte Lesung im Hauptausschuß und der Kompromiß im Fünferausschuß

Der Hauptausschuß konnte die bereits im Dezember 1948 begonnene zweite Lesung des Grundgesetzes erst fortsetzen, nachdem das Mißtrauen gegen Präsident Adenauer wegen seines Taktierens in der Frankfurter Besprechung ausgeräumt war. Bis zum 20. Januar 1949 war der Grundgesetzentwurf abgeschlossen; doch auch dieser erhielt – wie bereits in den Fachausschüssen – in den umstrittenen Fragen der Zuständigkeit des Bundesrates, der Aufteilung von Zuständigkeiten zwischen Bund und Ländern, der Finanzverwaltung, der kulturellen (kirchlichen) Fragen und der Ratifizierung des Grundgesetzes (durch Plebiszit oder durch die Landtage) keine qualifizierten Mehrheiten. Von Seiten der SPD bestand darüber hinaus noch Bedarf, die Bestimmungen über den Bundespräsidenten bis zur vollständigen Erlangung der deutschen Souveränität zurückzustellen.

Bereits am 7. Januar 1949 wurde in der Sitzung der CDU/CSU-Fraktion auf die Notwendigkeit hingewiesen, zu eben diesen Fragen wieder interfraktionelle Besprechungen aufzunehmen, da aufgrund unnachgiebiger Haltungen der CDU/CSU wie der SPD erkennbar war, daß auch nach Abschluß der zweiten Lesung des Grundgesetzentwurfes im Hauptausschuß immer noch keine fühlbaren Annäherungen der Standpunkte der beiden großen Parteien erfolgen würden. Die CDU/CSU hatte sich deswegen während ihrer Tagung in Königswinter am 8./9. Januar 1949 auf eine gemeinsame Marschroute festgelegt, die es der Fraktion ermöglichte, mit klaren Konzepten in interfraktionelle Verhandlungen einzutreten. Demnach strebte die CDU/CSU an: 1) einen in der Gesetzgebung gleichberechtigten Bundesrat, 2) eine Überprüfung der Vorranggesetzgebung mit dem Ziel, nur die wirklich notwendigen Sachgebiete dem Bund zu überlassen, sowie 3) keine Bundesfinanzverwaltung mit einem eigenen Verwaltungsunterbau.

Nachdem der Allgemeine Redaktionsausschuß die Überarbeitung des Entwurfes des Hauptausschusses beendet hatte, lud Präsident Adenauer für den 25. Januar 1949 zu der ersten interfraktionellen Sitzung im neuen Jahr ein, um damit unabsehbare Debatten während der nun bevorstehenden dritten Lesung im Hauptausschuß zu vermeiden. Er rechnete fest damit, daß die Behandlung der umstrittenen Fragen in den nichtöffentlichen Besprechungen »glatt und rasch gehen dürfte«.[14] Nach den enttäuschenden und wieder einmal völlig ergebnislosen interfraktionellen Besprechungen am 25./26. Januar 1949, in deren Verlauf die SPD-Abgeordneten mit großer Ungeduld auf die Einschränkung der Rechte des Bundesrates drängten, trat schließlich eine Wende ein, als in der Vormittagssitzung am 26. Januar 1949 auf Vorschlag von Adenauer ein aus fünf Abgeordneten bestehender »Unterausschuß der interfraktionellen Konferenz«[15] gebildet wurde. Ihm gehörten zwei Mitglieder der CDU (von Brentano, Kaufmann), zwei der SPD (Menzel, Schmid) und ein Mitglied der FDP (Schäfer, der je nach dem zu behandelnden Thema von Dehler, Heuss oder Höpker Aschoff vertreten wurde) an. Mit dieser Personalentscheidung wurden in den Fünferausschuß bewußt keine technokratischen Verwaltungsexperten, sondern politisch denkende Vertreter der Parteien gewählt, wie auch der Beiname »politischer Fünferausschuß« unterstrich. Außer den kleinen Parteien DP, KPD und Zentrum nahm auch die CSU an diesen Verhandlungen nicht teil. Es wurde deswegen gemutmaßt, Adenauer – dessen Vorschlag aber immerhin von den Parteien akzeptiert wurde – habe absichtlich den Kreis der Beteiligten so klein halten wollen, um die CSU auszuschalten, »da alle Widerstände gegen eine Einigung immer von dieser Seite gekommen seien«.[16]

Noch am gleichen Tag begann der Fünferausschuß, der kein offizielles Organ des Parlamentarischen Rates war, unter dem Vorsitz Adenauers (er war also das sechste Mitglied des Ausschusses) hinter verschlossenen Türen zunächst für fast zwei Tage seine Beratungen. Danach unterbreitete der Ausschuß in einer interfraktionellen Besprechung am 28. Januar 1949 seine Verhandlungsergebnisse einem Kreis von 15 Personen. Er machte die schriftlich niedergelegten Zwischenergebnisse jedoch noch nicht den übrigen Abgeordneten zugänglich.

Im Laufe der Verhandlungen ergab sich folgender Kompromiß:

1) Die vollkommene Gleichberechtigung von Bundesrat und Bundestag konnte nicht erzielt werden; sie wurde jedoch im wesentlichen durch eine Erweiterung des Katalogs der Gesetze, für die eine Zustimmung des Bundesrates erforderlich wurde, sichergestellt. Für wenige Gesetze (z. B. Zusammenarbeit der Polizei, Rahmenvorschriften im öffentlichen Dienst sowie im Melde- und Ausweiswesen)[17] sollte auf die bisher verlangte Zustimmung von zwei Dritteln der Stimmen des Bundesrates verzichtet werden.
2) In der Finanzfrage kam der Fünferausschuß überein, die Verwaltung und Gesetzgebung einheitlich dem Bund zu überlassen. Die Länder sollten dennoch die Möglichkeit erhalten, Zuschläge zu gewissen Steuern zu erheben, eine Möglichkeit, die ihnen noch in der zweiten Lesung des Grundgesetzes im Hauptausschuß genommen worden war.
3) Die kulturellen und kirchlichen Bereiche sollten ähnlich wie in der Weimarer Reichsverfassung geregelt werden. Die Weitergeltung des Reichskonkordats vom 20. Juli 1933 sollte zwar nicht de jure, aber doch de facto anerkannt werden.

Damit war in vielerlei Hinsicht der bisher unauflöslich erscheinende Knoten endlich geplatzt. Das war um so erfreulicher, weil noch im Januar 1949 die SPD auf ihrer Tagung in Iserlohn unnachgiebig eine bundeseinheitliche Finanzverwaltung forderte, während umgekehrt genauso die CDU/CSU von einer Länderfinanzverwaltung nicht abweichen wollte, bei der dem Bund lediglich ein Weisungs- und Kontrollrecht eingeräumt werden sollte. Während die Union im Fünferausschuß diese Position aufgab, sicherten die SPD-Vertreter die Zustimmung ihrer Partei bei der Gleichberechtigung von Erster und Zweiter Kammer (Bundestag und Bundesrat) zu und zeigten sich auch bei den kirchlich-kulturellen Fragen konziliant.

Da die Ergebnisse des Fünferausschusses hinsichtlich der Bundesfinanzverwaltung und der kulturellen Fragen auf Ablehnung bei der CSU stießen, spielte der CDU/CSU-Fraktionsvorsitzende Pfeiffer, selbst Mitglied der CSU, mit dem Gedanken, den auf der letzten Arbeitstagung der CDU/CSU in Königswinter am 8. Januar 1949 geschaffenen Parteiausschuß einzuberufen, der eine Einigung innerhalb der Union herbeiführen sollte. Diese noch offenen Fragen wurden statt dessen unter Einbeziehung von Vertretern der bayerischen Landesregierung in der Zeit vom 31. Januar bis zum 5. Februar 1949 in weiteren Klausursitzungen erörtert und die Lösungen zwischen dem 1. und 5. Februar 1949 den Abgeordneten des Parlamentarischen Rates für die dritte Lesung des Grundgesetzes im Hauptausschuß übergeben. Die Arbeit des Fünferausschusses wurde trotz des Unmuts der CSU schließlich weitestgehend von allen Parteien außer der KPD akzeptiert. Damit war die Voraussetzung für die Verabschiedung des Grundgesetzentwurfes mit breiter Mehrheit gesichert.

Da außer Ehard (CSU) kein weiterer Ministerpräsident bis zum Januar 1949 Stellung zur Arbeit des Parlamentarischen Rates bezogen hatte und auch die Ministerpräsidentenkonferenzen sich nach der Konstituierung des Parlamentarischen Rates kaum zu seiner Arbeit äußerte, lud Präsident Adenauer namens des Fünferausschusses die Ministerpräsidenten zu einem Meinungsaustausch ein. Damit nicht alle gleichzeitig nach Bonn kamen, wurden zu einem ersten Treffen die Ministerpräsidenten Peter Altmeier (CDU, Rheinland-Pfalz), Karl Arnold (CDU, Nordrhein-Westfalen), Hinrich Wilhelm Kopf (SPD, Niedersachsen) und Christian Stock (SPD, Hessen) zu Gesprächen am 4. Februar 1949 nach Bonn gebeten. Die Einladung weiterer Ministerpräsidenten zum Parlamentarischen Rat erübrigte sich, weil statt dessen der Vorsitzende der Ministerpräsidentenkonferenz, Stock, den Präsidenten und die Fraktionsvorsitzenden des Parlamentarischen Rates bat, auf der Ministerpräsidentenkonferenz am 11./12. Februar 1949 in Hamburg über den Stand der Bonner Arbeiten zu berichten. Die Ministerpräsidenten sollten mit den Ergebnissen des Fünferausschusses vertraut gemacht werden, um für die bevorstehende Genehmigung des Grundgesetzes durch die Alliierten und Ratifizierung durch die Landtage bzw. durch Referendum auch ihre einheitliche Fürsprache zu erreichen.

Damit die Arbeit des Fünferausschusses auch bei den Alliierten Akzeptanz fand, ließ Adenauer beim britischen Verbindungsoffizier Chaput de Saintonge durch seinen persönlichen Referenten Blankenhorn am 7. Februar 1948 den Vorschlag unterbreiten, eine Denkschrift über den föderativen Charakter des neuen Grundgesetzentwurfes vorzulegen. Diese wurde am 10. Februar 1949 erstellt; für sie zeichnete zwar der Fünferausschuß verantwortlich, doch ihre endgültige Fassung wurde von Zinn (SPD) abschließend überarbeitet. Zinn selbst gehörte dem Fünferausschuß nicht an, kannte aber dessen Ergebnisse durch seine Mitarbeit im dreiköpfigen Allgemeinen Redaktionsausschuß. In der Denkschrift erläuterte Zinn die von den Alliierten schon bei anderer Gelegenheit monierte Vorranggesetzgebung und Finanzgesetzgebung des Bundes. Gleichzeitig wurde der vom 8.–10. Februar 1949 in dritter Lesung im Hauptausschuß verabschiedete Grundgesetzentwurf den Alliierten übermittelt.

Das vorsichtige Herantreten Adenauers an die alliierten Verbindungsbüros mittels seines Referenten Blankenhorn am 7. Februar 1949 stellte einen ersten Versuch dieser Art seit dem Scheitern der Gespräche mit den Alliierten im Dezember 1948 dar. Zwar war von Seiten der amerikanischen Verbindungsoffiziere bereits Mitte Januar 1949 überlegt worden, in offiziellen Zusammenkünften zwischen den Alliierten und den Fraktionsführern der wichtigsten Bonner Parteien offene Fragen zu diskutieren. Doch auf britischer Seite versuchte man ausdrücklich jeden Vorschlag zu erneuten Gesprächen zwischen Militärgouverneuren und Deutschen abzulehnen, solange die drei Besatzungsmächte untereinander keine Einigkeit in den Fragen der zukünftigen Finanzverwaltung und zum Besatzungsstatut erzielt hatten.

Sieht man von den Kontakten zum Kommandeur der britischen Militärregierung von Nordrhein-Westfalen, Bishop, im »Fall Reimann« einmal ab, waren in den ersten Wochen des Jahres 1949 die Beziehungen zwischen den Alliierten und den Deutschen nur auf sporadische Fühlungnahmen privaten Charakters, etwa zwischen Menzel und Bishop, zwischen Schmid bzw. Pfeiffer und Chaput de Saintonge oder Adenauer und Laloy, beschränkt. Sie hatten den Zweck, Hintergrundinformationen einzuholen und die Haltung der eigenen Partei gegenüber den Alliierten zu verdeutlichen. Hingegen pflegten die Ministerpräsidenten regelmäßigen Kontakt zu den Militärgouverneuren; der bayerische Ministerpräsident Ehard hatte sogar am 9. Februar 1949 unverhohlen die amerikanische Militärregierung um ihre Einflußnahme zugunsten des von Bayern geforderten Föderalismus gebeten.[18]

Bereits am 11. Februar 1949 eröffnete Edward H.Litchfield, der Berater von Clay, gegenüber Adenauer erste Beanstandungen der Militärgouverneure an dem neuen Entwurf. Den Alliierten erschien der Katalog der Vorranggesetzgebung des Bundes zu umfangreich. Auch glaubten sie, daß in der Finanzfrage die Londoner Empfehlungen immer noch nicht genügend berücksichtigt worden waren. Dessen ungeachtet richteten sich die Abgeordneten im Parlamentarischen Rat auf die vermeintlich bevorstehende Schlußphase der Arbeit des Par-

Museum Koenig

Abbildung 15. Der Kommandant der britischen Militärverwaltung für Nordrhein-Westfalen Generalmajor Alexander Bishop (in Uniform), betritt vor Beginn der Eröffnungsfeier am 1. September 1948 das Museum Koenig in Bonn.

lamentarischen Rates ein; dementsprechend rechneten sie mit einem Beginn der zweiten Lesung im Plenum für den 25. Februar 1949. Als schließlich am 16. Februar 1949 auch der britische Militärgouverneur Robertson Adenauer und Menzel empfahl, mit der zweiten Lesung bis zur Prüfung des Entwurfes des Grundgesetzes durch die drei Militärgouverneure zu warten, reagierte am 17. Februar 1949 der Ältestenrat mit Terminverschiebungen.

Am 18. Februar 1949 trug der britische Offizier Chaput de Saintonge Adenauer ein kurzes Memorandum vom 17. Februar 1949 vor, in dem er den klaren Hinweis der Militärgouverneure übermittelte, daß diese zur Zeit prüfen würden, ob der Entwurf des Grundgesetzes den Forderungen des Memorandums vom 22. November 1948 entspricht. Ferner kündigten die Alliierten an, die »Punkte, von denen sie das für nötig halten könnten, an ihre Regierungen zu verweisen. Bei der Erwägung seines eigenen Programms sollte der Parlamentarische Rat sich darüber klar sein, daß dies eine gewisse Verzögerung« seiner weiteren Beratungen bewirken dürfte.[19] Dieses Memorandum war entstanden, nachdem bereits am 9. Februar 1949 sich Simons, Chaput de Saintonge und Laloy einig waren, daß im Grundgesetzentwurf der dritten Lesung im Hauptausschuß die Forderungen der Alliierten noch immer nicht ausreichend berücksichtigt waren. In der Tat zeigt der Verlauf der Beratungen in den Fachausschüssen und im Hauptausschuß, daß die im Memorandum vom 22. November 1948 mitgeteilten Forderungen der Alliierten so gut wie keine Beachtung gefunden hatten. Als die Militärgouverneure am 16. Februar 1949 zu einer gemeinsamen Beratung des Grundgesetzentwurfes zusammenkamen, konnten sie sich deswegen noch nicht auf eine Zustimmung zum Grundgesetz verständigen, so daß sie die Abgeordneten mit dem Memorandum vom 17. Februar 1949 zunächst einmal auf einen unbestimmten Termin vertrösten mußten. Nun griff Adenauer die von Kaufmann (CDU) angeregte Idee eines Gedankenaustauschs mit den Alliierten auf, was angesichts des Memorandums nach einer versuchten Einflußnahme aussehen mußte und deswegen scheiterte, weil sich die Militärgouverneure noch keine einheitliche Meinung gebildet hatten. Während sich Clay und Koenig sichtlich enttäuscht zeigten über den Mangel an föderalistischen Strukturen, gab Robertson zu bedenken, daß die Finanzverfassung zwar nicht dem Memorandum vom 22. November 1948 entspräche, dieses jedoch ausgeglichen werde durch die weitreichenden Kompetenzen des Bundesrates.

Für den Parlamentarischen Rat hieß es abwarten, bis die Alliierten die Prüfung des Grundgesetzentwurfes abgeschlossen hatten. In der Zwischenzeit wurde in interfraktionellen Besprechungen die Beibehaltung der sog. Bremer Klausel erörtert. Sie sollte jenen Ländern, in denen am 1. Januar 1949 entsprechende landesrechtliche Regelungen bestanden, die Möglichkeit belassen, auf den bekenntnismäßig gebundenen Religionsunterricht als ordentliches Lehrfach zu verzichten. Der Fünferausschuß bezog in seine weiteren Beratungen die Flaggenfrage sowie das Wahlgesetz ein. Daraufhin beschäftigte sich Ende Februar 1949 auch der Hauptausschuß mit dem Wahlgesetzentwurf (siehe bereits Kapitel III, 5), den das Plenum am 24. Februar 1949 in erster bis dritter Lesung verabschiedete. Am 28. Februar 1949 stellte der Fünferausschuß seine überarbeiteten Artikelentwürfe den Abgeordneten vor.

4. Die Diskussion um den vorläufigen Sitz der Bundesorgane

Weil die bisherige deutsche Hauptstadt Berlin aufgrund des seit 1945 bestehenden Vier-Mächte-Status als zukünftiger Sitz der Bundesregierung, des Bundestages und des Bundesrates nicht in Frage kam, beriet der Ältestenrat des Parlamentarischen Rates seit Oktober 1948 mehrfach Ausweichmöglichkeiten.

Als Anwärter für den »vorläufigen Sitz der Bundesorgane« bewarben sich schon sehr bald die Stadt Frankfurt am Main, die seit dem 27. Juni 1947 den Wirtschaftsrat für das Vereinigte Wirtschaftsgebiet (bis 1949) und wichtige Dienststellen der amerikanischen Militärregierung beherbergte, sowie die Stadt Bonn, wo seit dem 1. September 1948 der Parlamentarische Rat tagte. Nachdem am 27. Oktober 1948 seitens der nordrhein-westfälischen Landesregierung der Chef der Landeskanzlei in Düsseldorf, Hermann Wandersleb, die Gelegenheit erhielt, im Ältestenrat Bonn als zukünftigen provisorischen Bundessitz vorzustellen, kamen am 5. November 1948 Vertreter der Hessischen Regierung und der Stadt Frankfurt, um nun auch ihre Bewerbung näher zu erläutern.

Weil man zunächst davon ausging, daß gegen Ende des Jahres 1948 das Grundgesetz fertiggestellt werde, drängte der Ältestenrat wiederholt darauf, bis Anfang Dezember 1948 den Bundessitz zu bestimmen, damit die ausgewählte Stadt sich mit Baumaßnahmen auf die neue Aufgabe vorbereiten könne. Doch gerieten die Verhandlungen im Parlamentarischen Rat für die Wahl eines geeigneten Ortes ins Stocken.

General Robertson sprach sich gegenüber Adenauer noch am 18. November 1948 für Frankfurt als Sitz der Bundesorgane aus. Doch Adenauer erläuterte wenige Tage später dem amerikanischen politischen Berater Murphy den Vorschlag, mit Bonn eine linksrheinische Stadt zum Bundessitz zu machen, um somit weiterhin bestehenden Plänen Frankreichs zur Ländergrenzenreform entgegenzuwirken, die eine »besondere Regelung für das linke Rheinufer«, das als Rheinstaat gegenüber dem Donaustaat (Bayern) und dem Elbestaat (Norddeutschland/ Hamburg) abgetrennt werden sollte, vorsahen.[20]

Wegen der hinlänglich bekannt gewordenen Voreingenommenheit des Präsidenten Adenauer für Bonn und des anwachsenden Wetteiferns um die Gunst der Abgeordneten sowie wegen der Erweiterung des Bewerberkreises um die Städte

Stadt Bonn

Abbildung 16. Sitzung der »Kommission zur Prüfung der Angaben der Städte Bonn – Frankfurt – Kassel – Stuttgart betr. vorläufigen Sitz des Bundes«.

Kassel und Stuttgart wurde am 27. Januar 1949 eine eigene Kommission gebildet, die »Kommission zur Prüfung der Angaben der Städte Bonn – Frankfurt – Kassel – Stuttgart betr. vorläufigen Sitz des Bundes«. Ihr gehörten an: Konrad Adenauer (CDU), Johannes Brockmann (Zentrum), Paul de Chapeaurouge (CDU), Otto Heinrich Greve (SPD), Wilhelm Heile (DP), Karl Sigmund Mayr (CSU), Hermann Schäfer (FDP) und Fritz Hoch (SPD), der Anfang März 1949 durch Friedrich Wolff (SPD) abgelöst wurde.

Nach einer Besichtigungsreise der Bundessitz-Kommission vom 3.–9. Februar 1949 in die Städte Bonn-Bad Godesberg, Kassel, Frankfurt und Stuttgart wurde es wiederum still um die Frage des Bundessitzes. Erst als am 3. März 1949 im Ältestenrat die Frage in den Raum gestellt wurde, ob der Parlamentarische Rat zum zukünftigen Bundessitz überhaupt eine Entscheidung herbeiführen dürfte, drängte Strauß (CDU) auf eine Lösung, um schon bald einen Verwaltungsaufbau zur Verfügung zu haben; sonst – so formulierte er – würde die Bundesrepublik wie »eine Dame ohne Unterleib« sein.[21] In das Grundgesetz sollte die Entscheidung über den Bundessitz wenigstens nicht aufgenommen werden, weil bei einer späteren Verlegung des Sitzes eine Grundgesetzänderung nötig würde.[22] Im März 1949 schloß die Kommission für den Bundessitz ihre Arbeit mit einem Bericht ab, in dem die Bewerberstädte und ihre Bundessitzpläne neutral dargestellt wurden, und wies, ohne ein empfehlendes Votum abzugeben, die Entscheidung an den Parlamentarischen Rat zurück.

Zwei Tage nachdem das Grundgesetz vom Plenum verabschiedet worden war, am 10. Mai 1949, stellte der Abgeordnete Greve im Namen der SPD-Fraktion an das Plenum den Antrag auf Änderung der Geschäftsordnung. Er wollte in die Geschäftsordnung einen Paragraph eingefügt wissen, der entgegen dem bisherigen Usus des Parlamentarischen Rates auch eine geheime Abstimmung ermöglichen sollte, wenn sie von zehn Mitgliedern beantragt wird. Greve begründete den Antrag damit, daß man bei der anstehenden Frage nach dem vorläufigen Sitz der Bundesorgane eine geheime Abstimmung wünschte. Die Abgeordneten sollten ohne Rücksicht auf ihre eigene regionale Herkunft geheim abstimmen, in der Hoffnung, daß sie unbeschwert ihre eigentliche Meinung vertreten würden. Einzig Reimann (KPD) nutzte die Gelegenheit zu einem Angriff gegen die Parlamentarier, die seiner Meinung nach für ihre bisherige Arbeit am Grundgesetz die Verantwortung vor der Öffentlichkeit übernommen hätten, sich nun aber in die Anonymität zurückziehen würden. Er wollte, »daß jeder Abgeordnete hier frei vor der Öffentlichkeit zeigen soll, wie er steht«, wohlwissend, wie umstritten in den einzelnen Fraktionen die bisherigen Diskussionen um Frankfurt oder Bonn verlaufen waren. Der Antrag der SPD wurde – bei Ablehnung durch die KPD – angenommen.[23]

Erwartungsgemäß wurde vor dem Votum um den vorläufigen Sitz der Bundesorgane geheime Abstimmung beantragt. In der von der Öffentlichkeit mit größter Spannung erwarteten Entscheidung erhielt Bonn mit 33 von 62 gültigen Stimmen die knappe Mehrheit, während auf Frankfurt 29 Stimmen entfielen. Hierbei kam der Stadt Bonn zugute, daß sie bereits den Parlamentarischen Rat beherbergte. Das Ergebnis wurde mit Erleichterung aufgenommen und sogar mit tosendem Beifall des überwiegend Bonner Publikums auf der Zuschauertribüne quittiert, was nach parlamentarischen Gepflogenheiten verpönt war.[24]

Im nachhinein wurde das Ergebnis von der Presse als skandalös bezeichnet: Wenige Stunden vor der Abstimmung im Parlamentarischen Rat wurde gerüchteweise verbreitet, der SPD-Vorsitzende Schumacher habe sich »in provokatorischer Form« gegen die Wahl Bonns ausgesprochen und gleichzeitig eine Wahl Frankfurts zum Bundessitz als eine Niederlage für die CDU/CSU dargestellt. Adenauer selbst verbreitete in der CDU/CSU-Fraktionssitzung am 10. Mai 1949 dieses Gerücht und deklarierte es als eine dpd-Meldung. Diese mochte in der Sache zwar durchaus zutreffend gewesen sein, stellte sich später aber als fingiert heraus. Immerhin konnte Adenauer mit der Verbreitung des Gerüchts die eigene Fraktion zu einer klaren Entscheidung für Bonn bewegen.[25]

5. Otto Nuschke in Bonn und die Gesprächsangebote des Deutschen Volksrats an den Parlamentarischen Rat

Größte Aufmerksamkeit in der Öffentlichkeit erhielt der Besuch dreier Vertreter der Ost-CDU in Bonn, jener Partei, die 1945 von Andreas Hermes gegründet und dann im selben Jahr von Jakob Kaiser geführt wurde, bevor auch er abgesetzt wurde, als sich die Partei 1947 auf Eingreifen der Sowjetischen Militäradministration Deutschlands (SMAD) ganz der Sozialistischen Einheitspartei Deutschlands (SED) unterordnen mußte.[26]

Das Plenum des Parlamentarischen Rates hatte gerade in seiner Sitzung am 24. Februar 1949 einen Wahlgesetzentwurf beschlossen, der auf alliierte Kritik stieß, da im Entwurf Groß-Berlin in den Bund einbezogen wurde, so als wäre es ein Land wie die übrigen der drei Westzonen. Noch bevor die Militärgouverneure am 2. März 1949 die Eingliederung Groß-Berlins in den westdeutschen Staat – wie im Wahlgesetz vorgesehen – erneut ablehnten, kamen am 1. März 1949 von der Ost-CDU ihr Vorsitzender Otto Nuschke in Begleitung des Chefarztes des Leipziger Elisabeth-Krankenhauses, Dr. med. Bernhard Singer, und des Leipziger Oberbürgermeisters Joseph Rambo in Bonn mit Adenauer zusammen. Ihr Auftreten führte angesichts des Beratungsstandes zum Grundgesetz- und Wahlgesetzentwurf in Bonn zu mannigfaltigen Spekulationen. Zwar stand der Besuch angeblich im Zusammenhang mit einer allgemeinen privaten Erkundungstour durch die Westzonen, doch war der Zeitpunkt nicht ungünstig ge-

Neue Presse

Abbildung 17. Bedienung im Frack: Das Restaurant des Parlamentarischen Rates. Im Vordergrund (mit Brille) der Journalist Otto Schumacher-Hellmold.

wählt, auch im Parlamentarischen Rat vorstellig zu werden. Es gab Gerüchte, die SPD wollte ein von den Alliierten diktiertes Grundgesetz ablehnen und damit jede weitere Verfassungsarbeit lahmlegen. Darin konnten die Sowjets offenbar einen Ansatzpunkt finden, die Gründung des Weststaates zu verhindern oder wenigstens empfindlich zu stören. Ohnehin rief aus Sicht der politischen Führung in der sowjetischen Besatzungszone das Interview des sowjetischen Diktators Stalin vom 27. Januar 1949, in dem neue Friedenspläne offeriert wurden, nicht die erhofften Reaktionen im Westen hervor.

Wurde Nuschke während seiner Reise durch die westdeutschen Länder noch in Schleswig-Holstein vom CDU-Vorsitzenden Carl Schröter empfangen, ließ ihn wenige Tage darauf Ministerpräsident Karl Arnold (CDU) in Düsseldorf über zwei Stunden warten, bevor er aus »dienstlichen Gründen« ein Zusammentreffen mit Nuschke ablehnte. In Bonn hingegen konnte Adenauer einem fast zweistündigen Gespräch mit Nuschke am 1. März 1949 nicht ausweichen. Anders der SPD-Fraktionsvorsitzende Schmid, der sich nicht sprechen ließ; ihm war an einer Begegnung schon deswegen nicht gelegen, weil die Gerüchte, daß seine Partei ein von Alliierten diktiertes Grundgesetz ablehnen würde, keine neue Nahrung erhalten durften. Schmid wäre sonst möglicherweise Opfer kommunistischer Propaganda geworden, die ihn als Handlanger sowjetischer Interessen hätte instrumentalisieren können.

Adenauer ließ über das Gespräch mit Nuschke nur wenig an die Öffentlichkeit dringen. Gesprächsweise äußerte er, »daß Herr Nuschke ihm keinerlei politische Angebote gemacht habe; das Gespräch hätte auch nicht die Arbeit des Parlamentarischen Rates zum Gegenstand gehabt, vielmehr habe ihm der Ostzonenpolitiker lediglich eine Einladung zum Besuch der Ostzone überbracht«.[27] Im Ältestenrat gab Adenauer jedoch zu, daß, wenn Berlin als zwölftes Land in den westdeutschen Bund eingegliedert werden sollte – wie es im Wahlgesetzentwurf vorgesehen war –, dieses nach Nuschkes Meinung Anlaß für eine militärische Aktion der Sowjets böte. Adenauer – und auch sein persönlicher Referent Blankenhorn, der dem Gespräch mit Nuschke beiwohnte – fanden die Drohung allerdings »nicht welterschütternd«.[28]

In der Presse wurde der Besuch Nuschkes mit großer Aufmerksamkeit verfolgt. Die »Berliner Tageszeitung« bildete in einer Karikatur Adenauer und Nuschke sogar gemeinsam in bierseliger Laune ab.[29] Alles deutete auf einen Prestigegewinn für Nuschke und seine Ost-CDU hin – ein Vorwurf, den Adenauer sich auch von Parteifreunden anhören mußte. Deswegen wies Blankenhorn entschieden darauf hin, daß es ein Fehler gewesen wäre, wenn Adenauer Nuschke nicht empfangen hätte, »denn selbstverständlich haben alle Deutschen der Ostzone, vor allen Dingen wenn sie der CDU angehören, das Recht, von den führenden Persönlichkeiten der Partei in den Westzonen angehört zu werden. Damit ist aber nicht gesagt, daß Herr Nuschke nun immer wieder vom Präsidenten empfangen werden wird. [...] Man kann jedenfalls nicht behaupten, daß Herr Nuschke durch diesen einmaligen Besuch ›hoffähig‹ geworden sei«.[30]

Eine erneute Begegnung mit Adenauer, die sich Nuschke – offensichtlich aus Unzufriedenheit über die Gesprächsergebnisse – für den 2. März 1949 erhoffte, aber Adenauer genausowenig wünschte wie jene am Vortag, kam nicht zustande, weil am Nachmittag des gleichen Tages unter Adenauers Vorsitz eine Delegation des Parlamentarischen Rates mit den Alliierten Militärgouverneuren in Frankfurt zusammentraf (siehe dazu Kapitel VI, 1).

Auch wenn Adenauer betonte, daß Nuschke »ihm keinerlei politische Angebote gemacht habe«, so warb dieser doch wenigstens an anderer Stelle während seiner Reise durch die drei westdeutschen Besatzungszonen für die sowjetische Wiedervereinigungspolitik. Ende Februar 1949 wurde unter den Abgeordneten des Parlamentarischen Rates der Plan des sowjetischen Sonderbotschafters für Deutschland, Wladimir Semjonowitsch Semjonow, bekannt. Der Semjonow-Plan sah vor, die geographische Mitte Deutschlands von den Besatzungstruppen zu befreien, eine Gesamtregierung in Berlin zu bilden, eine gemeinsame Währung zu schaffen und einen Friedensvertrag mit den Siegermächten des Zweiten Weltkriegs abzuschließen. Im Falle einer Wiedervereinigung wollte die UdSSR ein entmilitarisiertes und neutrales Deutschland ohne eine amerikanisch-westeuropäische Anbindung und dafür letztlich die Macht des Alliierten Kontrollrats wiederherstellen, dessen Tätigkeit sie durch die Verweigerung ihrer Mitarbeit noch am 20. März 1948 wegen der Londoner Außenministerkonferenz und deren deutschland-politischen Beratungen beendet hatte. Für diese Politik engagierte sich auch der Deutsche Volksrat, das parlamentarische Versammlungsgremium in der Ostzone. Zuerst hatte Walter Ulbricht, Mitglied des Präsidiums des Deutschen Volksrats, am 17. März 1949 im Wirtschaftsausschuß auf die dringend anzustrebende Einigung hingewiesen, woraufhin Wilhelm Pieck im Plenum des Deutschen Volksrats die Anregung zu einer gemeinsamen Besprechung von Delegierten des Volksrats, des Frankfurter Wirtschaftsrats und des Parlamentarischen Rates in Braunschweig vortrug.

Am 21. März 1949 richteten dann die drei Präsidenten des Deutschen Volksrats, Wilhelm Pieck, Otto Nuschke und Hermann Kastner, an jedes einzelne Mitglied des Frankfurter Wirtschaftsrates und des Parlamentarischen Rates ein Fernschreiben, in dem die Pläne zu der nach Braunschweig einzuberufenden Versammlung unterbreitet wurden. Noch vor Abschluß des erwarteten Bonner Grundgesetzes sollte auf jener Tagung eine Lösung gesucht werden, die von den Alliierten versäumte friedliche Einigung Deutschlands herbeizuführen. Als Tagungstermin wurde der 8. April 1949 vorgeschlagen und gleichzeitig betont, daß man sich auch an anderem Ort und zu einer anderen Zeit treffen könnte.

Nach ersten ablehnenden Reaktionen einzelner Abgeordneter, einschließlich des Präsidenten Adenauer, beschäftigte sich der Parlamentarische Rat zunächst nicht mit dem Aufruf von Pieck, Nuschke und Kastner. Doch der KPD-Abgeordnete Renner ließ nach diesem offensichtlich sowjetisch gesteuerten Angebot nicht locker. Als er feststellen mußte, daß der Parlamentarische Rat auf das Schreiben vom 21. März 1949 nicht reagiert hatte, nutzte er die Hauptausschußsitzung am 5. April 1949 dazu, die Einladung Piecks zum Beratungsgegenstand zu machen. Carlo Schmid, der Vorsitzende des Hauptausschusses, winkte ab und erklärte, daß der für dieses Thema zuständige Ältestenrat sich noch am gleichen Tag damit befassen würde. Der Ältestenrat lehnte es ab, weiter auf das Angebot einzugehen, da er »die Gleichwertigkeit in der demokratischen Legitimation der Einladenden anzuerkennen nicht in der Lage«[31] war.

Vermutlich war vom Ältestenrat absichtlich ein ausgesprochen kurz ausgefallenes Pressekommuniqué gewählt worden, um dem vordergründig nach einer Chance zur Wiedervereinigung aussehenden Angebot des Deutschen Volksrats nicht allzu viel Aufmerksamkeit zu widmen, denn sonst hätte man es gleich in einer Plenarversammlung des Parlamentarischen Rates behandeln können und damit den Abgeordneten der KPD eine Plattform zur Selbstdarstellung und Propaganda geboten.

Aus der deutschen Bevölkerung erhielt Adenauer in den nächsten Wochen zahlreiche Schreiben, in denen die Sorge um die Einheit Deutschlands ausgedrückt und das Versagen Adenauers wegen der klaren Ablehnung an Pieck angeprangert wurde. Es wurde befürchtet, »daß der deutsche Westen den deutschen Osten endgültig abgeschrieben hätte«.[32] Die spontan wirkenden Briefe sind wohl auf eine Kampagne kommunistischer Gruppen aller vier Besatzungszonen zurückzuführen. In einem vom Wortlaut her mehrfach verwendeten Schreiben an jene Bürger, die sich für das Gespräch mit dem Deutschen Volksrat aussprachen, hatte Blankenhorn die Gründe für die Ablehnung des Angebotes von Pieck mit den Annexionszielen der sowjetischen Politik seit 1945 begründet und in aller Deutlichkeit erklärt:

> »Bei dem Volksrat der sowjetischen Besatzungszone handelt es sich nicht um eine deutsche Vertretung. Er ist nicht aus rechtlich anzuerkennenden Wahlen hervorgegangen, sondern von dem völlig regellos zusammengesetzten Volkskongreß berufen worden. Bestimmend gelenkt wird er von der SED, deren Verbindung zur sowjetischen Besatzungsmacht es unmöglich erscheinen läßt, sie noch als deutsche politische Partei zu betrachten. Die beiden anderen Parteien der Sowjetzone sind durch die dortige Besatzungsmacht in ihrer organisatorischen Form und der Möglichkeit, ihrem Willen Ausdruck zu geben, derart verstümmelt, daß sie auch nicht mehr als Vertreter des deutschen Volkes in der Sowjetzone angesehen werden können. Es würden also in Braunschweig den Delegierten des Parlamentarischen Rates und des Wirtschaftsrates mittelbar Unterhändler Sowjetrußlands gegenüberstehen, nicht aber deutsche, durch demokratische Wahlen legitimierte Vertreter«.[33]

Am 7. Mai 1949, einen Monat nach dem ersten Angebot, wiederholte der Deutsche Volksrat in einem Telegramm, das jedem Abgeordneten des Parlamentarischen Rates und des Zweizonen-Wirtschaftsrates zugesandt worden war, das Angebot zu einer Zusammenkunft. Diesmal antwortete der Parlamentarische Rat, der mit dem unmittelbar bevorstehenden Abschluß der Arbeit am Grundgesetz praktisch vor der Erfüllung seines Auftrags stand, nicht mehr. Wieder erhielt Adenauer Schreiben aus West- und Mitteldeutschland, in denen die Gründung eines deutschen Weststaates abgelehnt wurde; nur wenige prangerten Fälschungen der Wahlergebnisse zum 3. Deutschen Volkskongreß, der am 15./16. Mai 1949 in Berlin tagte, und die Vorgehensweise von SED-Aktivisten, »gestützt auf die russischen Bajonette«, an, oder beschrieben die unsäglichen Lebensverhältnisse in der Ostzone und glaubten, daß die Gesprächsbereitschaft des Deutschen Volksrats unaufrichtig gewesen sei.[34]

Ein letztes Mal gingen am 9. Mai 1949 von Nuschke, Kastner und Grotewohl gezeichnete Telegramme an die Abgeordneten des Parlamentarischen Rates, in denen zu einer gesamtdeutschen Zusammenarbeit aufgerufen wurde, die letztlich jedoch den gleichen Propagandazweck erfüllen sollten, nämlich einen unbedingten Wiedervereinigungswillen des Deutschen Volksrats zu demonstrieren und die vermeintlichen Teilungsabsichten des Parlamentarischen Rates zu entlarven. Die Telegramme blieben wie bereits das Angebot vom 7. Mai 1949 unbeantwortet.

VI. Der Grundgesetzentwurf des Siebenerausschusses und die Alliierten

1. Das alliierte Memorandum vom 2. März 1949

Weil die Militärgouverneure der drei Besatzungszonen sich am 16. Februar 1949 immer noch nicht über eine einheitliche Stellungnahme zum Grundgesetzentwurf des Parlamentarischen Rates verständigen konnten (siehe Kapitel V, 3), behandelten sie diesen in ihrer nächsten gemeinsamen Besprechung am 1. März 1949 in Frankfurt erneut. In der Zwischenzeit hatten ihre politischen Beobachter eine Stellungnahme zum Grundgesetzentwurf ausgearbeitet, die zur Grundlage eines neuen Memorandums wurde, nachdem auch bei den Militärgouverneuren am Abend des 1. März 1949 schnell Einigkeit erzielt werden konnte.

Adenauer, des Wartens auf eine Stellungnahme der Alliierten allmählich überdrüssig, beabsichtigte schon Tage zuvor, mit den Alliierten in offizielle Gespräche einzutreten, als ihn überraschend am 1. März 1949 um 23.00 Uhr ein Beamter der amerikanischen Militärverwaltung anrief und ihn mit einer Delegation des Parlamentarischen Rates zur Entgegennahme eines alliierten Memorandums für den nächsten Tag nach Frankfurt bestellte.

Darin warfen die Militärgouverneure unter Hinweis auf das Memorandum vom 22. November 1948 dem Entwurf des Fünferausschusses mangelnden Föderalismus vor. Sie erklärten zwar ihre Bereitschaft, den Grundgesetzentwurf »als ein Ganzes betrachtend, einige dieser Abweichungen außer acht zu lassen«; aber gleichzeitig hielten sie es für nötig, die »dringende Aufmerksamkeit« der Abgeordneten abermals auf Bestimmungen zu lenken, die nach Ansicht der Alliierten von den Grundsätzen der Alliierten in bedauerlichem Maße abweichen würden. Da die Zuständigkeiten der Bundesregierung nicht genügend klar definiert schienen, regten die Militärgouverneure neue Formulierungen des Artikels 36 (später Art. 74 und 75 GG) an. Demnach sollten die Länder die Gesetzgebung überwiegend beibehalten. Doch sollte der Bund das Recht erhalten, »die nötigen und angemessenen Gesetze zu erlassen« in insgesamt 26 Bereichen (Vorranggesetzgebung):

1. Bürgerliches Recht, Strafrecht und Strafvollzug, Gerichtsverfassung;

2. Personenstandswesen;
3. Vereins- und Versammlungsrecht;
4. Aufenthalts- und Niederlassungsrecht der Ausländer;
5. Schutz deutschen Kulturgutes gegen Abwanderung in das Ausland;
6. Angelegenheiten der Flüchtlinge und Vertriebenen;
7. öffentliche Fürsorge;
8. Kriegsschäden und die Wiedergutmachung;
9. Versorgung der Kriegsbeschädigten und Kriegshinterbliebenen, die Fürsorge für die ehemaligen Kriegsgefangenen;
10. Recht der Wirtschaft (Bergbau, Industrie, Energiewirtschaft, Handwerk, Gewerbe, Handel, Bank- und Börsenwesen, privatrechtliches Versicherungswesen);
11. Arbeitsrecht;
12. Förderung der wissenschaftlichen Forschung;
13. Enteignungsrecht in den Angelegenheiten, für die dem Bund die Befugnisse der Gesetzgebung zusteht;
14. Überführung von Grund und Boden, von Naturschätzen und Produktionsmitteln in das Gemeineigentum oder in andere Formen der Gemeinwirtschaft;
15. Verhütung des Mißbrauchs wirtschaftlicher Machtstellung;
16. Förderung der land- und forstwirtschaftlichen Erzeugung, Sicherung der Ernährung, Ein- und Ausfuhr land- und forstwirtschaftlicher Erzeugnisse, Hochsee- und Küstenfischerei und Küstenschutz;
17. Grundstücksverkehr, Bodenrecht und landwirtschaftliches Pachtwesen sowie Wohnungswesen, Siedlungs- und Heimstättenwesen;
18. Maßnahmen bei Epidemien; Zulassung von Heilberufen;
19. Schutz beim Verkehr mit Lebens- und Genußmitteln und Schädlingsbekämpfung;
20. Hochsee- und Küstenschiffahrt;
21. Straßenverkehr, Kraftfahrwesen und Bau und Unterhaltung von Landstraßen des Fernverkehrs;
22. Schienenbahnen, die nicht Bundeseisenbahnen sind;
23. Staatsangehörigkeit;
24. Jagdwesen;
25. Bodenverteilung, Raumordnung und Wasserhaushalt;
26. Melde- und Ausweiswesen.

Mit Entschiedenheit lehnten die Militärgouverneure in dem Memorandum die Schaffung einer Bundespolizei ab, zumal sie darauf bestanden, als Besatzungsmächte »letzten Endes für die Sicherheit verantwortlich« zu sein. Den breitesten Raum nahm im Memorandum die Organisation der Finanzverwaltung und des

Bundes ein. Ganz im Interesse der CSU fand die Bundesfinanzverwaltung in der vom Fünferausschuß vorgeschlagenen Weise keine Billigung der Militärgouverneure. Nach ihren Änderungsvorschlägen sollten die Länderfinanzverwaltungen ermöglichen, daß die Länder ausreichende unabhängige Einnahmequellen für die Erledigung ihrer Angelegenheiten erhalten. Der Bund sollte die ausschließliche Gesetzgebung erhalten über Zölle und Finanzmonopole (Bundessteuern) sowie die Vorranggesetzgebung über 1. die Verbrauchs- und Verkehrssteuern mit Ausnahme der Steuern mit örtlich bedingtem Wirkungsbereich, insbesondere der Grundgewerbesteuer, Wertzuwachssteuer und Feuerschutzsteuer; 2. die Steuern von Einkommen, Vermögen, von Erbschaften (oder Schenkungen); 3. die Realsteuern mit Ausnahme der Vertretung der Hebesätze (später Art. 106 GG). Diesem Vorschlag folgten weitere Artikelformulierungen zugunsten einer Stärkung der Länderfinanzverwaltung.

Im Zusammenhang mit der möglichen Entlassung der Richter drängten die Militärgouverneure darauf, daß »die Unabhängigkeit der Gerichte gesichert ist« (später Art. 97 GG). Neben einer Warnung vor einer zu großen Zentralisierung von Zuständigkeiten verlangten die Alliierten eine Änderung der Artikel, die sich auf den öffentlichen Dienst bezogen. Denn bereits im Memorandum vom 22. November 1948 hatten sie eine unabhängige Gerichtsbarkeit und den unpolitischen Beamten, der ausschließlich nach Eignung eingestellt und befördert werden sollte, gefordert. Hinsichtlich der Neuumschreibung der Ländergrenzen hatten die Militärgouverneure darauf aufmerksam gemacht, daß sie den Ministerpräsidenten am 20. Juli 1948 mitgeteilt hätten, »daß die während der Abfassung dieser Verfassung anerkannten Grenzen wenigstens bis zur Unterzeichnung eines Friedensvertrages ungeändert bleiben sollten«. Eine anderslautende Klausel im Grundgesetz war also nicht erwünscht. Mit Entschiedenheit lehnten die Alliierten die Gültigkeit des Grundgesetzes in Berlin ab (später Art. 23 GG), räumten jedoch ein, »daß die verantwortlichen Behörden in Berlin eine kleine Zahl von Vertretern dazu bestimmen« könnten, den Sitzungen des künftigen Bundestages beizuwohnen.[1]

Als eigenständiges Dokument überreichten die Militärgouverneure ebenfalls am 2. März 1949 ein Memorandum zum Wahlgesetz, das am 24. Februar 1949 im Hauptausschuß verabschiedet worden war (siehe Kapitel III, 6).

Das am 2. März 1949 einer Delegation des Parlamentarischen Rates vorgelegte Memorandum der Militärgouverneure sollte, wie ausdrücklich betont wurde, auf keinen Fall »der Entscheidung der alliierten Regierungen vorgreifen oder diese präjudizieren«;[2] doch sahen sich die Alliierten gezwungen, die bisherigen Arbeitsergebnisse des Parlamentarischen Rates eindeutig zu kommentieren. In einer detaillierten Aufstellung waren in dem Memorandum Formulierungsvorschläge unterbreitet und einzelne Punkte genannt, mit denen die Alliierten nicht einverstanden waren. Das Memorandum blieb zum Teil nicht zuletzt auch aufgrund einer schlechten Übersetzung unverständlich. Deshalb wiesen die Alliierten ihre Verbindungsbeamten und Sachverständigen an, für Nachfragen seitens der Parlamentarier zur Verfügung zu stehen.

Obwohl die Alliierten mit ihrem Memorandum konkrete Artikelformulierungen vorlegten, war im Parlamentarischen Rat während der nächsten Tage nicht von einem »Diktat« die Rede, wie noch in den Monaten zuvor, denn Adenauer hatte diesmal die Alliierten um größte Präzisierung ihrer Forderungen gebeten.[3] Ausgesprochen nüchtern wurde die Lage nach der Besprechung mit den Alliierten bewertet. Der Parlamentarische Rat schien sich auf eine bevorstehende abschließende Verhandlungsrunde auf der Ebene der Sachverständigen einzustellen, die – anders als die bisherigen Zusammenkünfte mit den Militärgouverneuren – erwarten ließ, daß man deutsche Standpunkte erläutern und erfolgreich durchbringen könnte.

In den nächsten Tagen kam es vor Aufnahme offizieller Gespräche zu einzelnen Kontakten zwischen dem Leiter des Büros der Ministerpräsidenten und Chaput de Saintonge, in denen der britische Verbindungsbeamte Korrekturen am alliierten Memorandum anbringen mußte, um Fehlinterpretationen entgegenzuwirken. Auch stattete der französische Botschafter François-Poncet am 4. März 1949 Adenauer einen Besuch ab, um bei ihm Sympathie für die französische Haltung zu gewinnen. Er hatte noch wenige Monate zuvor in seinem Buch »Von Versailles nach Potsdam« ein zukünftiges Deutschland gefordert, das einem Staatenbund statt Bundesstaat entsprach. Einen Einheits- oder Nationalstaat lehnte François-Poncet als konsequente Fortsetzung des Werkes Hitlers entschieden ab.[4]

Die Alliierten empfanden das am Aschermittwoch, dem 2. März 1949, übermittelte Memorandum als ein größtmögliches Zugeständnis an den Parlamentarischen Rat, ja als Kompromißangebot ihrerseits. Dadurch begrenzten sie zwar von vornherein einen zukünftigen Verhandlungsspielraum. Doch sollte mit dem Gesprächsangebot der Alliierten offensichtlich eine neue Phase der Beziehungen zwischen Abgeordneten und Verbindungsoffizieren eingeleitet werden. Seit Aufnahme der Beratungen im Parlamentarischen Rat hatte die SPD darauf gedrängt, daß der Grundgesetzentwurf den Militärgouverneuren als Gesamtkorpus zur Genehmigung vorgelegt werde, damit sie sich nicht an Einzelheiten festbeißen. Spätestens als die Alliierten im Memorandum vom 22. November 1948 jedoch Detailfragen ansprachen, konnte diese Rechnung nicht aufgehen, zumal, wenn aus Sicht der Alliierten das Memorandum in den weiteren Verfassungsberatungen keinerlei erkennbare Berücksichtigung fand, sondern seitens des Parlamentarischen Rates einfach zur Tagesordnung zurückgegangen wurde. Mit dem Angebot vom 2. März 1949, zur Behandlung von Einzelfragen mit Abgeordneten zusammenzutreffen, war nun genau das eingetreten, was Carlo Schmid immer zu vermeiden suchte, nämlich daß die Alliierten Einfluß auf Detailfragen nehmen und damit »der Zaun lattenweise abgerissen« werde.[5]

2. Die Verhandlungen mit den alliierten Verbindungsoffizieren und Finanzexperten

Am 3. März 1949 wurde als Reaktion auf das am Vortag überreichte alliierte Memorandum der Siebenerausschuß geschaffen. Adenauer drängte auf die Einrichtung dieses für die Schlußphase des Parlamentarischen Rates so wichtigen Ausschusses. Neben den bisherigen Mitgliedern des Fünferausschusses (von Brentano, Kaufmann [Vorsitzender], Menzel, Schmid und Schäfer) kamen Brockmann (Zentrum) und Seebohm (DP) hinzu. Noch immer wurde kein CSU-Abgeordneter in den interfraktionellen Ausschuß berufen. Gerade wegen der beiden neuen Mitglieder wurde betont, daß der Siebenerausschuß, der gelegentlich auch als »erweiterter« oder »ergänzter« Fünferausschuß bezeichnet wurde,[6] eben »nicht identisch mit dem bisherigen interfraktionellen Fünferausschuß« sei,[7] dessen Aufgabe erfüllt schien, da sein Ergebnis am Veto der Alliierten gescheitert war. Für Brockmann war mit der ausdrücklichen Distanzierung vom Fünferausschuß vor allem der Gedanke verbunden, bei der weiteren interfraktionellen Arbeit an den vom Fünferausschuß erarbeiteten Kompromiß in keiner Weise gebunden zu sein.[8]

Die zügige Errichtung des Siebenerausschusses deutete nur ansatzweise die schwere Krise an, in die der Parlamentarische Rat geraten war. Um so unverständlicher war es für viele Beteiligte, daß Präsident Adenauer, der noch im Fünferausschuß den Vorsitz führte, in dieser Situation eine längere Reise in die Schweiz antrat. Er mußte sich den Vorwurf gefallen lassen, daß er verschwände, wenn es brenzlig im Parlamentarischen Rat werden würde. Ob Adenauer nach einem hohen Amt in der neuen Bundesrepublik Ausschau hielt und deswegen unbelastet von einem Engagement mit zweifelhaftem Ausgang bleiben wollte, ist ungewiß. Immerhin glaubten französische Politiker bereits Ende Februar 1949, »daß Adenauer unter keinen Umständen in dem künftigen Bund eine führende Rolle spielen dürfe. Er werde das deutsche Volk in den Abgrund stürzen, sei Nationalist, ohne es zu sagen, völlig undurchsichtig und genieße kein Vertrauen«. Statt dessen wünschte man in Paris den SPD-Fraktionsvorsitzenden Schmid als künftigen Bundespräsidenten und als Bundeskanzler den bayerischen Ministerpräsidenten Ehard.[9]

Dem Siebenerausschuß wurde vom Ältestenrat zunächst die Aufgabe übertragen, das Memorandum einer genauen Analyse zu unterziehen und an Hand der alliierten Anregungen gegebenenfalls eine Neufassung der umstrittenen Artikel in den Grundgesetzentwurf einzuarbeiten. Dabei stellte sich heraus, daß der Begriff »Vorranggesetzgebung« von den Alliierten mißverstanden worden war. In dem von den Alliierten neuformulierten Artikel 36 war ausdrücklich festgestellt, daß auf den Gebieten der Vorranggesetzgebung die Länder das Gesetzgebungsrecht haben sollten, solange und soweit der Bund von seinem grundsätzlich zugebilligten Vorranggesetzgebungsrecht keinen Gebrauch machte. Nach Ansicht des Parlamentarischen Rates aber sollte der Bund auf diesen Gebieten ausdrücklich nur dann »regelnd« eingreifen, wenn eine einheitliche Handhabung notwendig war. Entsprechend war die in dem Memorandum vom 2. März 1949 vorgeschlagene Einleitung des Artikels unklar und konnte zu der Annahme führen, daß die Notwendigkeit einer Zuständigkeitsregelung grundsätzlich beim Bund liege, was aber der Auffassung des Siebenerausschusses von einer föderativen Verfassung widersprach und vermutlich auch der der Militärgouverneure. Deswegen legte der Siebenerausschuß am 9. März 1949 in Anlehnung an den Entwurf des Fünferausschusses einen unmißverständlich formulierten neuen Entwurf für die von den Alliierten bemängelten Artikel vor. Der von den Alliierten falsch verstandene Begriff »Vorranggesetzgebung« wurde in der vierten Lesung des Grundgesetzentwurfes im Hauptausschuß durch »konkurrierende Gesetzgebung« ersetzt. Damit war nun klar zum Ausdruck gebracht worden, daß der Bund nicht per se Vorrang in der Gesetzgebung hat, sondern nur Rahmengesetze verabschieden kann, um gesetzlich unterschiedliche Handhabungen seitens der Ländern zu vermeiden. Für diesen Fall galt der Rechtssatz »Bundesrecht bricht Landesrecht« (Art. 31 GG).

Weil Beobachter der bayerischen Landesregierung schon am 7. März 1949 glaubten feststellen zu können, daß die CDU bei den Verhandlungen im Siebenerausschuß ganz im »Schlepptau« der SPD läge,[10] suchte wiederum der bayerische Ministerpräsident Ehard das Gespräch mit dem Siebenerausschuß, noch bevor die Besprechungen mit alliierten Vertretern bzw. Finanzexperten aufgenommen wurden. Der Erfolg sprach für ihn, denn der Siebenerausschuß übernahm in seinem Entwurf vom 9. März 1949 für die Artikel zur konkurrierenden Gesetzgebung im wesentlichen die bayerischen Vorschläge.

Am 8. März 1949 begannen schließlich die offiziellen Verhandlungen zwischen Mitgliedern des Siebenerausschusses und alliierten Verbindungsoffizieren in Bonn sowie deren Finanzexperten, um in den strittigen Fragen eine für alle Beteiligten (einschließlich der verschiedenen Parteien) akzeptable Fassung des Grundgesetzes zu erarbeiten. Es bestand die Hoffnung, zum einen die verschiedenen Standpunkte deutlicher herauszuarbeiten, zum anderen aber auch zwischen den Parteien eine Annäherung zu finden. Die Gespräche dauerten bis zum 10. März 1949 an. Von deutscher Seite wollte man »gewisse Gedankengänge unterbreiten«, in der Hoffnung, daß die Alliierten den Gesamtkorpus des Grundgesetzentwurfes stärker ins Auge nehmen und sich nicht an Einzelfragen festbeißen würden, die dann auch noch wie im Fall der »Vorranggesetzgebung« von den Alliierten völlig falsch verstanden worden seien. Die angenehme Atmosphäre, in der die Gespräche zwischen dem Siebenerausschuß und den alliierten Verbindungsstäben geführt worden sind, darf nicht darüber hinwegtäuschen, daß mit Abschluß der Besprechungen immer noch keine Einigung herbeigeführt wurde. Auch in anschließenden Beratungen der SPD-Fraktion mit ihrem Parteivorstand und ihren Ministerpräsidenten sowie der FDP-Fraktion mit ihrem Parteivorstand und ihrer Fraktion im Wirtschaftsrat am 11./12. März 1949 zeichneten sich keine greifbaren Lösungen ab. Deswegen wurde in den nächsten Tagen der Weg über Einzelbesprechungen zwischen den alliierten und deutschen Experten gesucht. Den Anfang machten die Franzosen, deren Finanzsachverständiger Paul Leroy-Beaulieu sich noch am 10. März 1949 mit Binder (CDU), Höpker Aschoff (FDP) und Schmid (SPD) traf; der amerikanische Verbindungsoffizier Pabsch traf sich am 15. März 1949 mit Kaufmann (CDU), Schmid (SPD) und Seebohm (DP) und am 16. März 1949 mit Pfeiffer.

Obwohl die Gespräche für alle Beteiligten unbefriedigend verlaufen waren, kam am Vormittag des 18. März 1949 der Siebenerausschuß kurz zusammen, nachdem bereits am 17. März beschlossen wurde, daß die Fraktionen vorläufig nicht mehr tagen sollten. Danach übergab der Siebenerausschuß, in der Hoffnung auf breite Akzeptanz bei den Besatzungsmächten und den Parteien, den alliierten Verbindungsstäben in Bonn den Entwurf der im wesentlichen schon am 9. März 1949 ausgearbeiteten und danach nur noch leicht modifizierten Fassung der Artikel zur konkurrierenden Gesetzgebung, in dem allerdings die von den Alliierten abgelehnte Bundesfinanzverwaltung bestehen blieb. Schon im Anschluß an die Übergabe des Entwurfes teilte der amerikanische Verbindungsoffizier Simons deswegen dem Abgeordneten Kaufmann mit, daß eine Ablehnung des Entwurfes zwangsläufig kommen müsse, während Schmid wenig später berichtete, die Engländer hätten ihm erklärt, der britische Außenminister Ernest Bevin werde die Bundesfinanzverwaltung durchziehen.

Die Versuche, beiläufige Äußerungen einzelner Verbindungsoffiziere für Parteizwecke zu mißbrauchen, erleichterten das Warten während der nächsten Tage auf die mit Spannung erhoffte alliierte Billigung der neuen Formulierungen nicht. Der SPD-Fraktionschef Schmid machte schließlich einen deprimierten Eindruck und erwog die sofortige Einstellung der Arbeit des Parlamentarischen Rates. Die Stimmung unter den Deutschen sank auf den Nullpunkt.

In der CDU/CSU-Fraktion malte man in aller Deutlichkeit die Folgen eines Scheiterns der Bonner Verfassungspläne aus, da nicht damit zu rechnen war, daß die Alliierten neue und andere Vorschläge für eine staatsrechtliche Ordnung Westdeutschlands unterbreiten würden: Wenn der Versuch, Westdeutschland in eine gemeinsame staatliche Form zu bringen, an der »politischen Kurzsichtigkeit und Instinktlosigkeit der Deutschen« mißglücke, würden sich die Alliierten wieder viel enger zusammenschließen. Spekulationen über die Folgen der offensichtlichen Divergenzen im Lager der Alliierten schienen wenig erfolgversprechend. Die große Chance bei der Verabschiedung einer Verfassung bestand in den Augen der Abgeordneten darin, etappenweise das Besatzungsregime zu überwinden. Bei einem Abbruch der Bonner Verhandlungen würde die Frankfurter bizonale Organisation weiter bestehen bleiben und ein trizonaler Zusammenschluß auf sich warten lassen. Dann würden die fehlgeschlagenen deutschen Verfassungsbemühungen als ein »Erfolg« Moskaus gewertet werden können.[11]

Kurz vor der offiziellen Übergabe des Grundgesetzentwurfes äußerte Simons, der über den Inhalt bereits informiert schien, gegenüber Pfeiffer, daß die Verbindungsstäbe »auf keinen Fall die Absicht hätten, diesen neuen Vorschlag bis an die Generäle zu bringen. Bei General Clay würde dadurch ein solcher Zorn ausgelöst werden, daß man die Folgen gar nicht absehen könne«. Simons glaubte, daß die Verbindungsstäbe am besten die Vorschläge und Begründungen ohne jede Äußerung entgegennehmen und dann kurz danach mitteilen, daß sie sich nicht in der Lage sähen, den neuen Entwurf weiter zu behandeln. Offensichtlich verärgert hatte Simons hinzugefügt, »daß nun die Zeit gekommen sei, wo man mit den Vertretern des Parlamentarischen Rates einmal ganz deutlich reden müsse. Sie würden immer wieder mit den gleichen Vorschlägen und Fragen kommen, und die Unterhändler der Verbindungsstäbe hätten nicht mehr genug Worte und Redensarten zur Verfügung, um immer wieder das gleiche zu sagen und dabei nicht immer die nämlichen Worte zu wiederholen«.[12] Ähnlich hatte sich auch der Leiter des französischen Verbindungsstabes Laloy bei seinem Abschiedsbesuch gegenüber Adenauer am 19. März 1949 geäußert. Angesichts der Mitteilungen Pfeiffers, dessen Pessimismus von den Unionsabgeordneten Kaufmann und Lehr geteilt wurde, ist es um so verwunderlicher, daß Menzel auf der Ministerpräsidentenkonferenz in Königstein am 24. März 1949 fest damit rechnete, daß die Neufassung des Artikels zur konkurrierenden Gesetzgebung, welche eng an die Formulierung des alliierten Memorandums vom 2. März 1949 angelehnt sei, genehmigt würde.

Sieht man von einer Sitzung des Siebenerausschusses am 22. März 1949 ab, in der eher redaktionelle Arbeiten am Grundgesetzentwurf vorgenommen wurden, tat sich zwischen dem 18. und 25. März 1949 im Parlamentarischen Rat nicht viel. Die erlahmte Parlamentsarbeit fand allenfalls durch die Rücktrittsabsichten des hessischen Abgeordneten von Brentano am 24. März 1949 eine abwechslungsreiche Unterbrechung; von Brentano glaubte, daß mit dem Memorandum der Militärgouverneure vom 2. März 1949 eine völlig neue Situation geschaffen worden war, der der Parlamentarische Rat offenbar nicht mehr zu begegnen wüßte. Er hatte den Eindruck gewonnen, daß der Parlamentarische Rat mit seiner Arbeit dort stand, wo er am 1. September begonnen hatte, »mit einem wesentlichen Unterschied, daß die grundsätzlichen Meinungsverschiedenheiten über den Aufbau des neuen Staates sehr klar zutage liegen und daß sich durch die unglückselige Prozedur in Bonn scharfe Fronten gebildet haben, die eine Verständigung nahezu unmöglich erscheinen lassen«.[13]

Angesichts des Stimmungstiefs, das im Parlamentarischen Rat herrschte und das auch der Öffentlichkeit nicht verborgen blieb, verwundern demoskopische Untersuchungen nicht, denen zufolge im März 1949 40 % der im Westen lebenden Deutschen mit Gleichgültigkeit der kommenden Verfassung entgegensahen sowie 33 % sich als mäßig interessiert und nur 21 % als sehr interessiert bezeichneten.[14]

Die gegenüber Kaufmann schon am 18. März 1949 angekündigte und von Pfeiffer prognostizierte Ablehnung des Entwurfes des Siebenerausschusses erfolgte in der gemeinsamen Sitzung zwischen dem Siebenerausschuß und den alliierten Verbindungsstäben am 25. März 1949. Allzugroß war die Enttäuschung vermutlich nicht, als von den Alliierten durch den wenige Tage zuvor eingesetzten neuen Leiter des französischen Verbindungsstabes, Jean Victor Sauvagnargues, am 25. März 1949 auch der Kompromißentwurf des Siebenerausschusses vom 17. März 1949 abgelehnt wurde. Sauvagnargues signalisierte, daß die Ablehnung durch die Verbindungsoffiziere erfolgt sei, da die Militärgouverneure von dem Entwurf des Siebenerausschusses »keine amtliche Kenntnis« bekommen hätten. Ferner betonte er: »Es ist offenbar kaum nötig, daß Ihnen die Verbindungsoffiziere eine detaillierte Antwort in diesem Punkte geben. Vor den Versuchen, die Sie in einzelnen Punkten gemacht haben, um den Wünschen, die die Militärgouverneure ausgedrückt haben, Rechnung zu tragen, und als ein Resultat der Meinungsaustausche, die hier in Bonn während der letzten Sitzung und während persönlicher Unterhaltungen stattgefunden haben, ist es ganz klar, daß Sie völlig verstehen, was die Militärgouverneure im Sinn hatten. Daher werden Sie kaum überrascht sein, zu hören, daß wir in der Lage sind, Ihnen zu sagen, daß der Vorschlag des Siebenerausschusses nicht der Mitteilung vom 2. März entspricht.« Unvermittelt schloß Sauvagnargues daraufhin die Sitzung.[15]

Auch wenn die Ablehnung erwartet werden konnte, waren die Abgeordneten »erschüttert« über die Art und Weise, mit der der französische Verbindungsoffizier, ohne sich auf ein Gespräch einzulassen, schon nach 15 Minuten die Sitzung beendete. Auf deutscher Seite glaubte man, daß Sauvagnargues den bisher »üblichen Ton« zwischen den Mitgliedern des Parlamentarischen Rates und den Verbindungsbeamten noch nicht gekannt habe.[16] Das war – wenn überhaupt – nur ein schwacher Trost, denn Pfeiffer rechnete ja bereits am 19. März 1949 mit einer »Ohrfeige«.[17] Das Resultat der Sitzung war, daß die ohnehin fast erstarrte Arbeit des Parlamentarischen Rates vorübergehend ganz zum Erliegen kam und damit nach Ansicht der Alliierten in eine neue und – wie sich später herausstellte – »letzte« Krise geraten war.[18]

In den folgenden Tagen war es Chaput de Saintonge, der in Gesprächen vor allem das Vertrauen von SPD-Abgeordneten aufrechtzuerhalten suchte. Französischerseits argwöhnte man deswegen sogar, daß die Briten mit den Sozialdemokraten gemeinsame Sache machen würden, denn sie hätten diesen gegenüber die Bedeutung des Memorandums vom 25. März 1949 heruntergespielt und ihre Absichten auf der bevorstehenden Außenministerkonferenz der drei Mächte in Washington bereits erläutert. Auch an Adenauer wurden in diesen Tagen Gerüchte herangetragen, daß möglicherweise die Außenminister die Entscheidung zum Grundgesetzentwurf bald übernehmen würden, weil sich offensichtlich die Militärgouverneure und ihre Berater kaum mehr einigen würden.

Nach Beratungen in den Fraktionen kamen die Mitglieder des Siebenerausschusses erst am 31. März 1949 wieder zusammen. Grundlage der neuen Verhandlungsrunde bildete ein von der CDU/CSU-Fraktion vorgelegter Entwurf zu den Finanzfragen. Die bis Anfang April 1949 getroffenen Vereinbarungen des Siebenerausschusses ließen hoffen, »daß damit wiederum die Möglichkeit einer einheitlichen Stellungnahme des Parlamentarischen Rates gegenüber den Einwänden der Militärregierungen gegeben« sein könnte.[19] Doch es kam zu keiner Einigung. Auch der Antrag der CDU/CSU, der sich weitgehend mit dem Vorschlag der Alliierten deckte, wie Schmid glaubte feststellen zu können, stieß auf Ablehnung. Deswegen wurde am 6. April 1949 im Hauptausschuß, der bereits mit der vierten Lesung des Grundgesetzentwurfes begann, die Vereinbarung getroffen, daß der Finanzausschuß einberufen werden sollte. Am Tag darauf wurde das Ende des Siebenerausschuß konstatiert, da die SPD ihre Mitarbeit aufkündigte.

Noch am Nachmittag des 7. April 1949 fand unter veränderter personeller Besetzung – nach fast vier monatiger Unterbrechung – die 20. und zugleich letzte Sitzung des Finanzausschusses statt, um endlich jenen Kompromiß zur Gliederung der Bundes- und Landesfinanzverwaltung zu erarbeiten, der von den Parteien und den Alliierten akzeptiert werden könnte. Dabei wurde erneut im wesentlichen die Rechts- und Wirtschaftseinheit der zukünftigen Bundesrepublik betont, die auch durch eine Bundesfinanzverwaltung gestärkt werden müsse. Doch genauso wie die SPD ihr Ausscheiden aus dem Siebenerausschuß erklärte, sah sie ihre Rolle im Finanzausschuß lediglich auf die eines stillen Beobachters beschränkt. Die CDU/CSU diskutierte deswegen ihren Antrag und den von Greve (SPD), der in Anlehnung an den Entwurf des Siebenerausschusses vom 17. März 1949 entstanden war, allein mit der FDP. Unter diesen Voraussetzungen mußten die Verhandlungen ergebnislos abgebrochen werden. Der Finanzausschuß kam überein, daß er die Fragen kaum lösen könnte und neue Gesprächsebenen gefunden werden müßten, bevor im Hauptausschuß mit der vierten Lesung fortgefahren werden könnte.

3. Die Entscheidungen der Washingtoner Außenministerkonferenz der drei Westmächte am 5.–8. April 1949

Was immer die SPD bewegt haben mag, die abwartende und nahezu teilnahmslose Haltung einzunehmen, sie fand eine gewisse Berechtigung in dem Sachverhalt, daß in Washington seit dem 5. April 1949 die Außenminister der drei Westmächte zusammengekommen waren. Von dieser Tagung waren wichtige deutschland-politische Entscheidungen erwartet worden. Schon zu Beginn drückten die Außenminister in einem eilig abgefaßten Kommuniqué dem Parlamentarischen Rat ihre Zuversicht darüber aus, »daß der Parlamentarische Rat und die verantwortlichen deutschen Parteiführer den Empfehlungen der Militärgouverneure die nötige Beachtung schenken werden, die im Einklang stehen mit den Bestimmungen des Londoner Abkommens, das die Errichtung einer deutschen föderalistischen Regierung autorisiert«.[20]

Da die Haltung der CDU/CSU zur Finanzfrage am ehesten den Vorstellungen der Alliierten entsprach, interpretierte Adenauer die Note dahingehend, daß die Regelung des Finanzwesens nur im Sinne des Memorandums der Militärgouverneure vom 2. März 1949 erwartet würde, bevor das Grundgesetz von den alliierten Regierungen genehmigt werde. Heuss (FDP) hielt hingegen die Zustimmung der Außenminister und Militärgouverneure schon für sicher, wenn sich in der Schlußabstimmung eine starke Mehrheit des Parlamentarischen Rates für das Grundgesetz fände. Die Erklärung bestärkte die Abgeordneten immerhin, mit der Arbeit am Grundgesetz fortzufahren und noch am 6. April 1949 mit der vierten Lesung des Grundgesetzentwurfes im Hauptausschuß zu beginnen, denn schließlich war die Erklärung von den drei Außenministern als Hilfestellung an die Bonner Parlamentarier gedacht.

Die überraschende Übermittlung des Entwurfes des Besatzungsstatuts am 10. April 1949 galt zunächst als eines der wesentlichsten Ergebnisse der Washingtoner Außenministerkonferenz, von deren Verlauf die Abgeordneten des Parlamentarischen Rates im übrigen auch nur aus den in der Presse veröffentlichten Berichten und Kommuniqués erfuhren. Umgehend kam der Ausschuß für das Besatzungsstatut des Parlamentarischen Rates mit einem Ausschuß der Ministerpräsidenten zusammen, um die für den 14. April 1949 anberaumte Sitzung einer Delegation des Parlamentarischen Rates mit den Militärgouverneuren vorzubereiten (siehe bereits Kapitel III, 6). Im Vorfeld der Besprechung ließen die Militärgouverneure die Parlamentarier wissen, daß sie sich unter keinen Umständen auf kleinliche Zuständigkeitsfragen einlassen wollten.

Schon aufgrund der Mitteilung der Außenminister vom 5. April 1949 war unklar, ob nun »Alles oder Nichts«[21] erreicht werden konnte. Diesen Eindruck gewannen die Delegationsmitglieder ebenfalls in der Sitzung am 14. April 1949. Immerhin zeichnete sich diese Sitzung im Gegensatz zu den Beratungen vom 16./17. Dezember 1948 sowie vom 2. März 1949 – trotz der angedrohten Auflösung des Parlamentarischen Rates bei fehlender Einigung zwischen den Parteien – durch ein weitgehendes Einvernehmen zwischen Deutschen und Alliierten aus. Ausführlich wurde das – entgegen den anfänglichen Drohungen – entschärfte Besatzungsstatut sowie die Frage der Polizeikompetenz des Bundes durchgesprochen. Schließlich ermächtigten die Alliierten den Parlamentarischen Rat sogar, ein Wahlgesetz für die Bundesrepublik zu verfassen. Sehr eindringlich appellierte General Clay an die Delegationsmitglieder, »daß es heute eine internationale Lage gibt, aus welcher heraus eine lange Verzögerung des Grundgesetzes unerfreuliche

Wirkungen für Deutschland haben muß und die Gefahr eines Abbruches möglich wird, wodurch sogar jede Möglichkeit der vorgesehenen Lösung überhaupt verschwinden kann«.[22] Deswegen drängte Clay auch auf eine neue Aussprache am 25. April 1949, in der das Grundgesetz beraten werden sollte.

Nach alliiertem Verständnis war mit dem Besatzungsstatut »das Maximum an legislativer Selbständigkeit an die deutschen Stellen übergeben« worden. Die Besatzungsmächte waren sich der Tatsache bewußt, daß Deutschland noch auf absehbare Zeit wesentliche Hilfe von außen benötigen werde, weshalb es ihr Bemühen war, die Besatzungskosten so niedrig wie möglich zu halten. Zum Fehlen eines Schiedsgerichtes für Streitigkeiten zwischen Deutschen und Alliierten führte Clay aus, daß Deutschland so schnell wie möglich in die Gemeinschaft der westeuropäischen Nationen eingegliedert werden sollte. Er glaubte, dieses könne »vielleicht viel schneller erreicht werden, als wenn ein solches Schiedsgericht bestände«.[23] Schließlich bekräftigten die Generäle auf Nachfrage der SPD, daß der Kompromiß des Fünferausschusses vom Februar 1949 genauso ungeeignet für eine neue Besprechungsgrundlage sei wie der des Siebenerausschusses vom 17. März 1949, der erst am 25. März 1949 von den Alliierten abgelehnt worden war.

Am Ende der Besprechung vom 14. April 1949 luden die Militärgouverneure die aus Bonn angereisten Abgeordneten noch zu einem kurzen Empfang ein, auf dem einigen Abgeordneten bedeutet wurde, daß die Außenminister auf ihrer Konferenz in einer für Deutschland sehr aufgeschlossenen Stimmung gewesen seien. Wenn ein formulierter Entwurf vorgelegen hätte, der in etwa den letzten Anforderungen der Generäle entsprochen hätte, wäre dieser vermutlich ohne Schwierigkeit genehmigt worden.

Zwischen SPD und CDU/CSU mußte jetzt nur noch eine Einigung über die von den alliierten Verbindungsstäben abgelehnten Vorschläge des Siebenerausschusses vom 17. März 1949 zur Finanzverwaltung und zur Vorranggesetzgebung getroffen werden. Da die CDU/CSU einen Entwurf vorgelegt hatte, der alliierten Wünschen entsprach, wurde von den Militärregierungen in einer Pressemitteilung im Anschluß an die Sitzung am 14. April 1949 dargelegt, was geschehen würde, wenn die SPD bei ihrer ablehnenden Haltung gegenüber den im Memorandum vom 2. März 1949 geäußerten Wünschen der Militärgouverneure bleiben würde. Sie drohten 1) entweder mit der Auflösung des Parlamentarischen Rates unter gleichzeitiger Erweiterung des Wirtschaftsrates zu einem Dreizonen-Parlament – eine Überlegung, die auch Schmid (SPD) im Januar 1949 ins Auge gefaßt hatte, oder 2) mit einem Erlaß der Militärregierungen über die Bildung einer westdeutschen Regierung und Übertragung der Arbeit des Parlamentarischen Rates auf die Landtage, oder 3) mit einer Volksabstimmung über den bisherigen Grundgesetzentwurf. Diese wollten CDU/CSU und SPD jedoch unbedingt vermieden wissen, was den Militärgouverneuren selbstverständlich bekannt war.

4. Der kleine Parteitag der SPD in Hannover und das alliierte Memorandum vom 22. April 1949

Während des Empfangs im Anschluß an die Besprechung der Delegation des Parlamentarischen Rates mit den Militärgouverneuren am 14. April 1949 in Frankfurt entfernten sich General Robertson mit Schmid, Menzel, Zinn und Suhr von der übrigen Delegation für fast eineinhalb Stunden. Im Verlauf des Gesprächs eröffnete Robertson den SPD-Abgeordneten, daß auf der Außenministerkonferenz ein geheimzuhaltendes Memorandum ausgearbeitet und den Militärgouverneuren übergeben worden war, über dessen Publikationstermin sie eigenständig entscheiden durften. Darin war letztlich die Genehmigung des Grundgesetzentwurfes durch die Alliierten an nur ganz wenige Bedingungen geknüpft worden, die von allen Parteien problemlos zugestanden werden konnten. Über den Inhalt des Memorandums und des Gesprächs gaben die SPD-Abgeordneten ihren Kollegen der anderen Fraktionen keinerlei Mitteilungen. Auch Robertson verriet Koenig nicht, daß er diese Indiskretion begangen hatte; nur Clay war informiert.

Mit Kenntnis des Inhalts des zu erwartenden Memorandums konnte die SPD auf ihrem »kleinen« Parteitag am 20. April 1949 in Hannover, der vom – nach langer Krankheit inzwischen weitestgehend genesenen – Parteivorsitzenden Kurt Schumacher beherrscht wurde, eine ganz ungewöhnliche Richtung einschlagen, die in den nächsten Tagen größtes Aufsehen erregte. Schumacher hatte auf dem Parteitag seine kompromißlose Haltung und sein klares Nein zu den alliierten Forderungen zum Ausdruck gebracht und sich ausdrücklich gegen die alliierten Drohungen verwahrt. Als Alternative legte die SPD in Anlehnung an alte Forderungen einen um die Grundrechte verkürzten und schon am 11. April 1949 von Schmid, Menzel und Katz verfaßten Grundgesetzentwurf vor, der nur in der Frage der Finanzverwaltung den Alliierten entgegenkam. Von diesem Zugeständnis abgesehen entsprach der neue Entwurf im wesentlichen den alten Forderungen der SPD nach einem »Organisationsstatut«.

In ihrer im »Neuen Vorwärts am 23. April 1949 veröffentlichten Parteitagsresolution erinnerte die SPD daran, daß sie schon nach Bekanntgabe der Londoner Empfehlungen im Juli 1948 grundsätzliche Bedenken gegen die Ausarbeitung einer Verfassung geäußert hatte, die nach Auflagen der Besatzungsmächte erstellt und von diesen auch noch genehmigt werden sollte. Deswegen habe die SPD sich lediglich bereitgefunden, »an der Ausarbeitung eines den Bedürfnissen der Übergangszeit dienenden provisorischen Grundgesetzes mitzuwirken«. Nur »durch schwere Verzichte der Sozialdemokratie« sei »mit großer Mehrheit eine Einigung« zum Grundgesetz zustande gekommen. Die Einigungen seien jedoch wiederholt durch Interventionen der Besatzungsmächte zunichte gemacht worden, die weitgehend identisch mit Auffassungen der CDU/CSU gewesen seien.

Das müsse »notwendig zu einer Bloßstellung der Demokratie führen, den demokratischen Kräften jedes Ansehen und jeden Kredit nehmen, der Jugend das Zutrauen in eine freiheitliche Zukunft rauben und die deutsche Einigung erschweren«. Die SPD sah »eine letzte Möglichkeit, die Arbeit im Parlamentarischen Rat zu einem erträglichen Abschluß zu bringen«, indem ihre Bedingungen erfüllt würden, nämlich: 1) die notwendige deutsche Entschlußfreiheit durch die Besatzungsmächte nicht weiter zu beeinträchtigen; 2) den Grundgesetzentwurf auf das Notwendigste zu beschränken; 3) die die Volkssouveränität einengenden Vollmachten des Bundesrates entscheidend zu mindern; 4) die Erhaltung der deutschen Rechts- und Wirtschaftseinheit auf allen Gebieten, vor allem dem der Gesetzgebung, sicherzustellen; 5) eine Regelung im Finanzwesen zu treffen, die dem Bund die Mittel und Möglichkeiten zur Erfüllung seiner Aufgaben gibt; 6) die Gleichartigkeit der Lebensverhältnisse in allen Teilen des Bundesstaates, insbesondere eine einheitliche Sozialordnung und einen angemessenen Finanz- und Lastenausgleich zu gewährleisten. Andernfalls drohte die SPD, den Grundgesetzentwurf abzulehnen.

Adenauer sah in der Haltung der SPD eine Verantwortungslosigkeit in höchstem Maße, war doch seiner Meinung nach die Neuorganisation der drei Westzonen nicht nur eine innenpolitische, sondern auch eine europäische und eine internationale Angelegenheit, wie von General Clay während der Besprechung am 14. April 1949 auch zum Ausdruck gebracht wurde. Für ungerechtfertigt hielt Adenauer die Angriffe von der SPD, in denen die CDU/CSU-Abgeordneten zu »Erfüllungspolitikern« der Alliierten abgestempelt wurden.[24]

Noch während ein interfraktioneller Ausschuß am Abend des 22. April 1949 in Bonn tagte, um zwischen der Position des SPD-Parteitags auf der einen und der unveränderten Haltung der CDU, dem Zentrum und der DP auf der anderen Seite zu vermitteln, kam die überraschende Nachricht von einem erneuten alliierten Memorandum. Dieses war bereits am 7. April 1949 von den Außenministern verfaßt worden und kam, abgesehen von der entschiedenen Ablehnung einer Einbindung Berlins in den Weststaat, »auf dem Gebiet der Finanzen [...] jede[r] vom Parlamentarischen Rat vorgeschlagene[n] Bestimmung« wohlwollend entgegen, »die darauf abzielt, sowohl den Länderregierungen als auch der Bundesregierung finanzielle Unabhängigkeit und angemessene Finanzkraft bei der Ausführung ihrer Befugnisse innerhalb ihrer Zuständigkeiten sicherzustellen«.[25]

Mit dem Memorandum war dem Parlamentarischen Rat de facto ein Blankoscheck ausgestellt worden. Der Zeitpunkt seiner Veröffentlichung war den Militärgouverneuren überlassen worden. Clay hatte sich anfangs gemeinsam mit seinem französischen Kollegen Koenig gegen eine Publikation gesträubt. Nach der von der SPD auf ihrem kleinen Parteitag in Hannover herbeigeführten ausweglosen Situation schienen die Militärgouverneure zu diesem Zeitpunkt jedoch kaum mehr anders zu können, als einzulenken und das Memorandum der Außenminister zu veröffentlichen. Darüber hinaus verbot die gesamtpolitische Lage in Europa ein weiteres Hinauszögern der Bonner Grundgesetzarbeit. Seit einiger Zeit liefen Geheimverhandlungen der vier Besatzungsmächte (Frankreich, Großbritannien, USA und UdSSR) zur Beseitigung der Berlin-Blockade, und in Paris wurden Vorbereitungen zu einer Außenministerkonferenz der Vier Mächte für den 23. Mai 1949 getroffen; diese konnte je nach Ausgang die Arbeit am Grundgesetz weiter hinauszögern.

Der SPD-Vorsitzende Schumacher feierte nun das Memorandum als den »ersten großen Erfolg der entschiedenen und klaren Haltung der Sozialdemokratie« »gegen den Versuch, Deutschland in einen rheinbund-ähnlichen Verband aufzulösen« (23. April 1949).[26] Nur dem Eingreifen der Sozialdemokratie – so verlautet – war es zu verdanken, daß es zu dieser erfreulichen Wendung bei den Alliierten gekommen sei. Die SPD hatte sich demnach offenbar im Kampf gegen die »Machtwünsche der Alliierten und ihrer deutschen Helfer«[27] – womit unmißverständlich die CDU/CSU gemeint war – bewährt.

Sehr zum Befremden von Präsident Adenauer stellte sich in den ersten Tagen nach Übergabe des Memorandums heraus, daß Schmid und Menzel – und mit ihnen möglicherweise der gesamte in Hannover versammelte Parteivorstand der SPD – über den Inhalt des Memorandums offensichtlich schon seit einiger Zeit informiert waren. Nach einer Mitteilung der in Mannheim erschienenen kommunistischen Zeitung »Unser Tag« vom 3. Mai 1949 kokettierte Schmid vor der Übergabe des Memorandums gegenüber Adenauer bereits damit. Außerdem hatte sich Schmid aus Schadenfreude – wie die Presse am 3. Mai 1949 unterstellte – unvorsichtigerweise Journalisten gegenüber in einem unbeherrschten Augenblick dazu bekannt. Demnach soll am 22. April 1949 Schmid noch unmittelbar vor Bekanntgabe des Memorandums Adenauer im Beisein von Journalisten auf dem Korridor des Gebäudes des Parlamentarischen Rates gefragt haben, ob dieser wissen wolle, was in dem Memorandum stehe. Nachdem Adenauer das Memorandum erhalten hatte, teilte Schmid wartenden Journalisten wörtlich mit: »Das Datum auf dem Brief stimmt ja gar nicht, das Memorandum wurde schon vor einiger Zeit geschrieben, es lag in einer großen Schublade in Frankfurt am Main. Mir ist sein Inhalt schon seit einigen Tagen bekannt«.[28]

Schmid dementierte später immer wieder den Vorwurf, daß die SPD bereits vorab den Inhalt des Memorandums gekannt habe. Der britische Verbindungsoffizier Chaput de Saintonge gab – vielleicht um den anhaltenden Gerüchten um die Bekanntgabe des Memorandums an die SPD ein Ende zu bereiten – gegenüber Adenauers Referenten Blankenhorn am 30. April 1949 zu, daß Robertson mit Wissen General Clays den SPD-Abgeordneten Schmid und Menzel schon im Anschluß an das Gespräch vom 14. April 1949 genaue Angaben über den

Inhalt gemacht hatte. Die SPD-Abgeordneten wurden von Robertson jedoch gebeten, über die Herkunft der Information absolutes Stillschweigen zu wahren.

Ohne von dieser politischen Affäre oder wenigstens ihrem Ausmaß gewußt zu haben, trafen Adenauer, Heuss und Schmid am 23. April 1949 die interfraktionelle Vereinbarung, daß sich ihre Parteien im Wahlkampf zum ersten Bundestag gegenseitig keinen Vorwurf wegen ihrer jeweiligen Haltung im Parlamentarischen Rat machen sollten. Doch während einer öffentlichen Kundgebung im Bundestagswahlkampf in Heidelberg am 21. Juli 1949 wies Adenauer auf die Begegnung vom 14. April hin.[29] Er machte der SPD den Vorwurf, sie habe nach Kenntnisnahme des Memorandums auf ihrer Parteivorstandssitzung am 20. April 1949 eine um so unnachgiebigere Haltung gegen Alliierte und CDU/CSU eingenommen, um nachher der Öffentlichkeit zu demonstrieren, daß auch in den noch offenen Fragen ihre Zielvorstellungen erreicht werden konnten – man müsse halt nur hart blieben. Wörtlich führte Adenauer aus, daß es sich um »ein absolut abgekartetes Spiel [...] zwischen der britischen Regierung und den deutschen Sozialdemokraten [gehandelt habe], um auf diese Weise den deutschen Sozialdemokraten den Nimbus zu geben, daß sie die nationale Partei par excellence« sei.[30]

Adenauer erregte damit unweigerlich den Ärger des SPD-Vorsitzenden Schumacher und seines Kollegen im Parteivorstand und Pressechefs, Fritz Heine. In Stellungnahmen leugneten beide das deutsch-britische Zusammenspiel, obwohl es schon am 7. Mai 1949 zu einer Gegenüberstellung von Schmid und Adenauer vor internationalen Pressevertretern gekommen war, bei der Schmid zwar klarstellte, »daß er die Note der Alliierten nicht vor dem 22. April zu Gesicht bekommen habe«, aber zugab: »Es sei in der Unterhaltung mit General Robertson in vager Form über die damals im Brennpunkt der Erörterung stehenden Verfassungsprobleme gesprochen worden«.[31] Das widerspricht dem – Zeitgenossen freilich geheim gebliebenen – Bericht Robertsons an das britische Außenministerium, in dem dieser betonte, daß er deutliche Hinweise gegeben habe und Menzel und Schmid geradezu aufgefordert habe, das Memorandum für ihre eigenen Zwecke zu berücksichtigen.[32] Angesichts der Tatsache, daß die SPD – wie genau auch immer – von dem zu erwartenden Memorandum und seinem Inhalt wußte, mußten die Drohungen der Alliierten an die Adresse der SPD im Anschluß an die Sitzung vom 14. April 1949 und die Beratungen auf dem Parteitag der SPD vom 20. April als ein gut inszeniertes Theaterspiel auf die CDU/CSU gewirkt haben. Unabhängig von gewissen Eingeständnissen Schmids unternahm die SPD alles, um weiterhin den Eindruck zu erwecken, sie habe auf ihren Positionen bestanden, auch auf die Gefahr hin, daß die Arbeiten von den Alliierten abgelehnt worden wären. Tatsächlich hat es jedoch ein solches Risiko seit dem 14. April 1949 nicht gegeben.

Wenn nun die von Schmid konsequent bestrittene frühzeitige Kenntnisnahme des Inhalts des Memorandums vom 22. April 1949 offensichtlich doch stattge-

Abbildung 18. Im Plenum nach der dritten Lesung des Grundgesetzes am 8. Mai 1949. Von links nach rechts: 1. Reihe: Max Reimann (KPD) sitzend, Walter Menzel (SPD), Carlo Schmid (SPD), Paul Löbe (SPD), Theodor Heuss (FDP), 2. Reihe: Heinz Renner (KPD) sitzend, Rudolf Katz (SPD), Jakob Kaiser (CDU), Hermann Höpker Aschoff (FDP).

funden hatte, bleibt allerdings die Frage offen, ob und wieviel auch Adenauer und die CDU/CSU-Fraktion von einem Einlenken der Alliierten bereits vor dem 22. April gewußt haben und warum die publizistische Vermarktung des Vorwurfs an die SPD bis zur Eröffnung des Wahlkampfes aufgehoben wurde. Immerhin konnte Adenauer durch die Indiskretion eines französischen Journalisten seit dem 29. März 1949 davon ausgehen, daß, wenn der Parlamentarische Rat bei seinen Beschlüssen bliebe, die Alliierten diese »schlucken« würden. Dieses werde zur Zeit nur noch geheimgehalten, um »die Deutschen zu bluffen«.[33] Möglicherweise hat auch ein Mitglied des britischen Verbindungsstabes[34] eine Mitteilung an Adenauer gemacht, so daß dieser wenigstens ahnen konnte, daß die Alliierten ihre vermeintlich kompromißlose Haltung bald aufgeben würden. Darüber hinaus hatte Adenauer ausweislich eines im Entwurf erhaltenen Schreibens an General Robertson angefragt, ob die Andeutung in einer Sendung des Nordwestdeutschen Rundfunks zuträfe, daß die SPD vom britischen Außenminister Bevin weitgehende Informationen über eine eventuelle Annahme der SPD-Forderungen hinsichtlich der Finanzverwaltung erhalten hätte. Man rechnete also im Parlamentarischen Rat spätestens seit Anfang April mit der Nachgiebigkeit der Alliierten. Daß Adenauer und mit ihm auch die CDU/CSU-Fraktionsführung möglicherweise ebenfalls vorab Hinweise auf ein Einlenken der Alliierten erhielten, könnte das Schweigen über die gesamte Affäre in den CDU/CSU-Fraktionsprotokollen erklären.

Die Militärgouverneure aber haben erst nach – und nicht wegen – der unnachgiebigen Haltung der SPD mit dem von den Außenministern Anfang April 1949 vorbereiteten Memorandum am 22. April 1949 grundsätzlich eingelenkt und somit den Abschluß der Arbeit am Grundgesetz beschleunigt.

Das britische Vorgehen kam zwar im wesentlichen der SPD zugute, die dieses auch zu ihren Gunsten politisch umzusetzen verstand, doch waren es nicht zuletzt Robertson und seine Verbindungsoffiziere, die seit der Londoner Außenministerkonferenz im Frühjahr 1948 eine vermittelnde Rolle bei den deutschlandpolitischen Verhandlungen der Alliierten untereinander einnahmen und letztlich bei den amerikanischen und französischen Kollegen auf eine Annahme des Grundgesetzentwurfes drängten, auch wenn Abstriche zu machen seien.

VII. Der Abschluß der Arbeiten am Grundgesetz

1. Der interfraktionelle Kompromiß

Nachdem die Außenminister der drei Westmächte mit dem Memorandum vom 22. April 1949 grundsätzlich auf die Wünsche des Parlamentarischen Rates eingingen, indem sie ihr Wohlwollen gegenüber der bisher abgelehnten Bundesfinanzverwaltung bekundeten, erhielt die Arbeit am Grundgesetz einen ganz neuen Auftrieb. Allerdings wurde nun unter Zeitdruck gearbeitet, da die Militärgouverneure für den 25. April 1949 ein weiteres Gespräch mit einer Delegation des Parlamentarischen Rates festgesetzt hatten. Diese Besprechung wurde in interfraktionellen Gremien vorbereitet, die insofern von der CDU/CSU als erschwerend empfunden wurden, da die SPD entsprechend ihren Parteivorstandsbeschlüssen vom 20. April 1949 an ihrem »verkürzten« Grundgesetzentwurf festhielt. Dieser bildete, angefangen bei den meisten ersatzlos gestrichenen Grundrechten, einen ganz neuartigen Textkorpus und war von Greve, Katz und Zinn zwar zwischen dem 23. und 25. April 1949 in Form von Einzelanträgen im Parlamentarischen Rat eingebracht worden, ging jedoch im wesentlichen auf die früheren Verfassungsentwürfe von Menzel zurück.[1] Der gesamte Grundgesetzentwurf der dritten Lesung im Hauptausschuß vom 10. Februar 1949 mußte mit dem SPD-Entwurf artikelweise in zähem Ringen abgeglichen werden. Die SPD sah mit dem Memorandum der Außenminister vom 22. April 1949 nicht nur die Gelegenheit zu einem baldigen Abschluß der Grundgesetzarbeit, sondern auch die Chance, ihre Vorstellungen weitestgehend einzubringen, auf die wegen der zahllosen Kompromisse während der sieben Monate zuvor verzichtet worden war.

Der ohnehin schon bestehende Parteiendissens wurde durch ein unerwartet am 23. April 1949 veröffentlichtes Interview des SPD-Vorsitzenden Schumacher verschärft. Darin stellte Schumacher mit Blick auf die CDU/CSU-Fraktion provokativ fest, daß »die politische Rechte« sich künftig nicht mehr hinter den Alliierten verschanzen könne, »sie muß nun zeigen, wie weit es ihr mit einer den allgemeinen deutschen Interessen dienenden Lösung ernst ist«. Er begrüßte das Memorandum vom 22. April 1949 als den ersten großen Erfolg »der entschiedenen und klaren Haltung der SPD auf ihrer Tagung am 20. April« und fügte hinzu: »[. . .] die Alliierten haben den Sinn dieses Entschlusses besser als manche Deutsche erfaßt«.[2] Um die weiteren Verhandlungen im Parlamentarischen Rat durch das Interview nicht zu gefährden, distanzierte sich die SPD-Fraktion umgehend von Schumachers Äußerungen und gemeinsam bekräftigten CDU/ CSU, SPD, FDP und DP, »daß sie sich in ihren Entscheidungen ausschließlich durch deutsche, von fremden Einflüssen unabhängige Erwägungen« hätten bestimmen lassen.[3]

Einen Tag vor der Zusammenkunft mit den Militärgouverneuren hatten die interfraktionellen Besprechungen vom 24. April 1949 immer noch keine nennenswerten Ergebnisse gebracht, weil die SPD von ihrem Entwurf um keinen Preis abweichen wollte. Allerdings unterstrichen CDU/CSU und SPD, daß man doch die jeweiligen Wünsche respektieren und andererseits ein Entgegenkommen entsprechend »honorieren« solle.[4] Greve schlug sogar vor, daß die Forderungen und Wünsche zu einzelnen Abschnitten mit jeweils anderen inhaltlichen Fragenkomplexen gekoppelt werden könnten. Schmid empfahl schließlich, doch konkret zu überlegen, was man nun auf der Besprechung in Frankfurt den Militärgouverneuren vortragen könne. Als die Parteien weiter voneinander entfernt schienen als je zuvor, kam es im Anschluß an die interfraktionelle Besprechung zu einer spektakulären Einigung zwischen Adenauer und Schmid, in der die SPD ihren »verkürzten« Grundgesetzentwurf fallenließ. Noch am späten Abend des 24. April 1949 konnte – unter Preisgabe früherer Vereinbarungen – durch einen Unterausschuß ein mehrheitsfähiger Entwurf für die Bereiche konkurrierende Gesetzgebung und Finanzverwaltung fertiggestellt werden, den die Delegation am nächsten Tag den Militärgouverneuren in Frankfurt vorlegte. Endlich – so der amerikanische Verbindungsoffizier Pabsch – war der am 25. März 1949 erreichte »tote Punkt« überwunden:[5] Die vorgesehenen Kompetenzen des Bundesrates wurden im Sinne von SPD und FDP erheblich reduziert; dafür gaben SPD und FDP bei der Regelung des Finanzwesens nach, dem zufolge der erhebliche Teil der Steuern, ausgenommen der Umsatzsteuer, von den Ländern eingezogen werden sollte. Ebenfalls wurde die Übernahme der Artikel der Weimarer Reichsverfassung zur Kirchenfrage beschlossen (siehe Kapitel IV, 6).

2. Die Besprechung mit den Militärgouverneuren am 25. April 1949

Mit dem in der Nacht vom 24. auf den 25. April 1949 vereinbarten interfraktionellen Kompromiß traf am Nachmittag des 25. April eine Delegation von Mitgliedern des Parlamentarischen Rates, die von ihren Parteien ausdrücklich Abschlußbefugnisse[6] erhielten, mit den Militärgouverneuren in Frankfurt zusammen. Einleitend brachte der Vorsitzende, General Clay, vier Punkte zur Sprache, die seiner Meinung nach im Kontext des Grundgesetzes betrachtet werden sollten und auch nach Meinung der Außenminister, denen der Grundgesetzentwurf vorgelegen hatte, eine Änderung erfahren müßten. Clay wünschte erstens eine präzisere Formulierung, der zufolge eine Zuständigkeit des Bundes zur Gesetzgebung dann vorliege, wenn die Gesetzgebung durch Länder oder die Unterlassung der Gesetzgebung durch Länder in Konflikt zur Einheitlichkeit trete (Art. 34, später Art. 72 GG). Zweitens wünschte er eine Gewährleistung der Anrufung des Verfassungsgerichtshofes, da durch die Änderung des Artikels 105 (später Art. 78 GG) die Mitwirkung des Bundesrates an der Gesetzgebung geschmälert worden war. Zur Regelung des Finanzausgleichs zwischen den unterschiedlich steuerstarken Ländern (Art. 122 b; später Art. 106 GG) unterbreitete Clay drittens den Vorschlag, die Bewilligungsgrundlage für Sondersteuern in den Entwurf präziser einzubeziehen, die zur Unterstützung steuerschwacher Länder gedacht waren. Dafür sollte der Absatz 4 ersatzlos gestrichen werden, demnach auf der Grundlage eines Bundesgesetzes steuerschwachen Ländern ein Finanzausgleich gewährt werden könnte. Viertens erklärten sich die Alliierten mit der Finanzverwaltung einverstanden, doch wären sie zufriedener, wenn einige weitere Steuern an die Landesfinanzverwaltung delegiert werden könnten.

Fast sechs Stunden dauerten die Beratungen. Sie wären freilich früher zu Ende gewesen, wenn Clay nicht gedrängt hätte, endlich zu einer Übereinkunft zu gelangen. Als Adenauer nämlich aus einer internen Besprechung der deutschen Delegation zurückkehrte und den Vorschlag unterbreitete, die Beratungen zwischen den Parteien in Bonn fortzusetzen, erwiderte Clay, daß die Sitzung anberaumt worden sei, um nun endlich eine Einigung zu erreichen. Dabei gab es auch zwischen den Militärgouverneuren Differenzen. Während Robertson in Verhandlungen unter den Generälen vorschlug, das Grundgesetz in der vorliegenden Fassung anzunehmen, beabsichtigte Koenig nur zuzustimmen, wenn auch Clay das Grundgesetz billigen würde. Dieser hielt sich jedoch an die Richtlinien der Außenminister, war aber immerhin bereit, dem deutschen Standpunkt weitestmöglich entgegenzukommen. In kleinem Kreis gestand Clay gegenüber deutschen Vertretern aber schließlich zu, daß die in dem Memorandum vom 22. April 1949 gewünschte Festlegung von Steuereinnahmen für Schul-, Wohlfahrts- und Gesundheitsaufgaben entbehrlich sei. Ausdrücklich wollten sich die Militärgouverneure nicht in die Frage des Schulwesens und Elternrechts einmischen, um die ausstehende Diskussion im Parlamentarischen Rat nicht zu beeinflussen.

In einer »cordial and gratified atmosphere« (Clay) konnten die Beratungen zu einem erfolgreichen Ende geführt werden, nachdem sich die deutschen Parteien in einer eineinhalbstündigen Besprechung auf ein Gesamtpaket einigten, das die Zustimmung der Generäle erhielt und dessen Einzelheiten in interfraktionellen

Sitzungen näher geregelt und in die Gesetzessprache gefaßt werden sollten. Überschwenglich – und ein wenig zu früh – feierte die deutsche Presse bereits den 25. April 1949 als die »Geburtsstunde des westdeutschen Staates«; immerhin schien der Weg für das Grundgesetz jetzt frei.[7]

Die Stimmung bei Abgeordneten und Alliierten war optimistisch bezüglich des baldigen Abschlusses der Arbeit am Grundgesetz. Schon am 28. April 1949 sah der amerikanische Außenminister Acheson mit Stolz auf die Bemühungen der USA im Hinblick auf die Arbeit des Parlamentarischen Rates zurück und stellte fest: »Während der letzten zehn Monate ist in Westdeutschland ein der ganzen Welt sichtbarer beispielloser Fortschritt gemacht worden. Eine völlig neue Atmosphäre der Hoffnung und schöpferischen Tätigkeit hat die noch vor einem Jahr vorhandene Lethargie und Verzweiflung ersetzt«.[8]

Für die Abgeordneten aber standen noch langwierige, fast zermürbende und oftmals bis in die Nacht hineinreichende interfraktionelle Beratungen bevor, die gleich am 27. April 1949 aufgenommen wurden und die nahezu euphorische Grundstimmung abrupt beendeten. Bei diesen bis zum 5. Mai 1949 andauernden Beratungen erwies es sich wiederholt als gravierender Fehler, daß kein deutscher Stenograph die Verhandlungen mit den Alliierten – oder wenigstens die internen Sitzungen – protokolliert hatte. Schnell gerieten die in Frankfurt unter der Beharrlichkeit der Militärgouverneure zustandegekommenen Einigungen in Vergessenheit, zumal sie nur ungenügend durchdacht waren. Die Parlamentarier stritten sich nun um authentische Interpretationen mancher privat und somit eher zufällig notierter alliierter Äußerungen. Streitpunkte waren nun vor allem 1) die Verwaltung der Umsatzsteuer durch Bund oder Länder, wobei die CSU wiederum die verbindliche Festlegung dieser Einnahmen für die Schul- und Sozialzwecke wünschte, 2) die offen gebliebene kulturelle Frage über die bereits akzeptierten Weimarer Artikel hinaus, 3) die von der CDU/CSU und dem Zentrum unterstützte Forderung der Elternrechte und die damit verbundene »Bremer Klausel« sowie die Konkordatsfrage, 4) die Formulierungen der Beamtenrechtsvorschriften im Zusammenhang mit der Unabsetzbarkeit von Richtern (Art. 27 b; später Art. 33 GG), 5) die Streichung von Groß-Berlin aus der Präambel, 6) die Zurückstellung der Einrichtung des Amtes des Bundespräsidenten bis zur Erlangung der vollen Souveränität der Bundesrepublik, 7) die Annahme des Grundgesetzes durch Plebiszit oder durch die Landtage, und schließlich 8) die Schaffung einer Klausel für eine unkomplizierte Revision des Grundgesetzes innerhalb einer Frist von zwei Jahren mittels eines einfachen Bundesgesetzes.

Mehrfach wurde in den interfraktionellen Sitzungen darauf gedrängt, sich auf Absprachen einzulassen und gewisse Artikel ohne Diskussion durch Abstimmung im Hauptausschuß bzw. Plenum zu erledigen. So kam es, daß in der am 5./6. Mai 1949 wieder aufgenommenen vierten Lesung im Hauptausschuß die Anträge keine Überraschungen mehr in sich bargen, weil sie in der Regel in der interfraktionellen Besprechung angekündigt worden waren, und auch die Plenarsitzung am 6. Mai 1949 ging »relativ zügig und ohne Höhepunkte vonstatten«.[9]

Vor allem die kommunistischen Abgeordneten, die aus den interfraktionellen Verhandlungen herausgehalten wurden, nutzten die Hauptausschußsitzungen, auf ihre bekannten Forderungen nach Einstellung der Arbeit am Grundgesetz angesichts der bevorstehenden Aufhebung der Berlin-Blockade zu insistieren. In der vierten Lesung wurden alle Artikel und Änderungsanträge vorgetragen und einzeln beschlossen. Mit diesem Procedere konnten auch bereits in interfraktionellen Absprachen abgewiesene Änderungsanträge vorgebracht werden, die dann zwar erwartungsgemäß erneut abgelehnt wurden, aber den Abgeordneten die Möglichkeit bot, nach außen hin das »Gesicht zu wahren«.[10] Zu der wohl wichtigsten Entscheidung der letzten Lesung im Hauptausschuß zählte die Abschaffung der Todesstrafe (Art. 102 GG) auf Antrag von Wagner (SPD) und der interfraktionell vereinbarte Wegfall des Notstandsartikels.[11] Auf Antrag von Lehr (CDU) wurde die Bezeichnung »Volkstag« durch »Bundestag« ersetzt. Lediglich Heuss wandte sich aus historischen Gründen dagegen. Seiner Meinung nach kam im Terminus Volk besser zum Ausdruck, daß es sich bei dem Bundestag eigentlich um eine Volksvertretung handelte. Für ihn umfaßte darüber hinaus der Begriff »Volk« selbstverständlich das ganze deutsche Volk, auch in der Ostzone und den besetzten Gebieten jenseits der Oder-Neiße-Grenze.

3. Die Verabschiedung des Grundgesetzes

Als nach den erfolgreichen Verhandlungen im Hauptausschuß erkennbar war, daß nur noch wenige Tage für die zweite und dritte Lesung im Plenum gebraucht würden, setzte Adenauer alles daran, bis zum 8. Mai 1949, dem Jahrestag der bedingungslosen Kapitulation der deutschen Wehrmacht, das Grundgesetz zu verabschieden. Es hätte kaum ein sinnfälligeres Datum angestrebt werden können, um den westlichen Großmachten den Willen des deutschen Volkes zu demonstrieren, sich verantwortungsvoll am politischen und wirtschaftlichen Wiederaufbau Deutschlands zu beteiligen. Um den drei Mächten die Zustimmung zum Grundgesetz zu erleichtern, wünschte Adenauer bei der zweiten Lesung des Grundgesetzes im Plenum »für jeden der Alliierten klar erkennbar zu machen, daß wir die Verhandlungen in Frankfurt zur Grundlage der Arbeit des Plenums gemacht haben«.[12]

Adenauer konnte die Fraktionsführer von der Dringlichkeit des Abschlusses der Grundgesetzarbeit überzeugen. Noch am Abend des 6. Mai 1949 wurde mit der zweiten Lesung im Plenum begonnen, die auch aufgrund der guten Vorbereitung durch interfraktionelle Besprechungsgremien und Hauptausschuß nahezu »durchgepeitscht« wurde, zumal man hier, wie Adenauer betonte, das Grundgesetz, und nicht »die Zehn Gebote« beschließe, das ohnehin nur für eine Übergangszeit gelten solle.[13] Insbesondere Renner (KPD) und Seebohm (DP) nutzten die Gelegenheit, ihre Haltung zu den Grundrechten in der Öffentlichkeit zu verdeutlichen. Inhaltlich wurde noch einmal die Abschaffung der Todesstrafe (Art. 102 GG) diskutiert. In der Schlußabstimmung wurde das Grundgesetz in zweiter Lesung mit 47 Ja-, 2 Nein-Stimmen (KPD) und 15 Enthaltungen (von CSU, DP und Zentrum) angenommen. Die Enthaltungen wurden von Pfeiffer (CSU), Seebohm (DP) und Brockmann (Zentrum) mit mangelndem Föderalismus, fehlenden Grundrechten und einer Kritik an der Regelung des Elternrechts begründet. Eine politische Würdigung des Grundgesetzentwurfes sollte für die dritte Lesung aufgehoben werden.

Die 10. Sitzung des Plenums, in der der Grundgesetzentwurf nun zu seiner abschließenden Behandlung kommen sollte, begann am Sonntagnachmittag, dem 8. Mai 1949, um 15.16 Uhr, und dauerte bis 0.38 Uhr am Morgen des 9. Mai 1949 – wegen einer Unterbrechung insgesamt über acht Stunden. Sie wurde von der KPD mit einem Antrag eröffnet, die Grundgesetzarbeit sofort einzustellen und zwecks Aufnahme von Wiedervereinigungsgesprächen mit dem Deutschen Volksrat in der sowjetischen Zone Kontakt aufzunehmen (siehe bereits Kapitel V, 5). Dieser vom Plenum abgelehnte Vorschlag diente wieder einmal propagandistischen Zwecken.

Danach konnte die Aussprache über den Grundgesetzentwurf beginnen. Menzel (SPD) beklagte – wie zuvor Lehr (CDU) – die mangelnde Souveränität der zukünftigen Bundesrepublik, weswegen seine Partei sich bekanntlich noch am 20. April 1949 mit einem verkürzten Grundgesetz faktisch für ein Organisationsstatut stark gemacht habe. An der Haltung der Alliierten kritisierte er, daß sie nicht von Anfang an ihre Vorstellungen zum Föderalismus ausreichend verdeutlicht hätten.

Beachtung fand die Rede von Heuss, in der er nicht ohne eine gewisse Ironie die Versuche von München (Ministerpräsident Ehard), Hannover (SPD-Vorstand), Köln (Kardinal Frings und die katholische Kirche) sowie den Besatzungsmächten, Einfluß auf den Parlamentarischen Rat zu nehmen, karikierte. Zu der von Adenauer mit der Verabschiedung des Grundgesetzes am 8. Mai 1949 beabsichtigten Anknüpfung an den vierten Jahrestag der Kapitulation stellte Heuss die Ambivalenz dieses Ereignisses heraus und bemerkte dazu: »Ich weiß nicht, ob man das Symbol greifen soll, das in solchem Tag liegen kann. Im Grund genommen bleibt dieser 8. Mai 1945 die tragischste und fragwürdigste Paradoxie der Geschichte für jeden von uns. Warum denn? Weil wir erlöst und vernichtet in einem gewesen sind«.[14]

Wie schon bei der ersten Lesung des Grundgesetzes im Plenum im September

1948 fiel die Rede des kommunistischen Vertreters aus dem Rahmen. Reimann wiederholte zum einen die hinlänglich bekannte Forderung, daß alle vier im Alliierten Kontrollrat vereinten Mächte eine deutsche Staatsgründung vornehmen müßten. Zum anderen zog er Präsident Adenauer in einer persönlichen Attacke für die deutsche Spaltung zur Verantwortung. Seiner Kenntnis nach habe sich Adenauer als »politischer Repräsentant der reaktionären Mächte«[15] schon nach dem Ersten Weltkrieg durch die aktive Unterstützung der rheinischen Separatisten als Handlanger französischer Interessen entpuppt. Dabei stützte sich Reimann auf Dokumente, die sich erst Jahre später als Fälschungen erwiesen.

Für das Zentrum sprach Frau Wessel, deren Partei nicht mittragen wollte, daß – wie beim Elternrecht – Gewissensfragen zum Gegenstand von Kompromissen gemacht werden würden. Seebohm erläuterte mit Ausführungen zur Verfassungskonzeption der DP und einem Bekenntnis zu Deutschland und Europa die Ablehnung des Grundgesetzes durch seine Partei.[16]

Die darauf folgenden Beratungen der einzelnen Artikelentwürfe verliefen relativ zügig. Nur zu wenigen »publizitätsträchtigen«[17] Themen, die in besonderem Maße von der Öffentlichkeit diskutiert wurden, ergriffen einige Abgeordnete noch ein letztes Mal die Gelegenheit, ihre Meinung kundzutun. Dazu zählten bei den Grundrechtsartikeln die Gleichstellung der Frau und das Recht des unehelichen Kindes.

Neue Anträge wurden insbesondere noch zu Artikel 22 (Flaggenfrage) gestellt und zum passiven Wahlrecht der Beamten. Schmid (SPD) beantragte den Wortlaut »Die Bundesflagge ist schwarz-rot-gold«, während Lehr (CDU) die Gestaltung der Bundesflagge später durch ein Gesetz zu regeln wünschte, um dann die alte CDU/CSU-Forderung nach zusätzlicher Aufnahme eines Kreuzes als christliches Symbol zu erreichen. Schmids Antrag wurde schließlich angenommen. Nur mit Rücksicht auf die Alliierten, die ursprünglich ein passives Wahlrecht für Beamte ausschließen wollten, wurde der Antrag von Menzel (SPD) und Strauß (CDU) aufgenommen, das gesetzlich die Wählbarkeit von Beamten, Angestellten des öffentlichen Dienstes und Richtern beschränkt werden könne (Art. 137 Abs. 1 GG).[18] Im Wahlgesetz vom 15. Juni 1949 wurde Beamten auferlegt, ohne Anspruch auf Wartegeld und unter Aufrechterhaltung ihrer Ansprüche auf Wiedereinstellung für die Dauer ihrer Zugehörigkeit zum Bundestag auf ihr Amt zu verzichten.[19]

An die dritte und zugleich letzte Lesung des Grundgesetzentwurfes schlossen sich nach parlamentarischer Tradition einige mündliche Erklärungen an. Hier betonte von Brentano (CDU) rückblickend, daß es zum politischen Alltag gehören würde, Kompromisse zu schließen, auch wenn diese »vielleicht in der Terminologie derer, die den Kompromiß ablehnen, weil sie die Demokratie ablehnen, als Kuhhandel bezeichnet zu werden pflegen«.[20]

Nahezu unvermittelt kam der Angriff von Dehler (FDP) gegen jene Abgeordnete, die das Grundgesetz ablehnten. Er bezweifelte die Aufrichtigkeit der von ihnen vorgebrachten Gewissenskonflikte und unterstellte ihnen, von Anfang an die Arbeit am Grundgesetz sabotiert zu haben. Nach einem Ordnungsruf durch den Präsidenten entschuldigte sich Dehler in der folgenden Plenarversammlung für seine offensichtliche Entgleisung.

Nach Schmid (SPD) und Kaufmann (CDU) sprach Schwalber (CSU) und begründete die bevorstehende Ablehnung des Grundgesetzes durch seine Partei mit 1) den zu geringen Befugnissen des Bundesrates, 2) der starken Bundesfinanzverfassung, 3) den Beschränkungen der Hoheitsrechte der Länder besonders auf dem kulturellen Gebiet, 4) dem mangelnden Schutz gegen unheilvolle Entwicklungen des Parteiwesens und 5) dem fehlenden entschiedenen Bekenntnis zu einer christlichen Staatsauffassung.

Kurz vor Mitternacht wurde die Reihe der Erklärungen abgebrochen, um das Datum des 8. Mai 1949 für die Abstimmung einzuhalten. Mit 53:12 Stimmen wurde das Grundgesetz um 23.55 Uhr angenommen. Die Gegenstimmen kamen von der CSU (6 Stimmen), der DP (2), dem Zentrum (2) und der KPD (2). Von der CSU stimmten jedoch die Abgeordneten Mayr und Schlör dem Grundgesetz zu.

Die Plenarsitzung endete mit einer Ansprache von Adenauer, in der dieser an die Landtage appellierte, nun ihrerseits das Grundgesetz noch vor der Pariser Außenministerkonferenz (Ende Mai) zu ratifizieren. Schließlich bedankte sich Präsident Adenauer ausdrücklich bei den Außenministern der drei Westmächte, den Militärgouverneuren, aber auch bei den Mitgliedern der Verbindungsstäbe in Bonn, die den Parlamentariern »jederzeit in vornehmer und, fast kann man sagen, freundschaftlicher Weise mit ihrem Rat zur Verfügung gestanden haben«.[21]

4. Die Genehmigung des Grundgesetzentwurfes durch die Militärgouverneure

Von Beginn an belastete der Umstand die Verhandlungen im Parlamentarischen Rates, daß das Grundgesetz der Genehmigung der Alliierten bedurfte. Mit jedem Memorandum wurden Stimmen laut, man würde einem »Diktat der Alliierten«[22] folgen. Nachdem die Außenminister von Frankreich (Robert Schuman), Großbritannien (Ernest Bevin) und den Vereinigten Staaten (Dean G. Acheson) mit dem Memorandum vom 22. April 1949 ihr grundsätzliches Plazet zur Arbeit des Parlamentarischen Rates erteilt hatten, lag die Verantwortung zur Genehmigung nun wieder bei den Militärgouverneuren. Nach der dritten Lesung des Grundgesetzentwurfes im Plenum am 8. Mai 1949 taten die Militärgouverneure

Abbildung 19. Vor den Fenstern der Aula der Pädagogischen Akademie: Zaungäste bei Ausfertigung und Verkündung des Grundgesetzes am 23. Mai 1949.

alles, um die Genehmigung zu beschleunigen. Zum einen stand die Rückkehr von General Clay nach Amerika unmittelbar bevor. Zum anderen wurde seit längerer Zeit befürchtet, daß auf der Konferenz der vier Außenminister in Paris vom 23. Mai bis 20. Juni 1949 die Pläne einer Regierung in Westdeutschland geändert oder verzögert werden könnten. Deswegen entschieden sich die Militärgouverneure sehr kurzfristig, für Donnerstag, den 12. Mai 1949, eine Delegation des Parlamentarischen Rates nach Frankfurt einzuladen, um die Genehmigung des Grundgesetzes bekanntzugeben. Mit diesem Termin wollte man absichtlich die Genehmigung an einem Freitag, den 13. Mai, umgehen, der – so wurde abergläubisch festgestellt – ein ungünstiges Omen bedeutet hätte. Ferner war der 12. Mai 1949 auch der letzte Arbeitstag von General Clay, der gleichzeitig mit der Grundgesetzgenehmigung und den Feierlichkeiten zum Ende der Berlin-Blockade seinen Abschied am »Geburtstag« der Bundesrepublik Deutschland nehmen wollte.

Nachdem sich die Militärgouverneure am frühen Abend des 12. Mai 1949 in den Tagungsräumen des I.G.-Farben-Hauses in Frankfurt am Main über die Annahme des Grundgesetzes geeinigt hatten, kamen gegen 21.30 Uhr Delegationen des Parlamentarischen Rates und der Ministerpräsidenten hinzu. Bei der Gelegenheit übergab der Vorsitzende Robertson Präsident Adenauer ein förmliches Schreiben über die Genehmigung des Grundgesetzes. Darin wurde ausgeführt, daß das Grundgesetz »deutsche demokratische Tradition in glücklicher Weise mit den Begriffen einer repräsentativen Regierung und einer Rechtsordnung [vereinige], welche die Welt nunmehr als für das Leben eines freien Volkes unerläßlich betrachtet«. Doch meldeten die Militärgouverneure auch einige Vorbehalte an. So sollte die in Artikel 91 (Absatz 2) gewünschte Polizeigewalt erst ausgeübt werden, wenn sie durch die Besatzungsbehörden ausdrücklich genehmigt werden würde. Der Stadt Berlin (West) wurde kein Stimmrecht im Bundestag oder Bundesrat eingeräumt, dafür durften Berliner Vertreter jedoch an den Sitzungen teilnehmen. Hinsichtlich der sehr weitgehenden Vollmachten des Bundes auf dem Gebiet der Verwaltung (Art. 84 und 87) kündigten die Militärgouverneure an, auch ihrerseits sicherzustellen, daß sie nicht zu einer »übertriebenen Machtkonzentration« führen würden. Ferner wunschten sie, daß Konflikte zwischen den Länderverfassungen und der vorläufigen Bundesverfassung zugunsten der letzteren gelöst würden.

Dem Vorsitzenden der Ministerpräsidentenkonferenz und Bremer Senatspräsidenten und Oberbürgermeister Wilhelm Kaisen (SPD) wurde in der Sitzung am 12. Mai 1949 ein Schreiben mit der Erlaubnis überreicht, den Grundgesetzentwurf in den Landtagen zur Abstimmung vorlegen zu dürfen.

Gemäß den Londoner Beschlüssen vom Frühjahr 1948 sollte die vorläufige Verfassung in einer Volksabstimmung angenommen werden. Doch vor Einberufung des Parlamentarischen Rates waren sich die Militärgouverneure in dieser

Frage schon nicht mehr einig. Die amerikanische Militärregierung wollte ihre Entscheidung von der weiteren Diskussion im Parlamentarischen Rat abhängig machen. Franzosen und Briten hingegen waren schon im Juli 1948 entschlossen, einer Ratifizierung durch die Länderparlamente zuzustimmen. Entsprechend zurückhaltend war während der Gespräche mit einer Delegation des Parlamentarischen Rates am 17. Dezember 1948 die offizielle Haltung der Alliierten geworden. Bis zum Schluß der Parlamentsarbeit blieb diese Frage offen, so daß in der »Genehmigungssitzung« am 12. Mai 1949 der Staatspräsident von Württemberg-Hohenzollern, Gebhard Müller (CDU), auf eine gesetzliche Regelung in seinem Land hinwies, der zufolge das Grundgesetz durch Volksentscheid angenommen werden müsse. Die Militärgouverneure rieten Müller jedoch, keinen Augenblick zu zögern, eine solche landesrechtliche Verfassungsbestimmung außer Kraft zu setzen.[23]

5. Ratifizierung und Verkündung des Grundgesetzes am 23. Mai 1949

Vom 18.–21. Mai 1949 wurde in allen Landtagen der Grundgesetzentwurf des Parlamentarischen Rates beraten. Außer in Bayern wurde das Grundgesetz überall angenommen, wenn auch gegen die Stimmen der Kommunistischen Partei, in Schleswig-Holstein gegen die Stimmen des Süd-Schleswigschen Wählerverbandes (SSW) sowie in Nordrhein-Westfalen gegen die Stimmen des Zentrums und der KPD, in Bremen und Niedersachsen gegen die Stimmen der DP und in Württemberg-Hohenzollern gegen etliche Stimmen der CDU. In leidenschaftlichen Diskussionen begründeten CSU-Abgeordnete im Bayerischen Landtag ihre Abneigung gegen das Grundgesetz, dem sie mangelnden Föderalismus vorwarfen. Immerhin aber ließ sich der Bayerische Landtag ein »Hintertürchen« offen: Auf Antrag der Staatsregierung wurde beschlossen, daß bei Annahme des Grundgesetzes in zwei Dritteln der deutschen Länder, in denen es zunächst gelten soll, »die Rechtsverbindlichkeit dieses Grundgesetzes auch für Bayern anerkannt« werde.

Die Schlußsitzung des Parlamentarischen Rates am 23. Mai 1949, in der die Annahme des Grundgesetzes durch die Landtage festgestellt wurde und die Ausfertigung und Verkündung erfolgte, sollte die letzte Plenarversammlung sein. Sie wurde von fast allen deutschen Rundfunkstationen direkt übertragen und entsprach eher einem Festakt als einer Parlamentssitzung. Neben den elf Ministerpräsidenten und Landtagspräsidenten waren die drei Besatzungsmächte durch insgesamt je zehn Vertreter anwesend sowie zahlreiche Gäste und Ehrengäste geladen worden. Die Veranstaltung im großen Saal der Pädagogischen Akademie wurde von Orgelspiel und Chorälen umrahmt. Präsident Adenauer hielt zu Beginn eine kurze Ansprache, in der er betonte, daß trotz der auferlegten Beschränkungen die Entscheidung zum Grundgesetz »auf freiem Willen« und »auf der freien Entscheidung des deutschen Volkes« beruhe. Ungeachtet der feierlichen Stimmung brachte er seine Sorge um die laufende Demontage der deutschen Industrie zum Ausdruck, die die »politische Aufbauarbeit« und »die deutsche Demokratie wesentlich« gefährden könnte.[24]

Nach jeweiligem Aufruf unterzeichneten zunächst die Abgeordneten des Parlamentarischen Rates, danach die Ministerpräsidenten der elf Länder, die Originalausfertigung des Grundgesetzes. Nur die Mitglieder der KPD-Fraktion weigerten sich, »die Spaltung Deutschlands« zu unterschreiben.[25] Da sich auch die Stadtverordnetenversammlung von Groß-Berlin »zu den Prinzipien und Zielen« des Grundgesetzes bekannte,[26] unterzeichneten auch ihre fünf Vertreter sowie im Anschluß an die Ministerpräsidenten ihr Regierender Bürgermeister Reuter (SPD) das Grundgesetz.

Nach kurzen Dankesworten des langjährigen Reichstagspräsidenten der Weimarer Republik und Abgeordneten des Parlamentarischen Rates, Löbe (SPD), ergriff Adenauer ein letztes Mal im Parlamentarischen Rat das Wort. Er hoffte, daß »der Geist und der Wille« des Grundgesetzes »im deutschen Volk lebendig« werde und beendete seinen Beitrag mit den Anfangsworten der Präambel: »Im Bewußtsein seiner Verantwortung vor Gott und den Menschen, von dem Willen beseelt, seine nationale und staatliche Einheit zu wahren und als gleichberechtigtes Glied in einem vereinten Europa dem Frieden der Welt zu dienen, hat das Deutsche Volk [...] dieses Grundgesetz beschlossen«.

Das »Grundgesetz für die Bundesrepublik Deutschland« trat nach Ablauf des 23. Mai 1949, um 24.00 Uhr, in Kraft.

Schon Zeitgenossen war bewußt, daß am 23. Mai 1949 ein neuer Abschnitt in der Nachkriegsgeschichte Deutschlands beginnen würde. Doch die politische Situation im Mai 1949, das starke Eingreifen alliierter Vertreter in die Grundgesetzarbeit sowie die Aussicht, unter alliierter Herrschaft nun das Grundgesetz anwenden zu müssen, war nicht geeignet, allzu große Freude über das erreichte Ziel aufkommen zu lassen. Hinzu kam, daß ungewiß war, wie lange dieses als Provisorium konzipierte Grundgesetz Gültigkeit haben würde. Spätestens nach der Pariser Außenministerkonferenz im Sommer 1949 war jedoch deutlich geworden, daß die Teilung Deutschlands so schnell nicht überwunden werden würde.

Unzufriedenheit machte sich auch in einzelnen Bevölkerungsgruppen breit. Die katholischen Bischöfe, die – wie sie selbst zugaben – eine Reihe ihrer Forderungen verwirklicht sahen, kritisierten die Einschränkung des Elternrechts, den religiösen Charakter der Pflichtschule wählen zu dürfen, durch die sog. Bremer

Klausel. Die Bischöfe kündigten deswegen an, bei Abfassung einer gesamtdeutschen Verfassung sich noch hartnäckiger für christliche Belange einsetzen zu wollen.

Bald nach Unterzeichnung wurden Stimmen laut, das Grundgesetz sei durch den Einfluß der Alliierten entscheidend geprägt worden. Tatsächlich drängten die Militärgouverneure auf eine konsequente Umsetzung des Föderalismus, der jedoch nicht nur bei den Ministerpräsidenten oder im Parlamentarischen Rat seitens der CSU viele Befürworter fand. Für den Föderalismus gab es in Deutschland ohnehin bis in das Mittelalter zurückreichende Traditionen. Der deutschen Vielstaatlichkeit, die in der Grundgesetzdiskussion bei den Schlagworten »Staatenbund« statt »Bundesstaat« mitschwang, war erst im 19. Jahrhundert allmählich ein Ende gesetzt worden. Weil letztlich der Bundesrepublik Deutschland also kein fremdes Staatssystem aufoktroyiert wurde, kann das Grundgesetz zu Recht als ein selbständiges Werk der Deutschen gelten, wenn auch nicht ganz frei von Fremdeinflüssen. Diese Fremdeinflüsse und die politischen Bedingungen im geteilten Deutschland waren es vermutlich, die bei der SPD und FDP zu dem Gedankenspiel führten, nach Ablauf von zwei bis drei Jahren eine einfache Revision des Grundgesetzes durch ein Bundesgesetz zu ermöglichen. Eine derartige Revisionsklausel hätte jedoch dem Grundgesetz den Verfassungscharakter genommen.[27]

Die Beziehungen der Alliierten zu den deutschen Parlamentariern aber haben das deutsch-alliierte Verhältnis schrittweise zu einer – wenn auch unausgefüllten und ungleichen, aber doch lebensfähigen – Partnerschaft heranwachsen lassen, auf die in den ersten Jahren des Bestehens der Bundesrepublik Deutschland erfolgreich aufgebaut werden konnte.

Neben den Alliierten wirkten vor allem die Parteiführungen auf die Arbeit des Parlamentarischen Rates ein. Die von ihnen im Laufe der Verhandlungen eingenommene Machtstellung verdrängte schrittweise die Ministerpräsidenten, sieht man einmal von dem erfolgreichen Agieren des bayerischen Ministerpräsidenten Ehard ab, der immerhin auch für eine Partei, nämlich die CSU, sprach.

Das Grundgesetz für die Bundesrepublik Deutschland vom 23. Mai 1949 wurde die freiheitlichste Verfassung, die Deutschland bis dahin je bekommen hatte. Bewußt stellten die Abgeordneten des Parlamentarischen Rates ihre Arbeit in die Tradition der Reichsverfassung von 1919, zumal viele von ihnen in der Weimarer Republik politische Ämter innehatten. Doch traten sie zugleich aus dem »Schatten von Weimar«[28] heraus. So fanden plebiszitäre Elemente oder die Schaffung einer Präsidialregierung nach den negativen Erfahrungen während der Weimarer Republik keinen Eingang in das Grundgesetz. Zur Regelung von politischen Krisen wurde das konstruktive Mißtrauensvotum geschaffen (Art. 67 GG), demnach eine handlungsunfähige Regierung nur durch eine regierungsfähige Mehrheit abgelöst werden kann. Weitgehende Befugnisse des Weimarer Reichspräsi-

Abbildung 20. Präsident Konrad Adenauer (CDU) unterschreibt das Grundgesetz.

denten gingen an den Bundeskanzler und an das Parlament über. Die Schaffung eines Bundesverfassungsgerichts als »Wächter über das Grundgesetz« war in der Weimarer Republik angedacht, aber erst im Grundgesetz umgesetzt worden. Mit der klaren Abgrenzung von der Weimarer Reichsverfassung haben die Abgeordneten des Parlamentarischen Rates aus dem Scheitern der Weimarer Republik und der Begründung der NS-Diktatur die notwendigen verfassungspolitischen Konsequenzen gezogen. Zu Recht gilt das Grundgesetz deswegen als ein einzigartiger gelungener Versuch, aus der Geschichte zu lernen.

Das Grundgesetz hat sich inzwischen 60 Jahre lang bewährt. Es ist zu einem »dauerhaften Provisorium« geworden und ist der politisch-gesellschaftlichen Integrationsfunktion einer Verfassung gerecht geworden. So wurde auch nach der Wiedervereinigung 1990 von der Gemeinsamen Verfassungskommission von Bundestag und Bundesrat empfohlen, das Grundgesetz mit geringfügigen Änderungen beizubehalten. Dadurch wurde es de facto in den Rang einer Verfassung erhoben, die freilich auch zukünftig nicht von notwendigen Ergänzungen aber auch Veränderungen bewahrt bleiben wird.

Abbildung 21. Abendessen für die Abgeordneten des Parlamentarischen Rates in der Redoute in Bad Godesberg auf Einladung der alliierten Verbindungsstäbe am 24. Mai 1949, an den Vorhängen die amerikanische, britische und französische Flagge.

Anhang

Die Mitglieder des Parlamentarischen Rates

Dem Parlamentarischen Rat gehörten 65 ordentliche Mitglieder an. Zu diesen kamen fünf nichtstimmberechtigte Berliner Abgeordnete (Kaiser, Löbe, Reif, Reuter und Suhr) hinzu. Sieben Mitglieder schieden vorzeitig aus (Paul, Seifried, Rönneburg, Fecht, Süsterhenn und Greve) bzw. starben (Walter); für sie rückten nach: Renner, Roßhaupter, Hofmeister, Kühn, Hilbert, Hermans und Ollenhauers. Insgesamt enthält das Verzeichnis also 77 Namen.

Eine analytische Auswertung der Biographien sowie eine überblicksartige Einordnung der Tätigkeiten der Abgeordneten während des Dritten Reiches erfolgte in Kapitel I, 8.

Nach dem jeweiligen Namen erscheint in runden Klammern die Parteimitgliedschaft sowie durch ein Komma abgetrennt das Land, das die entsprechende Person in den Parlamentarischen Rat entsandte.

ADENAUER, KONRAD, Dr. h. c. (CDU, Nordrhein-Westfalen)
*5.1.1876 Köln; katholisch; Jurist; Mitglied des Zentrums; 1906 (1909 1.) Beigeordneter der Stadt Köln; 1917–33 und Mai/Okt. 1945 Oberbürgermeister von Köln; 1918–32 Vorsitzender des Provinzialausschusses der Rheinprovinz; 1920–33 Präsident des Preußischen Staatsrates; 1946 Mitglied der CDU und 1. Vorsitzender der CDU in der britischen Besatzungszone; 1946–50 Mitglied des Landtages Nordrhein-Westfalen; 1949–67 Mitglied des Bundestages; 1949–63 Bundeskanzler; 1950 Bundesvorsitzender der CDU; 1951–55 Bundesminister des Auswärtigen; † 19.4.1967 Rhöndorf.

BAUER, HANNSHEINZ (SPD, Bayern)
*28.3.1909 Wunsiedel; evangelisch; 1931–33 und seit 1945 Mitglied der SPD; 1939–45 Soldat; 1933 Angestellter einer Großbank; Angestellter einer Automobilfirma; 1939–44 Soldat; bis 1945 in amerikanischer Kriegsgefangenschaft; Mitglied der bayerischen Verfassunggebenden Versammlung; 1946–53 Mitglied des Landtages Bayern; 1953–72 Mitglied des Bundestages; seit 1958 Mitglied der Beratenden Versammlung des Europarates und der Versammlung der Westeuropäischen Union; seit 1960 Vorsitzender des Geschäftsordnungsausschusses im

Europarat; stellvertretender Vorsitzender der deutsch-französischen Parlamentariergruppe der Interparlamentarischen Union; † 18.7.2005 Würzburg.

BECKER, MAX, Dr. iur. (FDP, Hessen)
*25.5.1888 Kassel; evangelisch; Rechtsanwalt und Notar; Mitglied der DVP; 1914–18 Soldat; 1922–33 Mitglied des kurhessischen Kommunallandtages und des Provinziallandtages Hessen-Nassau; 1945 Mitglied der LDP, später der FDP; Mitglied des Magistrates Hersfeld; 1946–49 Mitglied des Landtages Hessen; 1949–60 Mitglied des Bundestages; † 29.7.1960 Heidelberg.

BERGSTRÄSSER, LUDWIG, Dr. phil. (SPD, Hessen)
*23.2.1883 Altkirch/ Oberelsaß; evangelisch; 1910 Privatdozent für Geschichte in Greifswald; 1915–18 Verwaltungstätigkeit in den besetzten Ostgebieten; 1918–20 Professor an der Technischen Hochschule Charlottenburg; 1919–30 Mitglied der DDP; 1920 im Reichsarchiv; 1924–28 Mitglied des Reichstages; 1930–33 Mitglied der SPD; 1945 Honorarprofessor in Frankfurt/Main; 1945–48 Regierungspräsident der hessischen Provinz Starkenburg; 1946 Mitglied der hessischen Verfassunggebenden Versammlung und Vorsitzender des Verfassungsausschusses; 1946–49 Mitglied des Landtages Hessen; 1949–53 Mitglied des Bundestages; Honorarprofessor in Bonn; † 23.3.1960 Darmstadt.

BINDER, PAUL, Dr. sc. pol. (CDU, Württemberg-Hohenzollern)
*29.7.1902 Stuttgart; evangelisch; Angestellter der Deutschen Bau- und Bodenbank sowie der Deutschen Revisions- und Treuhand AG; seit 1930 Wirtschaftsprüfer; 1937–40 stellvertretender Direktor der Dresdner Bank Berlin; 1945 Landesdirektor der Finanzen beim Staatssekretariat von Südwürttemberg-Hohenzollern; 1946 Mitglied der CDU; 1946/47 Staatssekretär der Finanzen und Vizepräsident der Regierung Württemberg-Hohenzollern; 1947–52 Mitglied des Landtages Württemberg-Hohenzollern; 1953–60 Mitglied des Landtages Baden-Württemberg; Wirtschaftsprüfer; 1964–68 Mitglied des Sachverständigenrates zur Begutachtung der gesamtwirtschaftlichen Entwicklung; † 25.3.1981 Stuttgart.

BLOMEYER, ADOLF (CDU, Nordrhein-Westfalen)
*15.1.1900 Haus Beck/Löhne; evangelisch; Gutsbesitzer; 1929–42 und 1947–1969 Bürgermeister der Landgemeinde Ulenburg; 1938 Mitglied des Synodalvorstands in Herford; 1945 Mitglied der westfälischen Landessynode; Mitglied des Vorstands der Bodelschwinghschen Anstalten in Bethel; Mitglied der CDU Nordrhein-Westfalen; 1947 Vorsitzender des Minden-Ravensbergischen Landwirtschaftlichen Hauptvereins; † 5.3.1969 Mennighüffen/Westfalen.

BRENTANO, HEINRICH VON, Dr. iur., Dr. h. c. (CDU, Hessen)
*20.6.1904 Offenbach; katholisch; 1932 Rechtsanwalt und Notar in Darmstadt; 1945 Gründungsmitglied der CDU Hessen; 1946 Mitglied der hessischen Verfassunggebenden Landesversammlung; 1946–49 Mitglied des Landtages Hessen; 1949–64 Mitglied des Bundestages; 1950–55 Vizepräsident der Beratenden Parlamentarischen Versammlung des Europarats; 1955–61 Bundesminister des Auswärtigen; † 14.11.1964 Darmstadt.

BROCKMANN, JOHANNES (Zentrum, Nordrhein-Westfalen)
*17.7.1888 Paderborn; katholisch; 1911–30 Volksschullehrer; Mitglied des Reichsausschusses der Zentrumspartei; 1925–33 Mitglied des Landtages Preußen; 1930–33 Schulleiter in Rinkerode; bis 1933 Leiter der westfälischen Windthorstbünde; 1945 Bürgermeister von Rinkerode; 1945 Generalreferent für Kultur bei der Provinzialregierung; 1946 Vorsitzender der Deutschen Zentrums-Partei; 1946–57 Mitglied des Landtages Nordrhein-Westfalen; 1952–57 geschäftsführender Vorsitzender des Zentrums; 1953–57 Mitglied des Bundestages; bis 1961 im Kreistag von Münster-Land; † 14.12.1975 Rinkerode.

CHAPEAUROUGE, PAUL DE, Dr. iur. (CDU, Hamburg)
*11.12.1876 Hamburg; evangelisch; 1904 Notar in Hamburg; 1914–18 Soldat; 1917–32 Mitglied der Bürgerschaft Hamburg; Mitglied der DVP; 1925–33 Mitglied des Hamburger Senates; 1945 Mitglied der CDU; 1946 Mitglied der Bürgerschaft Hamburg; † 3.10.1952 Hamburg.

DEHLER, THOMAS, Dr. iur. et rer. pol. (FDP, Bayern)
*14.12.1897 Lichtenfels/Franken; katholisch; 1919 Mitglied der DDP, später Staatspartei; Rechtsanwalt in München, später in Bamberg; 1945 Landrat, dann bis 1949 Generalstaatsanwalt; 1946–56 Landesvorsitzender der FDP in Bayern; 1947–49 Präsident des Oberlandesgerichts Bamberg; Mitglied der bayerischen Verfassunggebenden Landesversammlung; 1946–49 Mitglied des Landtages Bayern; 1949–67 Mitglied des Bundestages; 1949–53 Bundesminister der Justiz; 1953–57 Fraktionsvorsitzender und 1954–57 Bundesvorsitzender der FDP; † 21.7.1967 Streitberg/Oberfranken.

DIEDERICHS, GEORG, Dr. rer. pol. (SPD, Niedersachsen)
*2.9.1900 Northeim; Apotheker, Volkswirt, 1926 Mitglied der DDP; 1930 Mitglied der SPD; 1935 verhaftet und zu einem Jahr Gefängnis verurteilt; nach der Entlassung im KZ Esterwegen; 1939–45 Soldat; 1945–46 Bürgermeister in Northeim; 1946 Landrat des Kreises Northeim; 1946–74 Mitglied des Landtages Niedersachsen, dort 1955–57 Vizepräsident; Mitarbeit an der niedersächsischen Verfassung; 1957–61 Sozialminister in Niedersachsen; 1961–70 Ministerpräsi-

dent des Landes Niedersachsen; 1963–64 Präsident des Bundesrates; 1969 Präsident des Deutschen Roten Kreuzes Niedersachsen; † 19.6.1983 Laatzen.

EBERHARD, FRITZ (eigentlich
Hellmut von Rauschenplat), Dr. rer. pol. (SPD, Württemberg-Baden): *2.10.1896 Dresden; Volkswirt; Journalist; 1922 Eintritt in die SPD; 1926 Mitglied des Internationalen Sozialistischen Kampfbundes; 1933–37 mit wechselnden Decknamen wie »Eberhard« und »Fritz Werkmann« illegale Tätigkeit für die SPD; 1938–45 Emigration (England); 1945–46 Programmberater bei Radio Stuttgart; 1946–49 Mitglied des Landtages Württemberg-Baden; 1947 Staatssekretär mit Sonderauftrag zur Vorbereitung einer Friedensregelung für Deutschland und zur Bearbeitung der Gefangenenfrage; 1947–49 Leiter des Büros für Friedensfragen bei der Landesregierung von Württemberg-Baden; 1949–58 Intendant des Süddeutschen Rundfunks Stuttgart; 1961–69 Honorarprofessor in Berlin; † 29.3.1982 Berlin.

EHLERS, ADOLF (SPD, Bremen)
*21.2.1898 Walle/Bremen; Handlungsgehilfe; 1916–18 Soldat; Mitglied im Kommunistischen Jugendverband; Mitglied der KPD; 1923–24 Mitglied der Bürgerschaft Bremen; 1945–48 Senator für Wohlfahrtswesen (bis 1947 gleichzeitig Senator für Gesundheitswesen); 1946 Mitglied der SPD; 1946 Leiter des Arbeitsamtes in Bremen; Mitglied der Verfassungsdeputation zur Beratung der Landesverfassung Bremens; 1948–63 Innensenator in Bremen; 1959–63 2. Bürgermeister und Stellvertreter des Senatspräsidenten der Freien Stadt Bremen; 1962 Mitglied des Bundesvorstands der SPD; † 20.5.1978 Bremen.

FECHT, HERMANN, Dr. iur. (CDU, Baden) (7.3.1949 ausgeschieden; Ersatz
Hilbert): *20.5.1880 Bretten/Baden; katholisch; Jurist; 1918 Bevollmächtigter des Großherzogs von Baden im Bundesrat; 1919 badischer stellvertretender Reichsratbevollmächtigter; 1931–33 stimmführender Bevollmächtigter Badens im Reichsrat und Leiter der Vertretung Badens in Berlin; 1944–45 ehrenamtlicher Leiter der Polizeidirektion in Baden-Baden; 1946 Stadtrat in Baden-Baden; 1946–47 Mitglied der beratenden Landesversammlung Baden; 1947–52 Mitglied des Landtages Baden; 1948–52 Justizminister und stellvertretender Staatspräsident in Baden; † 4.2.1952 Baden-Baden.

Finck, ALBERT, Dr. phil. (CDU, Rheinland-Pfalz)
*15.3.1895 Herxheim bei Landau/Pfalz; bis 1918 Soldat; 1921–22 Parteisekretär des Zentrums im Bezirk Niederrhein; 1923 Chefredakteur der »Neuen Pfälzischen Landeszeitung«; 1936 Versicherungsagent; 1942 Aushilfslehrer; 1945 Gründungsmitglied der CDU Pfalz; 1946 Studienrat in Neustadt a.d.W.;

1951–56 Mitglied des Landtages Rheinland-Pfalz; 1951–56 Kultusminister in Rheinland-Pfalz; † 3.8.1956 Bad Wörishofen.

GAYK, ANDREAS (SPD, Schleswig-Holstein)
*11.10.1893 Kiel; Mitglied der SPD; bis 1918 Journalist in Lüdenscheid; 1918–33 Redakteur bei der »Schleswig-Holsteinischen Volkszeitung«; 1927–33 Stadtverordneter in Kiel; 1933–35 Herausgeber einer illegalen Zeitung in Berlin; nach 1945 Ratsherr, Stadtrat und Bürgermeister in Kiel; 1946 Oberbürgermeister in Kiel; 1946 Mitglied des Landtages Schleswig-Holstein; 1950 hauptamtlicher Oberbürgermeister von Kiel; † 1.10.1954 Kiel.

GREVE, OTTO HEINRICH, Dr. iur. (SPD, Niedersachsen) (20.5.1949 ausgeschieden; Ersatz
Ollenhauer): *30.1.1908 Rostock; 1926–33 Mitglied der DDP/DStP; 1938 aus dem Justizdienst entlassen; 1945–48 Mitglied der FDP; 1946 Rechtsanwalt in Hannover; 1945 Landrat in Greiz/Thüringen; 1947–51 Mitglied des Landtages Niedersachsen; 1948 Notar; 1948 Mitglied der SPD; 1949–61 Mitglied des Bundestages; † 11.6.1968 Ascona/Schweiz.

HEILAND, RUDOLF-ERNST (SPD, Nordrhein-Westfalen)
*8.9.1910 Hohndorf/Sachsen; 1925–33 Arbeiter in Marl; 1928 Mitglied der SPD; 1931 Mitglied der Sozialistischen Arbeiter Partei (SAP); 1936–38 wegen Widerstandes gegen das NS-Regime im Zuchthaus; Hilfsarbeiter; 1945 Kaufmann; 1946 Bürgermeister von Marl; 1947–49 Mitglied des Landtages Nordrhein-Westfalen; 1949–65 Mitglied des Bundestages; † 6.5.1965 Gelsenkirchen.

HEILE, WILHELM (DP, Niedersachsen)
*18.12.1881 Diepholz; evangelisch; Mitglied der DDP; bis 1918 Soldat; 1919 Mitglied der Weimarer Nationalversammlung; 1920–24 Mitglied des Reichstages; ab 1933 mehrfach verhaftet; 1946–49 Mitglied des Zonenbeirates; 1946 stellvertretender Ministerpräsident in Niedersachsen; 1946–51 Mitglied des Landtages Niedersachsen; † 17.8.1969 Harpstedt.

HERMANS, HUBERT (CDU, Rheinland-Pfalz) (5.5.1949 eingetreten für Süsterhenn)
*20.3.1909 Köln; katholisch; 1944 Richter; 1945 Oberbürgermeister der Koblenzer Vororte nördl. der Mosel; 1945 Mitglied des Landesgerichts Koblenz; Verwaltungsbeamter im rheinland-pfälzischen Justizministerium und der Staatskanzlei; 1945 Gründungsmitglied der CDU Rheinland-Pfalz; 1946 Mitglied der beratenden Landesversammlung von Rheinland-Pfalz und Mitglied des Verfassungsausschusses; 1947–51 Mitglied des Landtages Rheinland-Pfalz;

1952–72 Bevollmächtigter beim Bund für das Land Rheinland-Pfalz; 1963 Staatssekretär; 1973 in der Staatskanzlei Mainz beauftragt mit der Verfassungsreform; † 28.12.1989 Koblenz.

HEUSS, THEODOR, Dr. rer. pol., Dr. h.c. mult. (FDP, Württemberg-Baden)
*31.1.1884 Brackenheim; evangelisch; Schriftsteller, Publizist und Politiker; 1903–33 Mitglied der Freisinnigen Vereinigung der Fortschrittlichen Volkspartei und der DDP; 1919 Stadtverordneter, 1921 Bezirksverordneter in Berlin-Schöneberg; 1920–24 Studienleiter und 1924–33 Dozent an der Hochschule für Politik in Berlin; 1924–28 (DDP) und 1930–33 (Staatspartei) Mitglied des Reichstages; 1945 Gründungsmitglied der FDP; 1945–46 Kultminister in Württemberg-Baden; 1946 Mitglied der Verfassunggebenden Länderversammlung in Württemberg-Baden; seit 1946 Vorsitzender der FDP in der amerikanischen Besatzungszone; 1946–49 Mitglied des Landtages Württemberg-Baden; 1949 Vorsitzender der FDP Westdeutschlands und Berlins; 1949 Mitglied des Bundestages; 1949–59 Bundespräsident; † 12.12.1963 Stuttgart.

HILBERT, ANTON (CDU, Baden) (7.3.1949 eingetreten für Fecht)
*24.12.1898 Untereggingen bei Waldshut; katholisch; ein Jahr an der Landwirtschaftsschule; Vorsitzender des bäuerlichen Versuchsringes Bonndorf-Stühlingen; 1916–18 Soldat; 1926 Mitglied der Kreisversammlung Waldshut; Mitglied der Badischen Bauernpartei; 1929–33 Mitglied des Landtages Baden; Industriekaufmann in Thüringen; 1945 Bürgermeister in Wutha; 1946 Bürgermeister in Untereggingen; 1946–47 Mitglied der beratenden Landesversammlung Baden; 1946–47 Staatssekretär für Landwirtschaft in Baden; 1947–52 Mitglied des Landtages Baden; 1949–69 Mitglied des Bundestages; 1952–56 Mitglied des Landtages Baden-Württemberg; † 25.2.1986 Stühlingen .

HOCH, FRITZ, Dr. iur. (SPD, Hessen)
*21.10.1896 Zürich; freireligiös; 1916–18 Soldat; Jurist; 1919 Mitglied der SPD; 1925–26 Regierungsassessor im Landratsamt Dortmund; 1926 Polizeidezernent beim Regierungspräsidium in Liegnitz; 1926–32 im Preußischen Ministerium des Innern; 1932–45 Oberregierungsrat in Kassel; 1945–48 Oberpräsident der Provinz Kurhessen; 1946 Mitglied der Kommission zur Vorbereitung der Hessischen Verfassung; 1948–61 Regierungspräsident in Kassel; 1952–71 Mitglied des Verwaltungsrates des Hessischen Rundfunks; † 20.10.1984 Kassel.

HOFMEISTER, WERNER, Dr. iur. (CDU, Niedersachsen) (24.2.1949 eingetreten für Rönneburg)
*23.2.1902 Braunschweig; evangelisch; Mitglied der DVP; 1933–45 Rechtsanwalt in Braunschweig; 1945–46 beauftragter Richter beim Amtsgericht in Braun-

schweig; 1945 Gründungsmitglied der CDU; 1946 Notar; 1947–67 Mitglied des Landtages Niedersachsen; 1947–50 und 1957–59 Justizminister in Niedersachsen; 1947–49 zugleich Minister für Entnazifizierung; 1955–57 Präsident des Landtags Niedersachsen; † 21.9.1984 Braunschweig.

HÖPKER ASCHOFF, HERMANN, Dr. iur., Dr. iur. h. c., Dr. phil. h. c. (FDP, Nordrhein-Westfalen)
*31.1.1883 Herford; evangelisch; Landgerichtsrat; 1921 Oberlandesgerichtsrat in Hamm; Mitglied der DDP; 1921–32 Mitglied des Landtages Preußen; 1925–31 preußischer Finanzminister; 1930–32 Mitglied des Reichstages; 1945 Generalreferent für Finanzen in der westfälischen Provinzialregierung; 1945 Lehrbeauftragter für Währung und Finanzen an der Universität Münster; 1946 Finanzminister von Nordrhein-Westfalen; seit 1948 Honorarprofessor in Münster; 1949–51 Mitglied des Bundestages; 1950 Honorarprofessor in Bonn; 1951–54 Präsident des Bundesverfassungsgerichts und Vorsitzender des Ersten Senats; † 15.1.1954 Karlsruhe.

KAISER, JAKOB (CDU, Berlin) (Beratendes Mitglied)
*8.2.1888 Hammelburg/Unterfranken; katholisch; seit 1912 Vertreter der christlichen Gewerkschaften; 1914–18 Soldat; 1919 Gewerkschaftsführer des Gesamtverbandes christlicher Gewerkschaften; 1933 Mitglied des Reichstages (Zentrum); 1945 Gründungsmitglied und bis 1947 Vorsitzender der CDU Berlin und der Sowjetischen Besatzungszone (SBZ); durch die sowjetische Besatzungsmacht wurde ihm im Dez. 1947 die Führung der Parteigeschäfte entzogen; 1949–57 Mitglied des Bundestages; 1949–57 Bundesminister für gesamtdeutsche Fragen; † 7.5.1961 Berlin.

KATZ, RUDOLF, Dr. iur. (SPD, Schleswig-Holstein)
*30.9.1895 Falkenburg/Pommern; 1914–18 Soldat; 1923–24 Syndikus in Lübeck; 1924–33 Rechtsanwalt und Notar in Hamburg-Altona; 1929–33 Abgeordneter der SPD in der Stadtverordnetenversammlung in Altona; Mitglied des Schleswig-Holsteinischen Städtetages; 1933 Emigration; 1933–35 als Beauftragter des Völkerbundes in Nanking (China); 1935–38 Assistent an der Columbia-Universität New York; 1938 Redakteur in New York; 1941 amerikanischer Staatsbürger; 1947–50 Minister der Justiz und 1949 Minister für Volksbildung in Schleswig-Holstein; 1947–49 Mitglied des Wirtschaftsrates für das Vereinigte Wirtschaftsgebiet in Frankfurt/Main; 1951 Vizepräsident des Bundesverfassungsgerichts; † 23.7.1961 Baden-Baden.

KAUFMANN, THEOPHIL HEINRICH (CDU, Württemberg-Baden)
*15.12.1888 Frankfurt/Main; evangelisch; 1913–16 Journalist; 1916–19 Soldat;

1919–21 Angestellter beim Zentralarbeitsnachweis in Hannover; 1921–33 Geschäftsführer des Gewerkschaftsbundes der Angestellten in Hannover, Bremen und Hamburg; Mitglied der DDP; 1923–27 Mitglied der Bürgerschaft Bremen; 1928–33 Mitglied der Bürgerschaft Hamburg; 1933 als politisch »untragbar« aus allen Ämtern entlassen; 1935 Geflügelzüchter in Ettlingen; 1946–48 Bürgermeister in Ettlingen; 1946 Mitglied der CDU Württemberg-Baden; 1947–49 Mitglied des Wirtschaftsrates für das Vereinigte Wirtschaftsgebiet in Frankfurt/Main; seit 1951 im Auswärtigen Amt; 1952–54 Generalkonsul in Basel (Schweiz); † 22.8.1961 Ettlingen.

KLEINDINST, JOSEF FERDINAND, Dr. iur. (CSU, Bayern)
*20.10.1881 Mering/Oberbayern; katholisch; 1913–45 Beamter in der Stadtverwaltung Augsburg; 1919–45 Stadtrat in Augsburg; 1920–33 Mitglied des Verwaltungsausschusses des bayerischen Landesarbeitsamtes; 1946–48 Fürsorgereferent der Regierung von Schwaben; 1949–57 Mitglied des Bundestages; † 8.9.1962 Augsburg.

KROLL, GERHARD, Dr. phil. (CSU, Bayern)
*20.8.1910 Breslau; katholisch; Mitarbeiter des Instituts für Konjunkturforschung in Berlin; Volontär bei Siemens und Halske; Stipendiat der Notgemeinschaft der deutschen Wissenschaft; 1943–45 Soldat; 1945 Gründungsmitglied der CSU Bamberg; 1946–48 Landrat von Staffelstein; 1946–50 Mitglied des Landtages Bayern; 1949–51 Leiter des Instituts zur Erforschung des Nationalsozialismus München (später Institut für Zeitgeschichte); 1951 Herausgeber der Zeitschrift »Neues Abendland«; † 10.11.1963 Jerusalem.

KÜHN, ADOLF (CDU, Württemberg-Baden) (22.2.1949 eingetreten für den verstorbenen Walter)
*31.5.1886 Ötigheim bei Rastatt; katholisch; 1919 Stadtverordneter, 1920 Stadtrat in Karlsruhe; Mitglied des Zentrums; 1925–33 Mitglied des Landtages Baden; 1945 kommissarischer Leiter des Arbeitsamtes und des Städtischen Wohlfahrtsamtes Karlsruhe; Gründungsmitglied der CDU in Württemberg-Baden; 1946 Mitglied der Verfassunggebenden Landesversammlung Württemberg-Baden; 1946–63 Mitglied des Landtages Württemberg-Baden; † 23.4.1968 Karlsruhe.

KUHN, KARL (SPD, Rheinland-Pfalz)
*14.2.1898 Bad Kreuznach; 1916– 18 Soldat; 1919–33 Volksschullehrer im Regierungsbezirk Köln; 1922 Mitglied der SPD; 1929 Kreistagsabgeordneter im Siegkreis; 1933 Schutzhaft1935–37 Studium der Betriebswirtschaft in Köln; 1938–45 kaufmännischer Angestellter im Lebenmittelgroßhandel; 1945 kommissarischer Leiter des Kreisernährungsamtes in Bad Kreuznach; 1946 Mitglied

der beratenden Landesversammlung von Rheinland-Pfalz; 1947–67 Mitglied des Landtages Rheinland-Pfalz; Stadtverordneter und seit 1949 hauptamtlicher Erster Beigeordneter bzw. Bürgermeister in Bad Kreuznach; † 18.10.1986 Bad Kreuznach.

LAFORET, WILHELM, Dr. iur. (CSU, Bayern)
*19.11.1877 Edenkoben/ Pfalz; katholisch; 1900–01 Soldat; 1908–14 Regierungsrat im Bayerischen Ministerium des Innern; 1914–18 Soldat; Mitglied der BVP; 1918–22 Vorstand des Bezirksamts Ochsenfurt; 1922–27 Oberregierungsrat und Ministerialrat im Bayerischen Ministerium des Innern; Mitverfasser der bayerischen Gemeindeordnung; 1927–51 Professor für Staatsrecht und Verwaltungsrecht in Würzburg; Gutachter im vorbereitenden Verfassungsausschuß für Nordwürttemberg und Nordbaden; 1945 Gründungsmitglied der CSU Unterfranken; 1946–49 Mitglied des Landtages Bayern; Verfasser des Bayerischen Gemeindegesetzes; 1949–53 Mitglied des Bundestages; † 14.9.1959 Würzburg.

LEHR, ROBERT, Dr. iur., Dr. med. h. c. (CDU, Nordrhein-Westfalen)
*20.8.1883 Celle; evangelisch; Jurist; 1915 Beigeordneter in Düsseldorf; 1924–33 Oberbürgermeister von Düsseldorf; 1933 verhaftet und amtsenthoben; Teilnahme an der Widerstandsbewegung im Goerdeler-Kreis; 1945–46 Oberpräsident der Allgemeinen Verwaltung in der Provinzialregierung der Nordrheinprovinz; 1946 Vorsitzender des Zonenbeirates; 1946 Gründungsmitglied der CDU; 1946–50 Mitglied des Landtages und 1946–47 Präsident des Landtages Nordrhein-Westfalen; 1949–53 Mitglied des Bundestages; 1950–53 Bundesminister des Innern; † 13.10.1956 Düsseldorf.

LENSING, LAMBERT (CDU, Nordrhein-Westfalen)
*14.11.1889 Dortmund; katholisch; 1914–18 Soldat; bis 1933 Mitglied des Zentrums; 1919 Verleger; 1939–44 Soldat; 1945 Gründungsmitglied der CDU in Bochum; 1945–59 Landesvorsitzender der CDU Westfalen-Lippe; 1949 Herausgeber der »Ruhrnachrichten«; Mitglied des Zonenbeirates; 1954–58 Mitglied des Landtages Nordrhein-Westfalen; seit 1954 Vizepräsident des Bundesverbandes Deutscher Zeitungsverleger; † 25.4.1965 Dortmund.

LÖBE, PAUL (SPD, Berlin) (Beratendes Mitglied)
*14.12.1875 Liegnitz/Schlesien; freireligiös; Schriftsetzer; 1898 Setzer und 1899 Redakteur der SPD-Zeitung »Volkswacht« in Breslau; 1904 Stadtverordneter in Breslau; 1915 Mitglied des Schlesischen Provinziallandtages; 1919–20 Mitglied und Vizepräsident der Verfassunggebenden Deutschen Nationalversammlung in Weimar; 1920–24 und 1924–32 Präsident des Reichstags; 1933 im Gefängnis Spandau, dann im KZ Dürrgoy; 1935 Lektor im Verlag de Gruyter; 1944 im KZ

Groß-Rosen bei Striegau in Schlesien; seit 1946 Mitherausgeber Lizenzträger der Tageszeitung »Der Telegraf« in Berlin; 1949–53 Mitglied des Bundestages; seit 1954 Präsident des Kuratoriums »Unheilbares Deutschland«; † 3.8.1967 Bonn.

LÖWENTHAL, FRITZ, Dr. oec. publ. (SPD, Nordrhein-Westfalen; ab 4.5.1949 parteilos)
*15.9.1888 München; konfessionslos; 1918 Rechtsassessor in Bamberg; 1919 Rechtsanwalt in Nürnberg; 1922 Syndikus in Stuttgart; 1927 Rechtsanwalt in Berlin; Mitglied der KPD; 1930–32 Mitglied des Reichstages; Emigration nach Moskau; 1947 Rückkehr nach Deutschland; in der Zentralverwaltung für Justiz in der sowjetischen Besatzungszone tätig; Flucht nach Westdeutschland; † 28.8.1956 Valdorf bei Vlotho.

MAIER, FRIEDRICH (SPD, Baden)
*29.12.1894 Karlsruhe; freireligiös; Volksschullehrer in Mannheim und 1945 Schulleiter bzw. 1947 Rektor in Gegenbach; 1914–1918 Soldat; 1920 Mitglied der SPD; 1939–45 Soldat; 1946 Mitglied der Beratenden Versammlung des Landes Baden; 1947 stellvertretender Landesvorsitzender der SPD in Baden; 1947 Ministerialrat im badischen Ministerium des Innern; 1947–51 Mitglied des Landtages Baden; Fraktionsvorsitzender; 1949–60 Mitglied des Bundestages; † 14.12.1960 Freiburg.

MANGOLDT, HERMANN VON, Dr. iur. (CDU, Schleswig-Holstein)
*18.11.1895 Aachen; evangelisch; bis 1919 Soldat; Jurist; 1926 Personal- und Polizeireferent bei der Reichswasserschutzleitung; Studium in Königsberg; 1926 Rechtsreferendar; 1931 Habilitation; 1935 außerplanmäßiger Professor, 1939 ordentlicher Professor in Tübingen, 1941–43 in Jena; 1939–44 Soldat; seit 1943 Professor in Kiel; 1947–48 Rektor der Universität Kiel; 1946–50 Mitglied des Landtages Schleswig-Holstein; 1946 Innenminister in Schleswig-Holstein; 1952 Richter am Staatsgerichtshof in Bremen; † 24.2.1953 Kiel.

MAYR, KARL SIGMUND (CSU, Bayern)
*3.5.1906 Nürnberg; evangelisch; Diplomvolkswirt; 1932 vereidigter Bücherrevisor und Wirtschaftstreuhänder in Nürnberg; 1940–45 Soldat; 1946 Vorsitzender der CSU im Bezirk Mittelfranken; 1950–54 stellvertretender Landesvorsitzender der CSU; 1946 Mitglied der bayerischen Verfassunggebenden Landesversammlung; 1955–1957 Zweiter Landesschatzmeister der CSU; † 28.6.1978 Fürth.

MENZEL, WALTER, Dr. iur. (SPD, Nordrhein-Westfalen)
*13.9.1901 Berlin; evangelisch; seit 1921 Mitglied der SPD; 1927–28 Amtsrichter

in Potsdam; 1928–31 Finanzrat im preußischen Finanzministerium; 1931–33 Landrat in Weilburg an der Lahn; 1934–45 Rechtsanwalt in Berlin; 1945 Vorstand des Generalreferates Inneres und allgemeine Verwaltung der Provinzialregierung Westfalens; 1945 deutscher Berater der amerikanischen Kontrollkommission in Berlin; seit 1946 Mitglied des SPD-Parteivorstands; Mitglied des Zonenbeirates sowie des Rechts- und Verfassungsausschusses des Zonenbeirates; 1946–50 Mitglied des Landtages Nordrhein-Westfalen; 1946–50 Innenminister und stellvertretender Ministerpräsident von Nordrhein-Westfalen; 1949–63 Mitglied des Bundestages; 1952–57 politischer Sekretär bzw. parlamentarischer Geschäftsführer der SPD-Fraktion; † 24.9.1963 Bad Harzburg.

MÜCKE, WILLIBALD, Dr. iur. (SPD, Bayern)
*28.8.1904 Buchenhöh/Oberschlesien; 1933 Rechtsanwalt in Breslau; 1939–42 Wirtschaftsjurist in der Geschäftsführung der Deutschen Lokomotivbauvereinigung Berlin; 1942–45 Soldat; 1945 Mitglied des SPD-Parteivorstands; 1946 Rechtsanwalt in München; 1949–53 Mitglied des Bundestages; † 25.11.1984 München.

NADIG, FRIEDERIKE (SPD, Nordrhein-Westfalen)
*11.12.1897 Herford; evangelisch; Fürsorgerin; Wohlfahrtspflegerin 1916 Mitglied der SPD; 1930–33 Mitglied des Provinziallandtages Westfalen; seit 1945 Bezirkssekretärin der Arbeiterwohlfahrt Ostwestfalen; 1946–48 Mitglied des Zonenbeirates; 1947–50 Mitglied des Landtages Nordrhein-Westfalen; 1949–61 Mitglied des Bundestages; † 14.8.1970 Herford.

OLLENHAUER, ERICH (SPD, Niedersachsen) (20.5.1949 eingetreten für Greve)
*27.3.1901 Magdeburg; kaufmännische Lehre; bis 1928 Sekretär und Redakteur der »Arbeiterjugend«; bis 1933 Vorsitzender der Sozialistischen Arbeiterjugend (SAJ); 1921–45 Sekretär der Sozialistischen Jugendinternationale; 1933 Mitglied des SPD-Parteivorstands; 1933 Emigration nach Prag, 1938 nach Paris, 1940 nach London; 1946 Rückkehr nach Deutschland; 1946 stellvertretender Parteivorsitzender der SPD; 1949–63 Mitglied des Bundestages; 1963 Präsident der Sozialistischen Internationale; † 14.12.1963 Bonn.

PAUL, HUGO (KPD, Nordrhein-Westfalen) (6.10.1948 ausgeschieden; Ersatz Renner): *28.10.1905 Hagen; religionslos; Werkzeugmacher; Mitglied der KPD; 1932 Mitglied des Reichstages; 1933 verhaftet; 1945–50 Landesvorsitzender der KPD Nordrhein-Westfalens; 1946–50 Mitglied des Landtages Nordrhein-Westfalen; 1947–48 Mitglied des Zonenbeirates; 1946–48 Minister für Wiederaufbau in Nordrhein-Westfalen; 1949–53 Mitglied des Bundestages; 1951 Strafantrag des Bundeskabinetts gegen Paul; Übertritt in die Sowjetzone; † 12.10.1962 Ostberlin.

PFEIFFER, ANTON, Dr. phil. (CSU, Bayern)
*7.4.1888 Rheinzabern/Pfalz; katholisch; 1926 Amerikaaufenthalt im Auftrag des Auswärtigen Amtes; Gründer des »Amerikanischen Instituts« in München; 1918–33 Generalsekretär der BVP; 1928–33 Mitglied des Landtages Bayern; 1933–45 Lehrer; 1945 Leiter der Bayerischen Staatskanzlei; 1946 Staatsminister für Sonderaufgaben; 1946 Mitglied im vorbereitenden Verfassungsausschuß und in der Verfassunggebenden Landesversammlung für Bayern; 1946–50 Mitglied des Landtages Bayern; 1948 Mitglied des Verfassungskonventes auf Herrenchiemsee; 1950 Generalkonsul, 1951–54 Botschafter in Brüssel; † 20.7.1957 München.

REIF, HANS, Dr. rer. pol. (FDP, Berlin) (Beratendes Mitglied)
*19.1.1899 Leipzig; evangelisch; 1924–33 Geschäftsführer des Reichsausschusses für Handel, Industrie und Gewerbe und des Reichsmittelstandsausschusses der DDP; 1943–45 Soldat; 1945 Gründungs- Mitglied der LDP in Leipzig; Bezirksvorsitzender der LDP in Berlin-Zehlendorf; 1946 stellvertretender Landesvorsitzender der FDP Berlin; Stadtverordneter; 1949–57 Mitglied des Bundestages; Professor an der Deutschen Hochschule für Politik in Berlin; † 11.11.1984 Berlin.

REIMANN, MAX (KPD, Nordrhein-Westfalen)
*31.10.1898 Elbing/Westpreußen; Werftarbeiter; 1919 Mitglied der KPD; 1920 Bergmann in den Ruhrzechen; 1928–32 Parteisekretär des KPD-Bezirkes Hamm; 1932 Sekretär des kommunistischen Bergarbeiterverbandes im Ruhrgebiet; 1934 Emigration, 1939 in die Tschechoslowakei; 1939–42 nach Verurteilung in Dortmund inhaftiert, 1942–45 im KZ-Haft Sachsenhausen; 1947 Vorsitzender der KPD der britischen Zone; Mitglied des Zonenbeirates; 1947–49 Mitglied des Wirtschaftsrates für das Vereinigte Wirtschaftsgebiet in Frankfurt/Main; 1949–53 Mitglied des Bundestages; 1951 und 1954 Flucht in die DDR; 1956–68 in Ostberlin; 1971 Mitglied und Ehrenvorsitzender der DKP; † 18.1.1977 Düsseldorf.

RENNER, HEINZ (KPD, Nordrhein-Westfalen) (7.10.1948 eingetreten für Paul)
*6.1.1892 Lückenburg; Journalist, 1910 Mitglied der SPD, später Mitglied der USPD und danach Mitglied der KPD; 1920 Abgeordneter der Stadtversammlung in Essen; Vorsitzender des Internationalen Bundes der Kriegsopfer in Essen; Mitglied des Provinziallandtages der Rheinprovinz; 1935 Emigration; tätig für das Zentralkomitee der KPD; 1943 von Frankreich an Deutschland ausgeliefert;

1943–45 im Zuchthaus; 1946 Oberbürgermeister von Essen; 1946–48 Sozialminister von Nordrhein-Westfalen; 1947–48 Verkehrsminister von Nordrhein-Westfalen; 1949–53 Mitglied des Bundestages und Fraktionsvorsitzender der KPD; Mitglied des KPD-Parteivorstands; nach Verbot der KPD trat er bei Wahlen als unabhängiger Kandidat auf; 1960 Anklage durch den Generalbundesanwalt; Auswanderung in die DDR; † 11.1.1964 Ostberlin.

Reuter, Ernst (SPD, Berlin) (Beratendes Mitglied)
*29.7.1889 Apenrade in Schleswig-Holstein; 1912 Eintritt in die SPD; Kriegsteilnahme; russ. Gefangenschaft; in den Revolutionswirren Anschluß an die Bolschewisten; kam mit Lenin zusammen, der ihn 1918 als Volkskommissar in die Wolga-Republik nach Saratow entsandte; 1918 Rückkehr nach Deutschland; 1920 Generalsekretär der KPD; 1921 Mitglied der SPD; 1926 im Berliner Magistrat Dezernent für »Verkehrs- und Versorgungsbetriebe«; 1931 Oberbürgermeister von Magdeburg; 1932 Mitglied des Reichstages; 1933 Emigration in die Türkei als Berater des Wirtschafts- und Verkehrsministeriums; 1946 Stadtrat in Berlin und Leiter des Dezernates Verkehrs- und Versorgungsbetriebe; 1947 Oberbürgermeister von Berlin (nicht bestätigt von der alliierten Kommandantur); 1948 von der sowjetischen Militärregierung seines Postens als Stadtrat enthoben; 1948 Oberbürgermeister von Berlin (West); 1951 Regierender Bürgermeister von Berlin; † 29.9.1953 Berlin.

Rönneburg, Heinrich (CDU, Niedersachsen) (24.2.1949 ausgeschieden; Ersatz Hofmeister)
*8.1.1887 Braunschweig; evangelisch-lutherisch; 1908–18 im Schuldienst in Braunschweig; 1914/15 Soldat; 1917 Gründer der Landesbeamtenorganisation; Mitglied der DDP; 1918–24 und 1927–28 Mitglied des braunschweigischen Landtages; 1918–20 Stadtverordneter in Braunschweig; 1919–20 Kultusminister, 1922–24 Innenminister im Freistaat Braunschweig; 1924–28 Mitglied des Reichstages; seit 1928 im Schuldienst; 1929 Staatskommissar für die Ostpreußenhilfe; 1930–33 Stellvertreter des Reichskommissars für die Osthilfe bzw. für die vorstädtische Siedlung; 1938 beschäftigt beim Generalbevollmächtigten im Wirtschaftsbereich Industrie; 1945–46 Landrat, 1946–47 Oberkreisdirektor des Kreises Wolfenbüttel; 1945 Gründungsmitglied der CDU im Land Braunschweig; † 1.9.1949 Wolfenbüttel.

Roßhaupter, Albert (SPD, Bayern) (14.10.1948 Nachfolger für Seifried)
*8.4.1878 Pillnach; katholisch; 1907–18 und 1918–33 Mitglied des Landtages Bayern; 1918/19 bayerischer Minister für militärische Angelegenheiten; 1945–46 Arbeitsminister und stellvertretender Ministerpräsident in Bayern; † 14.12.1949 Nannhausen.

RUNGE, HERMANN (SPD, Nordrhein-Westfalen)
*28.10.1902 Conradstal in Schlesien; Schlosser; 1931–33 Parteisekretär der SPD in Moers; illegale politische Tätigkeit; 1935–45 Zuchthaus; 1946–47 Mitglied des Landtages Nordrhein-Westfalen; 1949–57 Mitglied des Bundestages; † 3.5.1975 Düsseldorf.

SCHÄFER, HERMANN, Dr. phil. (FDP, Niedersachsen)
*6.4.1892 Rem, Hermannscheid; evangelisch; Redakteur der »Werkmeister-Zeitung«; 1912 Mitglied der FVP; 1914–18 Soldat; 1918–20 in französischer Kriegsgefangenschaft; 1920 Mitglied der DDP; 1925–32 Mitglied des Stadtrats Köln und des Rheinischen Provinziallandtags; 1925–33 Kreisvorsitzender Köln-Aachen; 1930 Mitglied der Staatspartei; 1935 Angestellter, 1941–44 Hauptmann d.R. beim Generalbevollmächtigten für technische Nachrichtenmittel dienstverpflichtet; 1946 Geschäftsführer der Hanseatischen Ersatzkasse und Merkur-Ersatzkasse; 1946 Vorsitzender des Verbandes der Angestellten-Krankenkassen; 1945–56 und 1961–66 Mitglied der FDP; 1947–49 Mitglied des Zonenbeirats; 1949–57 Mitglied des Bundestages; 1953–56 Bundesminister für besondere Aufgaben; † 26.5.1966 Wien.

SCHLÖR, KASPAR GOTTFRIED (CSU, Bayern)
*17.2.1888 Dettelbach/Unterfranken; katholisch; 1912 Rechtsreferendar; 1914–18 Soldat; 1920 Assessor; 1920 im Landesfinanzamt Würzburg; 1921–29 im Reichsfinanzministerium; 1926–33 Mitglied des Zentrums; 1929 Rechtsanwalt, Wirtschaftsprüfer und Steuerberater; 1945 Mitglied der CDU in Berlin, danach der CSU in Bayern; 1946 Vorsteher des Finanzamts Amberg; 1948–56 Stadtrat in Amberg; † 15.10.1964 Bad Tölz.

SCHMID, CARLO, Dr. iur. (SPD, Württemberg-Hohenzollern)
*3.12.1896 Perpignan; Rechtsanwalt; Richter; Referent am Kaiser-Wilhelm-Institut für öffentliches Recht und Völkerrecht in Berlin; 1929 Habilitation; Dozent in Tübingen; 1940 Mitarbeiter in der Militärverwaltung in Frankreich; 1945 Professor in Tübingen; 1945 Landesdirektor für Kultus, Unterricht und Kunst in Württemberg-Baden; 1945 Landesvorsitzender der SPD Süd-Württemberg; Berater der Verfassunggebenden Landesversammlung für Württemberg-Baden; 1946 Präsident des Staatssekretariats und Staatssekretär für Justiz; 1947 Justizminister und stellvertretender Staatspräsident; 1948 Mitglied des Verfassungskonventes auf Herrenchiemsee; 1949–72 Mitglied des Bundestages; 1953 Professor in Frankfurt/Main; 1966–69 Bundesminister für Angelegenheiten des Bundesrates und der Länder; † 11.12.1979 Bad Honnef.

SCHÖNFELDER, ADOLPH (SPD, Hamburg)
*5.4.1875 Hamburg; Zimmerer; 1902 Mitglied der SPD; 1905 Gewerkschaftsse-

kretär; 1915–18 Soldat; 1919 Mitglied der Bürgerschaft Hamburg; 1925 Mitglied des Hamburger Senates; 1926–33 Präses der Hamburger Polizeibehörde; 1945–46 2. Bürgermeister von Hamburg; 1945–61 Mitglied der Bürgerschaft Hamburg; 1945–60 Präsident der Hamburger Bürgerschaft; 1947–48 Mitglied des Zonenbeirats; 1950 Ehrenbürger von Hamburg; † 3.5.1966 Hamburg.

SCHRAGE, JOSEF (CDU, Nordrhein-Westfalen)
*6.5.1881 Olpe; katholisch; Metallarbeiter; 1916–28 Sekretär im Christlichen Metallarbeiter-Verband; ab 1919 Stadtverordneter in Olpe und Mitglied des Westfälischen Provinziallandtages; ab 1945 Bürgermeister in Olpe; 1946 Landrat des Kreises Olpe; 1947–53 Mitglied des Landtages Nordrhein-Westfalen; † 27.11.1953 Olpe.

SCHRÖTER, CARL (CDU, Schleswig-Holstein)
*29.5.1887 Neustadt an der Ostsee; evangelisch; Studienrat in Kiel; 1918 Mitglied der DVP; 1924–33 Mitglied des Landtages Preußen; 1933 Entlassung aus dem Staatsdienst; 1945 Gründungsmitglied und Landesvorsitzender der Demokratischen Union in Schleswig-Holstein, die er 1946 in die CDU überführte; 1946–51 Landesvorsitzender der CDU Schleswig-Holstein; 1949–52 Mitglied des Bundestages; † 25.2.1952 Kiel.

SCHWALBER, JOSEF, Dr. oec. publ. (CSU, Bayern)
*19.3.1902 Fürstenfeldbruck/Oberbayern; katholisch; 1929–43 Rechtsanwalt in Dachau; 1929–33 Mitglied der BVP; 1933 verhaftet; 1943–45 Soldat; 1945–47 1. Bürgermeister von Dachau; 1946 Mitglied der Verfassunggebenden Landesversammlung Bayern; 1947 Landrat in Dachau; 1946–54 Mitglied des Landtages Bayern; 1947–50 Staatssekretär im Bayerischen Innenministerium; 1948 Mitglied des Verfassungskonventes auf Herrenchiemsee; 1951–54 Kultusminister von Bayern; 1954–69 Rechtsanwalt in Dachau; † 16.8.1969 München.

SEEBOHM, HANS-CHRISTOPH, Dr. Ing., Dr. Ing. h. c., Dr. rer. nat. h. c. (DP, Niedersachsen)
*4.8.1903 Emanuelssegen/Oberschlesien; evangelisch-lutherisch; Diplomingenieur; 1931 preußischer Bergassessor; 1933–38 stellvertretender Direktor der Oehringer Bergbau AG, Oberschlesien; 1938–39 Betriebsdirektor der Erzbergbau GmbH Ringelheim, Peine; 1939–40 Bergwerksdirektor der Hohenlohewerke; 1940 Geschäftsführer der C. Deilmann Bergbau GmbH, Dortmund und Bentheim; Vorstandsmitglied der Braunschweigischen Maschinenbauanstalt; 1946 stellvertretender Vorsitzender des Direktoriums der DP; 1946–48 Minister für Aufbau, Arbeit und (seit 1947 zusätzlich) Gesundheitswesen in Niedersachsen; 1946–48 Mitglied des Landtages Niedersachsen; 1947 Präsident der Indu-

strie- und Handelskammer in Braunschweig; Mitglied des Vorstands des Wirtschaftsverbandes Erdölgewinnung; 1949–67 Mitglied des Bundestages; 1949–66 Bundesminister für Verkehr; 1960 Mitglied der CDU; † 17.9.1967 Bonn.

SEIBOLD, KASPAR, Dr. agr. (CSU, Bayern)
*14.10.1914 Lenggries; Diplomlandwirt; wissenschaftlicher Assistent an der Landwirtschaftlichen Fakultät in Weihenstephan; Lehrbeauftragter am Staatsinstitut für landwirtschaftlichen Unterricht in München; Persönlicher Referent von Reichsminister a.D. Hermann Dietrich; 1939–45 Soldat; 1945 sozialpolitischer Referent beim Bauernverband; 1946–49 bayerischer Vertreter für Ernährung, Landwirtschaft und Forsten beim Länderrat der Bizone; 1947–49 Mitglied des Wirtschaftsrates für das Vereinigte Wirtschaftsgebiet in Frankfurt/Main; 1949–50 Referent für Ernährung, Landwirtschaft und Forsten bei der bayerischen Vertretung im Bundesrat; 1952 Mitglied des Kreistages Bad Tölz; seit 1955 Mitglied, später Vizepräsident des Bezirkstages Oberbayern; Vorsitzender des Bezirksverbandes Oberbayern im Bayerischen Gemeindetag; 1966–84 1. Bürgermeister von Lenggries; † 15.10.1995 Lenggries.

SEIFRIED, JOSEF (SPD, Bayern) (14.10.1948 ausgeschieden; Ersatz Rosshaupter): *9.5.1892 München; altkatholisch; 1928–33 Mitglied des Landtages Bayern; 1945 im Stadtrat München; 1945–47 Innenminister in Bayern; 1946–50 Mitglied des Landtages Bayern; † 8.7.1962 München.

SELBERT, ELISABETH, geb. Rohde, Dr. iur. (SPD, Niedersachsen)
*22.9.1896 Kassel; protestantisch; 1918 Mitglied der SPD; 1934 Rechtsanwältin und Notarin in Kassel; 1946–50 Mitglied der Stadtverordnetenversammlung in Kassel; Mitglied der Verfassunggebenden Versammlung Hessen; 1946–58 Mitglied des Landtages Hessen; † 9.6.1986 Kassel.

STOCK, JEAN (SPD, Bayern)
*7.6.1893 Gelnhausen; freireligiös; Druckerlehre; 1911 Mitglied der SPD; bis 1918 Soldat; 1918–19 und 1920–24 Mitglied des Landtages Bayern; 1920–33 Stadtrat in Aschaffenburg; 1944 im KZ Dachau; 1945 Regierungspräsident von Unterfranken; 1945 Oberbürgermeister von Aschaffenburg; 1946 Mitglied der bayerischen Verfassunggebenden Landesversammlung; 1946–52 Stadtrat von Aschaffenburg; 1946–62 Mitglied des Landtages Bayern; 1947–48 Mitglied des Länderrates; † 13.1.1965 Aschaffenburg.

STRAUß, WALTER, Dr. iur. (CDU, Hessen)
*15.6.1900 Berlin; jüdisch, später evangelisch; 1927–28 Richter in Berlin; 1928–35 Referent im Reichswirtschaftsministerium; 1935–43 Wirtschaftsberater

Abbildung 22. Im Schreibbüro des Sekretariates des Parlamentarischen Rates, links Jean Stock (SPD), rechts Carlo Schmid (SPD).

und Anwaltstätigkeit; 1943–45 Fabrikarbeiter; 1945–46 Lazarett- und Krankenhausleiter; 1945 Gründungsmitglied der CDU-Berlin; 1946–47 Staatssekretär der Staatskanzlei Hessen; 1947–49 stellvertretender Direktor der Verwaltung für Wirtschaft des Vereinigten Wirtschaftsgebiets; 1948 Leiter des Rechtsamtes der Bizonenverwaltung; 1950–63 Staatssekretär im Bundesministerium der Justiz; 1963–70 Richter beim Gerichtshof der Europäischen Gemeinschaft; † 1.1.1976 Baldham/München.

SUHR, OTTO, Dr. phil. (SPD, Berlin) (Beratendes Mitglied des Parlamentarischen Rates)
*17.8.1894 Oldenburg; Pressereferent, u. a. in der Landesabteilung Hessen der Reichszentrale für Heimatdienst; nach 1933 freier Journalist; nach dem Zweiten Weltkrieg beim Magistrat der Stadt Berlin; im Frühjahr 1946 maßgebend am Widerstand der SPD Berlin gegen einen Zusammenschluß mit der KP in der SED beteiligt; Aug. 1946 Generalsekretär der SP Berlin; Okt. 1946 Mitglied Berliner Stadtparlament; 1946 Vorsitzender der Stadtverordnetenversammlung; 1948 Beobachter auf dem Verfassungskonvent auf Herrenchiemsee; 1949–52 Mitglied des Bundestages; 1951 Präsident des Berliner Abgeordnetenhauses; 1952 Honorarprofessor an der Freien Universität Berlin; 1955–57 Regierender Bürgermeister von Berlin (West); 1957 Präsident des Bundesrates; † 30.8.1957 Berlin.

SÜSTERHENN, ADOLF, Dr. iur. (CDU, Rheinland-Pfalz) (5.5.1949 ausgeschieden; Ersatz
Hermans): *31.5.1905 Köln; katholisch; Mitglied des Zentrum; 1931/32 Richter in Trier und Köln; 1932–46 Rechtsanwalt in Köln und Unkel; 1933 Stadtverordneter in Köln; 1945 Gründungsmitglied der CDU Koblenz; 1946 Vorsitzender der vorbereitenden Verfassungskommission für Rheinland-Pfalz; 1946–47 Mitglied der Beratenden Landesversammlung von Rheinland-Pfalz; 1946–51 Justiz- und 1947–51 Kultusminister in Rheinland-Pfalz; 1948 Mitglied des Verfassungskonventes auf Herrenchiemsee; 1949–51 Mitglied des Bundesrates; 1950–57 stellvertretendes Mitglied des CDU-Bundesvorstands; 1951–61 Präsident des Oberverwaltungsgerichtes und des Verfassungsgerichtshofes; 1951 Honorarprofessor an der Hochschule für Verwaltungswissenschaften Speyer; 1952–54 stellvertretender Vorsitzender des Sachverständigenausschusses der Europäischen Kommission für Menschenrechte; 1954–74 Mitglied der Europäischen Kommission für Menschenrechte in Straßburg; 1960–65 Mitglied der Beratenden Versammlung des Europarates und der Westeuropäischen Union (WEU); Mitglied der NATO-Parlamentarier-Konferenz, 1961–69 Mitglied des Bundestages; † 24.11.1974 Koblenz.

WAGNER, FRIEDRICH WILHELM (SPD, Rheinland-Pfalz)
*28.2.1894 Ludwigshafen; freireligiös; 1922 Rechtsanwalt in Ludwigshafen; 1930–33 Mitglied des Reichstages; 1933 Emigration in die Schweiz, 1935 nach Straßburg, 1937 nach Paris, 1941 über Spanien und Portugal in die USA; 1947 Rückkehr nach Deutschland; 1947–49 Mitglied des Landtages Rheinland-Pfalz; 1949–61 Mitglied des Bundestages; † 17.3.1971 Ludwigshafen.

WALTER, FELIX (CDU, Württemberg-Baden) (17.2.1949 verstorben; Ersatz Kühn): *19.9.1890 Ludwigsburg; katholisch; Jurist; 1919–33 im württembergischen Staatsministerium; 1924–33 Vorsitzender der Zentrumspartei Groß-Stuttgart; 1931–45 in der württembergischen bzw. Reichsjustizverwaltung; 1933 Landgerichtsrat beim Landgericht Stuttgart; Gründungsmitglied der CDU Württemberg und Mitglied des engeren Parteivorstands; 1946 Mitglied der Verfassunggebenden Landesversammlung in Württemberg-Baden; 1946–49 Mitglied des Landtages Württemberg-Baden; † 17.2.1949 Stuttgart.

WEBER, HELENE, Dr. h. c. (CDU, Nordrhein-Westfalen)
*17.3.1881 Wuppertal/Elberfeld; katholisch; gehörte dem Vorstand des Zentrums an; 1919 als Abgeordnete des Zentrums in der Weimarer Nationalversammlung; 1921–24 im Preußischen Landtag; seit 1924 im Reichstag; nach 1945 widmete sie sich dem Wiederaufbau einer christlichen Frauenbewegung; 1946/47 Mitglied des Landtages Nordrhein-Westfalen; 1947–48 Mitglied im Zonenbeirat; 1949–62 Mitglied des Bundestages; † 25.7.1962 Bonn.

WESSEL, HELENE (Zentrum, Nordrhein-Westfalen)
*6.7.1898 Dortmund; katholisch; Jugend- und Wirtschaftsfürsorgerin; 1915 Parteisekretärin des Zentrums in Dortmund-Hörde; 1928–33 Mitglied des Landtages Preußen; 1945 Gründungsmitglied des Zentrums; 1946–49 Lizenzträgerin und Geschäftsführerin der Tageszeitung »Neuer Westfälischer Kurier«; 1946–49 Mitglied des Landtages Nordrhein-Westfalen; 1949–53 und 1957–69 Mitglied des Bundestages; 1953 Mitglied der Gesamtdeutschen Volkspartei (GVP); 1957 Mitglied der SPD; † 13.10.1969 Bonn.

WIRMER, ERNST (CDU, Niedersachsen)
*7.1.1910 Warburg; katholisch; 1937–45 in der Rechtsabteilung der Reichsumsiedlungsgesellschaft; 1939–44 Soldat; in der NS-Zeit Mitarbeiter seines Bruders Josef (Widerstandsgruppe 20. Juli 1944); seit Dez. 1945 im Staatsministerium Oldenburg, Leiter der Abteilung für innere Verwaltung; 1949/50 persönlicher Referent des Bundeskanzlers Adenauer; 1950–75 Ministerialdirektor im Amt des Beauftragten für Verteidigungsfragen Blank, später im Bundesministerium für Verteidigung; † 19.8.1981 Bonn.

WOLFF, FRIEDRICH, Dr. rer. pol. (SPD, Nordrhein-Westfalen)
*24.3.1912 Essen; katholisch; 1930 Mitglied der SPD; 1936–43 Wirtschaftsredakteur der »Frankfurter Zeitung«; 1943–46 Wehrdienst und Kriegsgefangenschaft; 1946 Stadtdirektor in Essen; 1957–63 Oberstadtdirektor in Essen; Mitherausgeber des »Essener Stadtanzeiger«† 13.12.1976 Essen.

WUNDERLICH, HANS (SPD, Niedersachsen)
*18.6.1899 München; katholisch; seit 1919 Journalist; 1920 Mitglied der SPD; 1948–51 Ratsherr in Osnabrück; Mitbegründer der »Nordwestdeutschen Rundschau«; Chefredakteur der »Westfälischen Rundschau« in Dortmund; † 26.12.1977 Osnabrück.

ZIMMERMANN, GUSTAV (SPD, Württemberg-Baden)
*2.12.1888 Liedolsheim; evangelisch; 1914–18 Soldat; 1919–33 Redakteur und seit 1931 Verlagsdirektor der Mannheimer »Volksstimme«; 1919–33 stellvertretender Vorsitzender der SPD in Baden; 1920–33 Stadtrat in Mannheim; 1933 Schutzhaft; drei Jahre Gefängnis wegen Herausgabe einer illegalen Zeitung; 1936 Geschäftsführer einer Papierwarenfabrik; 1937–45 Vertreter; 1945 stellvertretender Oberbürgermeister in Mannheim; Landesdirektor des Inneren in Baden; Mitglied der vorläufigen Volksvertretung und der Verfassunggebenden Landesversammlung für Württemberg-Baden; 1946–49 Mitglied des Landtages Württemberg-Baden; † 1.8.1949 Karlsruhe.

ZINN, GEORG AUGUST (SPD, Hessen)
*27.5.1901 Frankfurt/Main; 1920 Mitglied der SPD; 1929–33 Stadtverordneter in Kassel; 1933 Schutzhaft; 1945–49 Justizminister in Hessen; 1947–49 Mitglied und Vizepräsident des Wirtschaftsrates für das Vereinigte Wirtschaftsgebiet in Frankfurt/Main; 1949–51 und 1961 Mitglied des Bundestages; 1950–69 Ministerpräsident von Hessen; 1953–54 Präsident des Bundesrates; † 27.3.1976 Wiesbaden.

Zeittafel

1948

1.7.	Überreichung der Frankfurter Dokumente an die Ministerpräsidenten der drei Westzonen
8.–10.7.	Ministerpräsidentenkonferenz in Koblenz (Rittersturz); Abfassung der »Koblenzer Beschlüsse«
21./22.7.	Zweite Ministerpräsidentenkonferenz in Niederwald; Revision der Koblenzer Beschlüsse
10.–23.8.	Verfassungskonvent auf der Insel Herrenchiemsee
1.9.	Eröffnung des Parlamentarischen Rates im Museum Koenig in Bonn Konstituierende Sitzung in der Pädagogischen Akademie
8./9.9.	Erste Plenarberatungen des Parlamentarischen Rates
15.9.	Konstituierung der Fachausschüsse
30.9.	Gespräch zwischen Adenauer und Vertretern der alliierten Verbindungsbüros in Rhöndorf; Übergabe des Schreibens der Militärgouverneure an Adenauer vom 29.9.1948
20.10.	Übergabe der Erklärung der Militärgouverneure vom 19.10.1948
20./21.10.	Erste Lesung im Plenum
28.10.	Schreiben von Höpker Aschoff an die Vertreter des britischen Verbindungsbüros in Bonn
11.11.–10.12.	Erste Lesung im Hauptausschuß
18.11.	Gespräch zwischen Adenauer und General Robertson in Bad Homburg

22.11.	Memorandum der Alliierten zur bisherigen Beratung der Fachausschüsse zum Grundgesetz
14.12.	Besprechung mit Kirchenvertretern
15.12.–20.1.	Zweite Lesung im Hauptausschuß
16./17.12.	Besprechungen von Vertretern des Parlamentarischen Rates mit den Militärgouverneuren in Frankfurt/Main (sog. »Frankfurter Affäre«)

1949

7.1.	Stellungnahme des Hauptausschusses zum Ruhrstatut
26.1.–28.2.	Beratungen des Fünferausschusses
4.2.	Besprechungen zwischen dem Präsidium und den Fraktionsführern des Parlamentarischen Rates mit den Ministerpräsidenten Arnold, Altmeier, Kopf und Stock
5.2.	Vorlage der Ergebnisse der Beratungen des Fünferausschusses
8.–10.2.	Dritte Lesung im Hauptausschuß
10.2.	Memorandum des Fünferausschusses an die Alliierten über den föderalen Charakter des Grundgesetzentwurfes
11.2.	Übersendung des Grundgesetzentwurfes und des Memorandums vom 10.2.1949 an die Militärgouverneure
18.2.	Übergabe des alliierten Memorandums vom 17.2.1949
24.2.	Verabschiedung des Wahlgesetzes im Plenum
1.3.	Besuch des Vorstandsmitglieds des Deutschen Volksrats in der sowjetischen Besatzungszone, Otto Nuschke, in Bonn
2.3.	Besprechung von Mitgliedern des Parlamentarischen Rates mit den Militärgouverneuren in Frankfurt/Main; Memorandum zum Grundgesetzentwurf und Wahlgesetzentwurf
3.3.–6.4.	Beratungen des Siebenerausschusses
8.–10.3.	Besprechungen von Mitgliedern des Parlamentarischen Rates (Siebenerausschuß) mit alliierten Vertretern in Frankfurt

18.3.	Besprechung von Mitgliedern des Parlamentarischen Rates mit alliierten Vertretern in Bonn
25.3.	Besprechung von Mitgliedern des Parlamentarischen Rates mit alliierten Vertretern in Bonn; Ablehnung der Vorschläge des Siebenerausschusses
5.4.	Mitteilung der Außenminister von Frankreich, Großbritannien und den USA an den Parlamentarischen Rat
10.4.	Besprechung von Mitgliedern des Parlamentarischen Rates mit alliierten Vertretern in Bonn; Bekanntgabe des Besatzungsstatuts und des Washingtoner Abkommens über den Zusammenschluß der drei westlichen Besatzungszonen
14.4.	Besprechung von Vertretern des Parlamentarischen Rates mit den Militärgouverneuren in Frankfurt/Main über das Besatzungsstatut; Memorandum der Militärgouverneure zur Regelung der Polizeigewalt
20.4.	Parteivorstandssitzung der SPD in Hannover; Beschluß über einen »verkürzten« Grundgesetzentwurf
22.4.	Übergabe der Mitteilung der Außenminister von Frankreich, Großbritannien und den USA
24.4.	Interfraktionelle Einigung zum Grundgesetzentwurf
25.4.	Besprechung von Vertretern des Parlamentarischen Rates mit den Militärgouverneuren in Frankfurt/Main
5./6.5.	Vierte Lesung im Hauptausschuß
6.5.	Zweite Lesung im Plenum
8.5.	Dritte Lesung im Plenum
10.5.	Verabschiedung des Wahlgesetzes und Beschluß über den Bundessitz
12.5.	Genehmigung des Grundgesetzentwurfes durch die Militärgouverneure in Frankfurt/Main
23.5.	Verkündung des Grundgesetzes
15.7.	Erlaß des Wahlgesetzes durch die Ministerpräsidenten

Anmerkungen

Einleitung

1 Heinrich von Siegler, Dokumentation zur Deutschlandfrage. Von der Atlantik-Charta 1941 bis zur Berlin-Sperre 1961, Bd. 1, Bonn 1961, S. 57.
2 Pfeiffer in der CDU/CSU-Fraktion, 24. Mai 1949, in: Salzmann, S. 571.
3 Bundesarchiv Koblenz, Nachlaß Jakob Kaiser, Bd. 18, Blatt 172–178, und ebd., Z 5/Anhang, Bd. 15 und 16; Bayerisches Hauptstaatsarchiv München, Nachlaß Josef Ferdinand Kleindinst, Bd. 1, 11, 12, 14, 15 und 17.
4 Friedrich Karl Fromme, Wie das Grundgesetz wirklich zustande kam. Ein Streitgespräch von Historikern und Dabeigewesenen im Adenauer-Haus zu Rhöndorf, in: Frankfurter Allgemeine Zeitung vom 24. Juni 1969, S. 2. Vgl. auch Registratur der Stiftung-Bundeskanzler-Adenauer-Haus in Rhöndorf: E-I 3.1.
5 Der Parl. Rat, Bd. 3, S. XXIII; ebd., Bd. 8, S. XXVII.
6 Der Parl. Rat, Bd. 1 ff.

I. Vorgeschichte

1 Der Zonenbeirat zur Verfassungspolitik. Als Manuskript gedruckt, Hamburg 1948, S. 5.
2 Der Parl. Rat, Bd. 11, S. 6, Anm. 26.
3 Heribert Piontkowitz, Anfänge westdeutscher Außenpolitik 1946–1949. Das Deutsche Büro für Friedensfragen, Stuttgart 1978.
4 Benz, Bewegt, S. 239–248, 264–295 und 298–304, bes. S. 295.
5 Sörgel, S. 297–307; Wolfgang Benz, Föderalistische Politik in der CDU/CSU. Die Verfassungsdiskussion im »Ellwanger Kreis« 1947/48, in: Vierteljahrshefte für Zeitgeschichte 25 (1977), S. 776–820.
6 »Richtlinien für den Aufbau der Deutschen Republik«, Juni/Juli 1947, in: Antoni, Bd. 1, S. 323–327.
7 Der Parl. Rat, Bd. 2, S. XXXIX.
8 Staatssekretär Christopher Mayhew, britisches Außenministerium, 22. Oktober 1948, in: Der Parl. Rat, Bd. 1, S. XXII, Anm. 49.
9 Der Parl. Rat, Bd. 1, S. 12 und 14.
10 Ebd., S. 19.

11 Ebd., S. 30–36.
12 Matthias Glaser, Das Militärische Sicherheitsamt der Westalliierten von 1949–1955, Witterschlick 1992.
13 Der Parl. Rat, Bd. 1, S. 23–29.
14 Ministerpräsident von Württemberg-Baden, Reinhold Maier (DVP), 1. Juli 1948, in: Der Parl. Rat, Bd. 1, S. 28.
15 Adenauer an den 1933 in die Niederlande emigrierten Journalisten Alfred Mozer, 5. Juli 1948, in: Adenauer, Briefe 1947–1949, S. 272.
16 Der Parl. Rat, Bd. 1, S. 56 und 65 f., Anm. 12.
17 Ebd., S. 35, Anm. 22.
18 Ebd., S. 60.
19 Ebd., S. 143–150.
20 Ebd., S. 151–153.
21 Ebd., S. XL.
22 Ebd., S. 179.
23 Ebd., S. XLII.
24 Ebd., S. 169 f.
25 Sörgel, S. 47.
26 Der Parl. Rat, Bd. 1, S. 192.
27 Erich Ollenhauer zu Schmid im Anschluß an die Rede von Reuter, in: Schmid, S. 333.
28 Der Parl. Rat, Bd. 1, S. 200.
29 Ebd., S. 264–266.
30 Ebd., S. 421–423; Almuth Hennings, Der unerfüllte Verfassungsauftrag. Die Neugliederung des Bundesgebietes im Spannungsfeld politischer Interessengegensätze, Heidelberg 1983.
31 Der Parl. Rat, Bd. 2, S. XXXIII, LXVI und 57 f.
32 Ebd., S. 57.
33 Ebd., S. 1–52.
34 Ebd., S. 67.
35 Ebd., S. LXVIII.
36 Ebd., S. 505 f.
37 Ebd., S. CXXVII.
38 Ebd., S. 85.
39 Ebd., S. CXX.
40 Sörgel, S. 267–293.
41 Antoni, Bd. 1, S. 211 und 233.
42 Schwalber, 11. August 1948, in: Der Parl. Rat, Bd. 2, S. 98.
43 Süsterhenn, 8. September 1948, in: ebd., Bd. 9, S. 58.
44 Ebd., Bd. 1, S. 339, Anm. 9.
45 Christian Stock an die Militärgouverneure, 16. Juli 1948, in: Wengst, Staatsaufbau, S. 49; Vogel, Bd. 1, S. 41 f. und 85–87; Der Parl. Rat, Bd. 8, S. XXII–XXIV.
46 De Chapeaurouge, 2. September 1948, in: Der Parl. Rat, Bd. 10, S. 143.
47 Rittersturzkonferenz vom 10. Juli 1948, in: ebd., Bd. 1, S. 147.
48 Ebd., Bd. 3, S. XXI; ebd., Bd. 8, S. XXIV.
49 Ebd., Bd. 1, S. 286–290.
50 Kaff, S. 299, Anm. 114.

51 Sörgel, S. 107.
52 Kaff, S. 255 f.; Ley, Mitglieder, S. 376.
53 Morsey, Die Rolle Adenauers, S. 68; Salzmann, S. XII.
54 Der Parl. Rat, Bd. 10, S. 113–118 und 167.
55 Ebd., Bd. 1, S. 22, Anm. 2.
56 Ebd., S. 173.
57 Pabsch an Ministerpräsident Stock, 23. August 1948, in: Bundesarchiv Koblenz, Z 12, Bd. 35, Bl. 237.
58 Der Parl. Rat, Bd. 1, S. 410–412.
59 Ebd., Bd. 8, S. 2.
60 Salzmann, S. XIII f.; Kaff, S. 298 f.
61 Ley, Mitglieder, S. 376.
62 Schmid, S. 356.
63 Sörgel, S. 259–262.
64 Angaben u. a. nach Bundesarchiv Koblenz, Z 5 Anhang, Bd. 1.
65 Der Parl. Rat, Bd. 9, S. 649, Anm. 51.
66 Ebd., Bd. 10, S. 81, Anm. 38.

II. Anfänge

1 Schmid, S. 357; Schwarz, Adenauer, S. 585 f.
2 Festakt bei der Eröffnung des Parlamentarischen Rates am 1. September 1948 in Bonn, Düsseldorf 1948, S. 4.
3 Ebd., S. 6–8; Der Parl. Rat, Bd. 1, S. 414–417.
4 Ebd., Bd. 9, S. 3.
5 Schmid, S. 355.
6 Der Parl. Rat, Bd. 9, S. 11.
7 Ebd., S. 8.
8 Ebd., S. 9 f.
9 Ebd., S. 12 f.
10 Ebd., S. 15.
11 Ebd., S. 16.
12 Adenauer, 1. September 1948, in: ebd., S. 11.
13 Reimann (KPD) im Hauptausschuß, 15. Dezember 1948, in: Parl. Rat, Verhandlungen, S. 315.
14 Der Parl. Rat, Bd. 4, S. 46–53; ebd., Bd. 11, S. XVIII.
15 Ebd., S. 1.
16 Ebd., Bd. 9, S. 16, Anm. 40.
17 Ebd., Bd. 10, S. XLI.
18 Ebd., S. XLII.
19 CDU/CSU-Fraktion, 1. September 1948, in: Salzmann, S. 6 f., Anm. 2.
20 Der Parl. Rat, Bd. 9, S. 174.
21 Ebd., Bd. 10, S. XLVII.
22 Leisewitz, 23. September 1948, in: Bundesarchiv Koblenz, Z 12, Bd. 8, Bl. 78 f.

23 Parl. Rat, Verhandlungen, S. 1.
24 Der Parl. Rat, Bd. 11, S. 60, Anm. 11.
25 Ebd., Bd. 9, S. 21–46.
26 Ebd., S. 46, Anm. 49.
27 Ebd., S. 46–69, bes. S. 57 f.
28 Ebd., S. 103–119.
29 Werner, in: ebd., S. XVI.

III. Die inhaltliche Arbeit in den Fachausschüssen

1 Der Parl. Rat, Bd. 9, S. 149; ebd., Bd. 10, S. 3–4 und 9 f.
2 Werner, in: ebd., Bd. 5, S. XXII.
3 Z. B. ebd., S. 324.
4 Pfeiffer an Hans Ferber, 19. Oktober 1948, in: ebd., S. XXIII.
5 Ebd., S. LIII.
6 Ebd., S. 156 f.
7 Ebd., S. 260–287 und 333 f.
8 Ebd., S. 497, Anm. 4.
9 Ebd., S. 575.
10 Ebd., Bd. 7, S. 202.
11 Ebd., S. 202 und S. 339.
12 Ebd., Bd. 11, S. 208.
13 Ebd., Bd. 7, S. 612.
14 Ebd., Bd. 5, S. 157.
15 Ebd., S. 15–27.
16 Ebd., S. XXXIII.
17 Ebd., S. XXXIV, 215–217 und 253–259.
18 Ebd., S. XXXV.
19 Ebd., S. XXXVI.
20 Ebd., S. XXXVIII.
21 Ebd., S. XXXIX.
22 Parl. Rat, Verhandlungen, S. 538–544.
23 Der Parl. Rat, Bd. 5, S. XLI und 419.
24 Ebd., S. XLIII f.
25 Ludwig Richter, Kirche und Schule in den Beratungen der Weimarer Nationalversammlung, Düsseldorf 1996.
26 Der Parl. Rat, Bd. 5, S. XLVI und 21.
27 Ebd., S. 85.
28 Parl. Rat, Verhandlungen, S. 217 f. und 582–585.
29 Schmid, 14. Oktober 1948, in: Der Parl. Rat, Bd. 5, S. XLIX und 300.
30 Ebd., Bd. 9, S. 587–589.
31 Parl. Rat, Schriftlicher Bericht, S. 5.
32 Michael Wettengel, in: Der Parl. Rat, Ausschuß für Organisation des Bundes/Verfassungsgerichtshof und Rechtspflege (in Vorbereitung).

33 Der Parl. Rat, Bd. 7, S. 13.
34 Salzmann, S. 194; Der Parl. Rat, Bd. 11, S. 33.
35 Parl. Rat, Verhandlungen, S. 755.
36 Fallengelassen wurde schließlich jedoch die Mitwirkung der Länderkammer im Rahmen der sogenannten Legalitätsreserve (das hätte bedeutet, daß die Länderkammer die Funktion des Bundestages bei der Ernennung des Bundeskanzlers übernehmen sollte, wenn der Bundestag versagen würde).
37 Der Parl. Rat, Bd. 2, S. 554.
38 Ebd., Bd. 3, S. XXVI–XXVIII.
39 Ebd., S. XXXI.
40 Ebd., S. 642 f.
41 Ebd., Bd. 8, S. 131 f.
42 Werner, in: ebd., Bd. 3, S. XXXIV.
43 Ebd., Bd. 11, S. 4.
44 Pommerin, Mitglieder, S. 571.
45 Doemming, u. a., S. 773.
46 Deutscher Bundestag, Parlamentsarchiv, Protokoll der 4. Sitzung des Finanzausschusses, 21. September 1949 (S. 19).
47 Der Parl. Rat, Bd. 9, S. 252.
48 Ebd., S. 39.
49 Ebd., S. 59.
50 Lange, Wahlrecht, S. 330.
51 Rosenbach, in: Der Parl. Rat, Bd. 6, S. XXXII.
52 Ebd., S. 527–552.
53 Ebd., S. XXXI und 608.
54 Ebd., S. XI.
55 Ebd., S. XXXV; ebd., Bd. 8, S. 145.
56 Ebd., Bd. 6, S. XXXVII.
57 Kaff, S. 380.
58 Der Parl. Rat, Bd. 6, S. XXXVIII.
59 Adenauer an Ministerpräsident Peter Altmeier (CDU, Rheinland-Pfalz), 22. März 1949, in: Adenauer, Briefe 1947–1949, S. 423 f.
60 Akten zur Vorgeschichte, Bd. 5, S. 326.
61 Becker an Dehler, 6. April 1949, in: Der Parl. Rat, Bd. 6, S. XLII.
62 Ebd., Bd. 4, S. 127, Anm. 27a.
63 Rosenbach, in: ebd., Bd. 6, S. XLVIII.
64 Ebd., Bd. 1, S. 169.
65 Ebd., Bd. 4, S. 2.
66 Ebd., S. XIII.
67 Ebd., S. 33, Anm. 80.
68 Ebd., S. XV.
69 Zur KPD im Parlamentarischen Rat vgl.: ebd., Bd. 9, S. XXXI–XXXVIII.
70 Ebd., Bd. 4, S. 46–49.
71 Ebd., S. 58–61.
72 Ebd., S. XXIX f.

IV. Erste Beratungen über das Grundgesetz im Plenum und im Hauptausschuß

1 Salzmann, S. 51.
2 Der Parl. Rat, Bd. 10, S. 14.
3 Süsterhenn, 12. Oktober 1948, in: ebd., Bd. 11, S. XX.
4 Leisewitz, 13. Oktober 1948, in: ebd., S. 13.
5 Ebd., Bd. 9, S. 185.
6 Ebd., S. 204 und 206 f.
7 Ebd., Bd. 11, S. 29, Anm. 20.
8 Ebd., Bd. 7, S. 1–35.
9 Ebd., Bd. 8, S. 18 f.
10 Ebd.
11 Ebd., S. 27 f.
12 Ebd., S. 24 f.
13 Ebd., Bd. 10, S. 32, Anm. 2.
14 Ebd., S. 224; Salzmann S. 85.
15 Hirscher, Sozialdemokratische Verfassungspolitik, S. 179–185; Düding, 135–144; Gelberg, 208–219.
16 Heuss, 8. Mai 1949, in: Der Parl. Rat, Bd. 9, S. 532 f.
17 Ebd., Bd. 11, S. 46, Anm. 2.
18 Ebd., S. 48 f.
19 Ebd., S. 53.
20 Salzmann, S. 225.
21 Die eigentliche zweite Sitzung des Hauptausschusses am 16. September 1948 wird üblicherweise nicht mitgezählt, da in dieser Sitzung lediglich der Haushaltsentwurf des Parlamentarischen Rates verabschiedet wurde. Das Kurzprotokoll der eigentlich 2. Sitzung des Hauptausschusses ist veröffentlicht bei: Feldkamp, Zur Finanzierung, S. 796–801.
22 Parl. Rat, Verhandlungen, S. 1 f.
23 Der Parl. Rat, Bd. 7, S. 36–90.
24 Leisewitz, 6. November 1948, in: ebd., Bd. 11, S. 45, Anm. 10.
25 Ebd., Bd. 10, S. 33.
26 Ebd., S. 34.
27 Ebd., Bd. 11, S. 40; siehe auch ebd., S. 54, Anm. 22.
28 Ebd., Bd. 8, S. XXXI.
29 Ebd., S. 46.
30 Salzmann, S. 171.
31 Der Parl. Rat, Bd. 10, S. 36.
32 Ebd., Bd. 8, S. 221; siehe auch Schmid, S. 380.
33 Der Parl. Rat, Bd. 8, S. XXXIII f., Anm. 199.
34 KPD Fraktion an Adenauer, 25. November 1948, in: Deutscher Bundestag, Parlamentsarchiv, 5, Drucksache des Parl. Rates Nr. 316.
35 Der Parl. Rat, Bd. 8, S. 50.
36 Ebd., S. 53.
37 Sörgel, S. 201.

38 Ebd., S. 201–213.

39 Ebd., S. 314–318.

40 Mitschrift der Sitzung von Pfeiffer, in: Bayerisches Hauptstaatsarchiv, Nachlaß Anton Pfeiffer, Bd. 219. Siehe auch Schewick, S. 98.

41 Parl. Rat, Verhandlungen, S. 600.

42 Schewick, S. 100 f.

43 Interview mit Selbert vom 20.–22. Oktober 1973, in: Deutscher Bundestag, Parlamentsarchiv, Politikerarchiv, Selbert (S. 138).

44 Benz, Von der Besatzungsherrschaft, S. 206.

45 Wolfgang Löhr (Bearb.), Dokumente deutscher Bischöfe, Bd. 1: Hirtenbriefe und Ansprachen zu Gesellschaft und Politik 1945–1949, Würzburg 1985, S. 315.

46 Wengst, Beamtentum, S. 34–48.

47 Sörgel, S. 117–119.

48 Der Parl. Rat, Bd. 10, S. 40.

49 Ebd., Bd. 8, S. 54–56.

50 Akten zur Vorgeschichte, Bd. 4, S. 1005.

51 Der Parl. Rat, Bd. 8, S. 66.

52 Leusser an Ehard, 14. Dezember 1948, in: ebd., Bd. 11, S. XXIV, Anm. 89.

53 Adenauer, Briefe 1947–1949, S. 364.

54 Der Parl. Rat, Bd. 8, S. 62 f.

55 Pfeiffer, in: ebd., S. 65, Anm. 25.

56 Jean Stock (SPD) im Hauptausschuß, 18. Dezember 1948, in: Parl. Rat, Verhandlungen, S. 334.

57 Ebd., S. 332; Der Parl. Rat, Bd. 10, S. 57–59.

58 Parl. Rat, Verhandlungen, S. 333; Der Parl. Rat, Bd. 8, S. 69, Anm. 7.

59 Ebd., S. 70 f.

60 Adenauer im Hauptausschuß, 18. Dezember 1948, in: Parl. Rat, Verhandlungen, S. 333.

61 Ebd., S. 331–343.

62 Der Parl. Rat, Bd. 8, S. 81 f.

63 Ebd., S. XXXIX.

64 Morsey, Verfassungsschöpfung, S. 477.

65 Otto Schumacher Hellmold, Redakteur des Nordwestdeutschen Rundfunks, zu Trossmann, 9. Januar 1949, in: Archiv für Christlich-Demokratische Politik der Konrad-Adenauer-Stiftung, I-052, Nr. 001/2, Bl. 349u. Vgl. auch Kaff, S. 272.

66 Der Parl. Rat, Bd. 10, S. 59, Anm. 14.

67 Salzmann, S. 432.

68 Der Parl. Rat, Bd. 4, S. XVII, Anm. 73a.

69 Adenauer, Erinnerungen 1945–1953, S. 290.

70 Salzmann, S. 357.

V. Grundgesetzarbeit und politisches Kalkül

1 Der Parl. Rat, Bd. 5, S. XXV, Anm. 36.
2 Ebd., S. XXV, Anm. 37.
3 Keesing's Archiv der Gegenwart, 18./19. Jahrgang, 1948 und 1949, Essen [1950], S. 1799 f.
4 Salzmann, S. 366 f.
5 Ebd., S. 370.
6 Der Parl. Rat, Bd. 8, S. 93.
7 Parl. Rat, Verhandlungen, S. 376 und 380.
8 Ebd., S. 603.
9 Reimann, Entscheidungen, S. 135; ders., Wir Deutsche und das Ruhrstatut. Warum ich verurteilt wurde, Berlin 1949.
10 Der Parl. Rat, Bd. 10, S. 84.
11 Ebd., Bd. 1, S. 287.
12 Salzmann, S. 353.
13 Deutscher Bundestag, Parlamentsarchiv, Politikerarchiv, Reimann.
14 Der Parl. Rat, Bd. 11, S. 59.
15 Ebd., S. 66, Anm. 3, und S. 74.
16 Ebd., S. 77.
17 Ebd., Bd. 7, S. 302.
18 Kock, S. 310.
19 Der Parl. Rat, Bd. 8, S. 109.
20 Ebd., S. 52, Anm. 7.
21 Ebd., Bd. 10, S. 94.
22 Adenauer, 30. März 1949, in: Salzmann, S. 446.
23 Der Parl. Rat, Bd. 9, S. 631 f.
24 Ebd., S. 677–684; Pommerin, Von Berlin nach Bonn.
25 Der Parl. Rat, Bd. 9, S. 683 f., Anm. 86.
26 Ebd., Bd. 10, S. XVIII f.; Richter.
27 Der Parl. Rat, Bd. 10, S. XXI.
28 Ebd., S. 91 f.
29 Foreign Relations, 1949/III, S. 222; Richter, S. 167.
30 Der Parl. Rat, Bd. 10, S. 92, Anm. 7.
31 Ebd., S. 96 f.
32 Ebd., S. XXV.
33 Ebd., S. XXV f., Anm. 111.
34 Ebd., S. XXVI–XXVIII.

VI. Der Grundgesetzentwurf des Siebenerausschusses und die Alliierten

1 Der Parl. Rat, Bd. 8, S. 131–144.

2 Leisewitz, 4. März 1949, in: ebd., S. XLIV.

3 Salzmann, S. 415.

4 Bericht von Leisewitz, 4. März 1949, in: Bundesarchiv Koblenz, Z 12, Bd. 123, Bl. 167 f.

5 Der Parl. Rat, Bd. 10, S. 55.

6 Ebd., Bd. 11, S. 117, Anm. 19, und S. 118.

7 Ebd., Bd. 10, S. 95, Anm. 20.

8 Brockmann, am 6. April 1949, in: Parl. Rat, Verhandlungen, S. 735.

9 Aktenvermerk von Staatspräsident Gebhard Müller (CDU, Württemberg-Hohenzollern) über seinen Aufenthalt mit Ministerpräsident Peter Altmeier (CDU, Rheinland-Pfalz) in Paris vom 19.–21. Februar 1949, in: Bayerisches Hauptstaatsarchiv München, Nachlaß Hans Ehard, Bd. 1463.

10 Der Parl. Rat, Bd. 11, S. 117, Anm. 19.

11 Ebd., Bd. 8, S. XLVI, Anm. 295.

12 Aktenvermerk von Pfeiffer, 19. März 1949, in: Bayerisches Hauptstaatsarchiv München, Nachlaß Anton Pfeiffer, Bd. 213.

13 Der Parl. Rat, Bd. 8, S. XLVII f., Anm. 301.

14 Jahrbuch der öffentlichen Meinung 1947–1955, hg. von Elisabeth Noelle/Erich Peter Neumann, Allensbach 1956, S. 157.

15 Der Parl. Rat, Bd. 8, S. 211–213.

16 Ebd., S. XLVIII.

17 Ebd., S. XLIX.

18 Morsey, Die letzte Krise.

19 Salzmann, S. 470 f.

20 Der Parl. Rat, Bd. 8, S. 218.

21 Schmid, S. 392.

22 Der Parl. Rat, Bd. 8, S. 234.

23 Ebd., S. 235 f.

24 Ebd., S. LIII.

25 Ebd., S. 244.

26 Ebd., Bd. 11, S. 155, Anm. 3.

27 Morsey, Die letzte Krise, S. 408 f.

28 Unser Tag, 3. Mai 1949, in: Der Parl. Rat, Bd. 8, S. LIV.

29 Wengst, Die CDU/CSU im Bundestagswahlkampf 1949; Morsey, Die Rolle Adenauers, S. 82 f.

30 Konrad Adenauer, Reden 1917–1967. Eine Auswahl, hg. von Hans Peter Schwarz, Stuttgart 1975, S. 145.

31 Der Parl. Rat, Bd. 8, S. LV.

32 Ebd., Bd. 4, S. 139, Anm. 46.

33 Ebd., Bd. 8, S. XLIX, Anm. 310; Salzmann, S. 447.

34 Kleindinst an Kurt Georg Wernicke, Leiter der Bibliothek des Deutschen Bundestages, 17. Februar 1961, in: Bayerisches Hauptstaatsarchiv München, Nachlaß Josef Ferdinand Kleindinst, Bd. 14.

VII. Der Abschluß der Arbeiten am Grundgesetz

1 Der Parl. Rat, Bd. 7, S. 462–496.
2 Ebd., Bd. 11, S. 154, Anm. 3.
3 Ebd., S. 157, Anm. 15.
4 Ebd., S. 174.
5 Ebd., S. XXXVII, Anm. 207.
6 Salzmann, S. 490, Anm. 11, und S. 509.
7 Der Parl. Rat, Bd. 8, S. LVII.
8 Deutscher Bundestag, Parlamentsarchiv, 5, Umdrucksache des Parlamentarischen Rates Nr. S 57.
9 Werner, in: Der Parl. Rat, Bd. 9, S. XIX.
10 Ebd., Bd. 11, S. 270.
11 Am 30. Mai 1968 verabschiedete der Deutsche Bundestag Notstandsgesetze, womit bis dahin verbliebene alliierte Vorbehaltsrechte beendet wurden.
12 Der Parl. Rat, Bd. 11, S. 281.
13 Adenauer, Erinnerungen 1945–1953, S. 172.
14 Der Parl. Rat, Bd. 9, S. XXI f.
15 Ebd., S. XXII.
16 Ebd., S. XXII.
17 Werner, in: ebd., S. XXIII.
18 Salzmann, S. 543; Der Parl. Rat, Bd. 9, S. 595.
19 Ebd., Bd. 6, S. 808, bes. Anm. 6.
20 Plenum, 8. Mai 1949, in: ebd., Bd. 9, S. 601 f.
21 Ebd., S. 626–628.
22 Ebd., Bd. 8, S. 201.
23 Ebd., S. 269, Anm. 13.
24 Ebd., Bd. 9, S. 694.
25 Renner, in: ebd., S. 695.
26 Ebd., S. 698.
27 Ebd., Bd. 11, S. 260 f.
28 Lange, Die Würde des Menschen, S. 128.

Abbildungsnachweis

Abb. 1: Bundesbildstelle, Bild-00171762 / Fotograf: Georg Munker; Abb. 2–8, 10, 11, 14–17, 19, 21 und 22: Stiftung Haus der Geschichte der Bundesrepublik Deutschland, Foto: Erna Wagner-Hehmke; Abb. 18: Bundesarchiv, Bild P103896 / Fotograf: o. Ang. Trotz sorgfältiger Recherchen ist es nicht in allen Fällen gelungen, die Rechteinhaber aller Abbildungen zu ermitteln. Der Verlag bittet gegebenenfalls um Mitteilung.

Der Parlamentarische Rat hat das vorstehende Grundgesetz für die Bundesrepublik Deutschland in öffentlicher Sitzung am 8. Mai des Jahres Eintausendneunhundertneunundvierzig mit dreiundfünfzig gegen zwölf Stimmen beschlossen. Zu Urkunde dessen haben sämtliche Mitglieder des Parlamentarischen Rates die vorliegende Urschrift des Grundgesetzes eigenhändig unterzeichnet.

BONN AM RHEIN, den 23. Mai des Jahres Eintausendneunhundertneunundvierzig.

Konrad Adenauer

PRÄSIDENT DES PARLAMENTARISCHEN RATES

Adolph Schönfelder

I. VIZEPRÄSIDENT DES PARLAMENTARISCHEN RATES

Hermann Schäfer

II. VIZEPRÄSIDENT DES PARLAMENTARISCHEN RATES

Abbildung 23. Die Unterschriften des Präsidenten des Parlamentarischen Rates Konrad Adenauer (CDU) sowie der Vizepräsidenten Adolph Schönfelder (SPD) und Hermann Schäfer (FDP) unter der Schlußformel des Grundgesetzes für die Bundesrepublik Deutschland.

Literatur

Abraham, Hans J. u. a. (Hg.), Kommentar zum Bonner Grundgesetz [»Bonner Kommentar«], Loseblattsammlung in neun Ordnern, Hamburg 1950 ff.

Adenauer, Konrad, Erinnerungen 1945–1953, Stuttgart 1965.

Adenauer. Briefe 1947–1949, bearb. vom Hans Peter Mensing, Adenauer Rhöndorfer Ausgabe. Stiftung Bundeskanzler-Adenauer-Haus, hg. von Rudolf Morsey/Hans-Peter Schwarz, Berlin 1984.

Akten zur Vorgeschichte der Bundesrepublik Deutschland 1945–1949, hg. von Bundesarchiv und Institut für Zeitgeschichte:

Bd. 1: Sept. 1945–Dez. 1946, bearb. von Walter Vogel/Christoph Weisz, München-Wien 1976.

Bd. 2: Jan.–Juni 1947, bearb. von Wolfram Werner, München 1979.

Bd. 3: Juni–Dez. 1947, bearb. von Günter Plum, München 1982.

Bd. 4: Jan.–Dez. 1948, bearb. von Christoph Weisz, Hans-Dieter Kreikamp/Bernd Steger, München 1983.

Bd. 5: Jan.–Sept. 1949, bearb. von Hans-Dieter Kreikamp, München 1981.

Altendorf, Hans, SPD und Parlamentarischer Rat – Exemplarische Bereiche der Verfassungsdiskussion, in: Zeitschrift für Parlamentsfragen 10 (1979), S. 405–420.

Amtsblatt der Militärregierung Deutschland, Amerikanisches Kontrollgebiet.

Amtsblatt der Militärregierung Deutschland, Britisches Kontrollgebiet.

Amtsblatt des Alliierten Kontrollrats in Deutschland.

Antoni, Michael G. M., Sozialdemokratie und Grundgesetz, 2 Bde., Berlin 1991–1992.

Backer, John H., Die deutschen Jahre des Generals Clay. Der Weg zur Bundesrepublik 1945–1949, München 1983.

Der Bayerische Landtag, Eine Chronik zusammengestellt von Peter Jakob Kock, hg. vom Bayerischen Landtag, 2 Bde., Bamberg 1991.

Bauer-Kirsch, Angela, Herrenchiemsee. Der Verfassungskonvent von Herrenchiemsee - Wegbereiter des Parlamentarischen Rates, Diss. Bonn 2005.

Becker, Winfried, Um Verfassungstheorie, Föderalismus und Parteipolitik. Zwei Kontroversen im Parlamentarischen Rat, in: Staat und Parteien. Festschrift für Rudolf Morsey zum 65. Geburtstag, hg. von Karl Dietrich Bracher, Paul Mikat, Konrad Repgen, Martin Schumacher und Hans-Peter Schwarz, Berlin 1992, S. 841–859.

Benz, Wolfgang (Hg.), »Bewegt von der Hoffnung aller Deutschen«. Zur Geschichte des Grundgesetzes. Entwürfe und Diskussionen 1941–1949, München 1979.

Ders., Von der Besatzungsherrschaft zur Bundesrepublik. Stationen einer Staatsgründung, 1946–1949, Frankfurt am Main 1984.

Ders., Die Gründung der Bundesrepublik. Von der Bizone zum souveränen Staat, München 1984.

Birke, Adolf M., Großbritannien und der Parlamentarische Rat, in: Vierteljahrshefte für Zeitgeschichte 42 (1994), S. 313–359.

Ders., Die Bundesrepublik Deutschland. Verfassung, Parlament und Parteien (Enzyklopädie Deutscher Geschichte, Bd. 41), München 1997.

Blank, Bettina, Die westdeutschen Länder und die Entstehung der Bundesrepublik. Zur Auseinandersetzung um die Frankfurter Dokumente vom Juli 1948, München 1995.

Blum, Dieter Johannes, Das passive Wahlrecht der Angehörigen des öffentlichen Dienstes in Deutschland nach 1945 im Widerstreit britisch-amerikanischer und deutscher Interessen, Göppingen 1972.

Böhler, Wilhelm, Elternrecht, Schulfragen und Reichskonkordat im Parlamentarischen Rat und in der Geschichte der deutschen Bundesrepublik und der Länder, in: Festschrift zum 70. Geburtstag für Dr. Hans Ehard, hg. von Hanns Seidel, München 1957, S. 178–191.

Boldt, Hans, Die Wiederaufnahme der deutschen föderativen Tradition im Parlamentarischen Rat 1948/49, in: Zeitschrift für Staats- und Europawissenschaften 1 (2003), S. 505–526.

Bracher, Karl Dietrich, Theodor Heuss und die Wiederbegründung der Demokratie in Deutschland, Tübingen 1965.

Breunig, Werner/Kringe, Wolfgang/Pfetsch, Frank R., Datenhandbuch Länderparlamentarier 1945–1953, Bd. 2: Verfassungspolitik, Frankfurt am Main 1986.

Clay, Lucius D., Entscheidung in Deutschland, Frankfurt am Main 1950.

Denzer, Karl Josef (Hg.), Nordrhein-Westfalen und die Entstehung des Grundgesetzes, Düsseldorf 1989.

Documents on the creation of the German Federal Constitution. Prepared by Civil Administration Division, Office of Military Government for Germany (US), Berlin 1949.

Doemming, Klaus-Berto von/Füsslein, Rudolf Werner/Matz, Werner, Entstehungsgeschichte der Artikel des Grundgesetzes, in: Jahrbuch des öffentlichen Rechts der Gegenwart, Neue Folge/Bd. 1, hg. von Gerhard Leibholz/Hermann von Mangoldt, Tübingen 1951.

Düding, Dieter, Ehard, Menzel und die Staatsform. Der Kompromiß über den Föderalismus, in: Geschichte im Westen 4 (1989), S. 135–144.

Ders., Bayern und der Bund : bayerische »Opposition« während der Grundgesetzberatungen im Parlamentarischen Rat (1948/49), in: Der Staat. Zeitschrift für Staatslehre und Verfassungsgeschichte, deutsches und europäisches öffentliches Recht 29 (1990), S. 1–4 und 355–370.

Eschenburg, Theodor, Jahre der Besatzung 1945–1949, Wiesbaden 1983.

Feldkamp, Michael F., Die Entstehung des Grundgesetzes für die Bundesrepublik Deutschland 1949. Eine Dokumentation, Stuttgart 1999.

Ders., Zur Finanzierung des Parlamentarischen Rates 1948/1949, in: Archiv und Geschichte. Festschrift für Friedrich P. Kahlenberg, Hg. von Klaus Oldenhage, Hermann Schreyer und Wolfram Werner, Düsseldorf 2000, S. 767–801.

Ders., Anmerkungen zu Urschrift und Faksimileausgaben des Grundgesetzes für die Bundesrepublik Deutschland vom 23. Mai 1949, in: Zeitschrift für Parlamentsfragen 35 (2004), S. 199–219.

Fischer, Claus A. (Hg.), Wahlhandbuch für die Bundesrepublik Deutschland. Daten zu Bundestags-, Landtags- und Europawahlen in der Bundesrepublik Deutschland, in den Ländern und in den Kreisen 1946–1989, Paderborn 1990.

Fischer, Heinz Joachim, Parlamentarischer Rat und Finanzverfassung, Kiel 1970.

Foreign Relations of the United States. Diplomatic Papers:
1948, Vol. II: Germany and Austria, Washington 1973.
1949, Vol. III: Council of Foreign Ministers. Germany and Austria, Washington 1974.

Fromme, Friedrich Karl, Von der Weimarer Reichsverfassung zum Bonner Grundgesetz, Berlin [3]1999.

Gelberg, Karl Ulrich, Hans Ehard. Die föderalistische Politik des bayerischen Ministerpräsidenten 1946–1954, Düsseldorf 1992.

Gimbel, John, Amerikanische Besatzungspolitik in Deutschland 1945–1949, Frankfurt am Main 1971.

Golay, John Ford, The Founding of the Federal Republic of Germany, Chicago 1958.

Gotto, Klaus, Die katholische Kirche und die Entstehung des Grundgesetzes, in: Kirche und Katholizismus 1945–1949, hg. von Anton Rauscher, München 1977, S. 88–108.

Grabbe, Hans-Jürgen, Die deutsch-alliierte Kontroverse um den Grundgesetzentwurf im Frühjahr 1949, in: Vierteljahrshefte für Zeitgeschichte 26 (1978), S. 393–418.

Griepenburg, Rüdiger, Hermann Louis Brill. Herrenchiemseer Tagebuch, in: Vierteljahrshefte für Zeitgeschichte 34 (1986), S. 585–622.

Hahn, Erich J. C., U.S. Policy on a West German Constitution 1947–1949, in: American policy and the Reconstruction of West Germany 1945–1955, hg. von Jeffry M. Diefendorf, Axel Frohn/Hermann-Josef Rupieper, Cambridge 1993, S. 21–44.

Ders., The Occupying Powers and the Constitutional Reconstruction of West Germany, 1945–1949, in: Cornerstone of Democracy. The West German Grundgesetz 1949–1989, German Historical Institute Washington, Washington 1995, S. 7–35.

Heitzer, Horstwalter, Die CDU in der britischen Besatzungszone. Gründung, Organisation, Programm und Politik 1945–49, Düsseldorf 1988.

Henke, Klaus-Dieter, Politik der Widersprüche. Zur Charakteristik der französischen Militärregierung in Deutschland nach dem Zweiten Weltkrieg, in: Die Deutschlandpolitik Frankreichs und die französische Zone 1945–1949, hg. von Claus Scharf/Hans-Jürgen Schröder, Wiesbaden 1983, S. 49–89.

Hertfelder, Thomas/Hess Jürgen C. (Hg.), Streiten um das Staatsfragment. Theodor Heuss und Thomas Dehler berichten von der Entstehung des Grundgesetzes. Mit einer Einleitung von Michael F. Feldkamp, bearb. von Patrick Ostermann und Michael F. Feldkamp (= Stiftung Bundespräsident-Theodor-Heuss-Haus, Wissenschaftliche Reihe, Bd. 1), Stuttgart 1999.

Hirscher, Gerhard, Carlo Schmid und die Gründung der Bundesrepublik. Eine politische Biographie, Bochum 1986.

Ders., Sozialdemokratische Verfassungspolitik und die Entstehung des Bonner Grundgesetzes. Eine biographietheoretische Untersuchung zur Bedeutung Walter Menzels, Bochum 1989.

Jung, Otmar, Grundgesetz und Volksentscheid. Gründe und Reichweite der Entscheidung des Parlamentarischen Rates gegen Formen direkter Demokratie, Opladen 1994.

Kaff, Brigitte (Bearb.), Die Unionsparteien 1946–1950. Protokolle der Arbeitsgemeinschaft

der CDU/CSU Deutschlands und der Konferenz der Landesvorsitzenden, Düsseldorf 1989.
Kessel, Martina, Westeuropa und die deutsche Teilung. Englische und französische Deutschlandpolitik auf den Außenministerkonferenzen von 1945 bis 1947, München 1989.
Kleßmann, Christoph, Die doppelte Staatsgründung. Deutsche Geschichte 1945–1955, Göttingen [5]1991.
Klocksin, Jens Ulrich, Kommunisten im Parlament. Die KPD in Regierungen und Parlamenten der westdeutschen Besatzungszonenen und der Bundesrepublik Deutschland (1945–1956), Bonn [2]1994
Kock, Peter Jakob, Bayerns Weg in die Bundesrepublik, Stuttgart 1983.
Köhle, Klaus, Vorgeschichte, Arbeit und Konflikte des Parlamentarischen Rates, in: Politische Studien 22 (1971), S. 605–613.
Krieger, Wolfgang, Was General Clay a Revisionist? Strategic Aspects of the United States Occupation of Germany, in: Journal of Contemporary History 18 (1983), S. 165–184.
Ders., General Lucius D. Clay und die amerikanische Deutschlandpolitik 1945–1949, Stuttgart 1988.
Lange, Erhard H. M., Der parlamentarische Rat und die Entstehung des ersten Bundeswahlgesetzes, in: Vierteljahrshefte für Zeitgeschichte 20 (1972), S. 280–318.
Ders., Wahlrecht und Innenpolitik. Entstehungsgeschichte und Analyse der Wahlgesetzgebung und Wahlrechtsdiskussion im westlichen Nachkriegsdeutschland 1945–1956, Meisenheim am Glan 1976.
Ders., Die Diskussion um die Stellung des Staatsoberhauptes 1945–1949 mit besonderer Berücksichtigung der Erörterungen im Parlamentarischen Rat, in: Vierteljahrshefte für Zeitgeschichte 26 (1978), S. 601–651.
Ders., Die Entstehung des Grundgesetzes und die Öffentlichkeit, in: Zeitschrift für Parlamentsfragen 10 (1979), S. 378–404.
Ders., Die Würde des Menschen ist unantastbar. Der Parlamentarische Rat und das Grundgesetz. Mit einem Geleitwort von Rita Süssmuth, Heidelberg 1993.
Ders., Wegbereiter der Bundesrepublik. Die Abgeordneten des Parlamentarischen Rates ; neunzehn historische Biografien ; mit einer aktualisierten Bibliografie zum Parlamentarischen Rat und zur Entstehung des Grundgesetzes, Brühl/Rheinland, 1999.
Lange, Max Gustav/Schulz, Gerhard/Schütz, Klaus, Parteien in der Bundesrepublik. Studien zur Entwicklung der deutschen Parteien bis zur Bundestagswahl 1953. Mit einer Einleitung von Sigmund Neumann, Stuttgart 1955.
Leusser, Claus, Ministerpräsidentenkonferenzen seit 1945, in: Festschrift zum 70. Geburtstag für Dr. Hans Ehard, hg. von Hanns Seidel, München 1957, S. 60–84.
Ley, Richard, Die Mitglieder des Parlamentarischen Rates. Ihre Wahl, Zugehörigkeit zu Parlamenten und Regierungen. Eine Bilanz nach 25 Jahren, in: Zeitschrift für Parlamentsfragen 4 (1973), S. 373–391.
Ders., Organisation und Geschäftsordnung des Parlamentarischen Rates, in: Zeitschrift für Parlamentsfragen 6 (1975), S. 192–202.
Ders., Föderalismusdiskussion innerhalb der CDU/CSU von der Parteigründung bis zur Verabschiedung des Grundgesetzes, Mainz 1978.
Loth, Wilfried, Die Franzosen und die deutsche Frage 1945–1949, in: Die Deutschlandpo-

litik Frankreichs und die französische Zone 1945–1949, hg. von Claus Scharf/Hans-Jürgen Schröder, Wiesbaden 1983, S. 27–48.
Mai, Gunther, Der Alliierte Kontrollrat in Deutschland 1945–1948. Alliierte Einheit – deutsche Teilung? München 1995.
Maier, David Aaron, Managing the West Germans. The occupation statute of 1949 from gestation to burial, 1945–1955, Ann Arbor/Michigan 1990.
Mangoldt, Hermann von, Das Bonner Grundgesetz, Berlin 1953.
Marienfeld, Wolfgang, Konferenzen über Deutschland. Die alliierte Deutschlandplanung und -politik 1941–1949, Hannover 1963.
Mayer, U./Stuby, G. (Hg.), Die Entstehung des Grundgesetzes. Beiträge und Dokumente, Köln 1976.
Morsey, Rudolf, Die Rolle Konrad Adenauers im Parlamentarischen Rat, in: Vierteljahrshefte für Zeitgeschichte 18 (1970), S. 62–94.
Ders., Der politische Aufstieg Konrad Adenauers 1945–1949, in: Rudolf Morsey/Konrad Repgen (Hg.), Adenauerstudien, Bd. 1, Mainz 1971, S. 20–57.
Ders., Entscheidung für den Westen. Die Rolle der Ministerpräsidenten in den drei Westzonen im Vorfeld der Bundesrepublik Deutschland 1947–1949, in: Westfälische Forschungen 26 (1974), S. 1–24.
Ders., Die Entstehung des Bundesrates im Parlamentarischen Rat, in: Der Bundesrat als Verfassungsorgan und politische Kraft. Beiträge zum 25jährigen Bestehen des Bundesrates, hg. vom Bundesrat, Bad Honnef 1974, S. 65–77.
Ders./Repgen, Konrad (Hg.), Christen und das Grundgesetz, Paderborn 1989.
Ders., Die letzte Krise im Parlamentarischen Rat und ihre Bewältigung (März/April 1949), in: Staat, Kirche und Wissenschaft in einer pluralistischen Gesellschaft. Festschrift zum 65. Geburtstag von Paul Mikat, hg. von Dieter Schwab u. a., Berlin 1989, S. 393–410.
Ders., Verfassungsschöpfung unter Besatzungsherrschaft. Die Entstehung des Grundgesetzes im Parlamentarischen Rat, in: Die Öffentliche Verwaltung 42 (1989), S. 471–482.
Niclauß, Karlheinz, Der Weg zum Grundgesetz. Demokratiegründung in Westdeutschland. Die Entstehung der Bundesrepublik 1945–1949, Paderborn 1998.
Notz, Gisela, Frauen in der Mannschaft. Sozialdemokratinnen im Parlamentarischen Rat und im Deutschen Bundestag 1948/49 bis 1957, Bonn 2003.
Otto, Volker, Das Staatsverständnis des Parlamentarischen Rates, Düsseldorf 1971.
Parlamentarischer Rat. Fundstellenverzeichnis zum Grundgesetz, Bonn [1949].
Parlamentarischer Rat. Verhandlungen des Hauptausschusses, Bonn 1948/1949.
Parlamentarischer Rat. Schriftlicher Bericht zum Entwurf des Grundgesetzes für die Bundesrepublik Deutschland, [Bonn 1950].
Der Parlamentarische Rat 1948–1949. Akten und Protokolle, hg. vom Deutschen Bundestag und vom Bundesarchiv:
Bd. 1: Vorgeschichte, bearb. von Johannes Volker Wagner, Boppard 1975.
Bd. 2: Der Verfassungskonvent auf Herrenchiemsee, bearb. von Peter Bucher, Boppard 1981.
Bd. 3: Ausschuß für Zuständigkeitsabgrenzung, bearb. von Wolfram Werner, Boppard 1986.
Bd. 4: Ausschuß für das Besatzungsstatut, bearb. von Wolfram Werner, Boppard 1989.
Bd. 5: Ausschuß für Grundsatzfragen, bearb. von Eberhard Pikart/Wolfram Werner, Boppard 1993.

Bd. 6: Ausschuß für Wahlrechtsfragen, bearb. von Harald Rosenbach, Boppard 1994.
Bd. 7: Entwürfe, bearb. von Michael Hollmann, Boppard 1995.
Bd. 8: Die Beziehungen des Parlamentarischen Rates zu den Militärregierungen, bearb. von Michael F. Feldkamp, Boppard 1995.
Bd. 9: Plenum, bearb. von Wolfram Werner, München 1996.
Bd. 10: Ältestenrat, Geschäftsordnungsausschuß und Überleitungsausschuß, bearb. von Michael F. Feldkamp, München 1997.
Bd. 11: Interfraktionelle Besprechungen, bearb. von Michael F. Feldkamp, München 1997.
Bd. 12: Ausschuß für Finanzfragen, bearb. von Michael F. Feldkamp/Inez Müller, München 1999.
Bd. 13: Ausschuß für Organisation des Bundes/Ausschuß für Verfassungsgerichtshof und Rechtspflege, bearb. von Edgar Büttner/Michael Wettengel, München 2002.
Bd. 14: Hauptausschuß, bearb. von Michael F. Feldkamp (in Vorbereitung).

Peschel, Kurt, Der stenographische Dienst im Parlamentarischen Rat, in: Neue Stenographische Praxis 1 (1953), S. 24–26.

Pfetsch, Frank R. (Hg.), Verfassungsreden und Verfassungsentwürfe. Landesverfassungen, Frankfurt am Main 1986.

Ders. (unter Mitarbeit von Werner Breuning/Wolfgang Kringe), Ursprünge der Zweiten Republik. Prozesse der Verfassungsgebung in den Westzonen und in der Bundesrepublik, Opladen 1990.

Pommerin, Reiner, Die Mitglieder des Parlamentarischen Rates. Porträtskizzen des britischen Verbindungsoffiziers Chaput de Saintonge, in: Vierteljahrshefte für Zeitgeschichte 36 (1988), S. 557–588.

Ders., Von Berlin nach Bonn. Die Alliierten, die Deutschen und die Hauptstadtfrage nach 1945, Köln 1989.

Potthoff, Heinrich (in Zusammenarbeit mit Rüdiger Wenzel), Handbuch politischer Institutionen und Organisationen 1945–1949, Düsseldorf 1983.

Pünder, Tilmann, Das bizonale Interregnum. Die Geschichte des Vereinigten Wirtschaftsgebietes 1946–1949, Spich bei Köln 1966.

Reimann, Max, Entscheidungen 1945–1956, Frankfurt am Main 1973.

Renzsch, Wolfgang, Finanzverfassung und Finanzausgleich. Die Auseinandersetzung um ihre politische Gestaltung in der Bundesrepublik Deutschland zwischen Währungsreform und deutscher Vereinigung (1948 bis 1990), Bonn 1991.

Reusch, Ulrich, Sir Brian Robertson (1896–1974), in: Geschichte im Westen 5 (1990), S. 69–80.

Reuter, Christiane, »Graue Eminenz der bayerischen Politik«. Eine politische Biographie Anton Pfeiffers (1888–1957), München 1987.

Richter, Michael, Die Ost-CDU 1948–1952. Zwischen Widerstand und Gleichschaltung, Düsseldorf ^{2}1991.

Ruhm von Oppen, Beate (Hg.), Documents on Germany under Occupation 1945–1954, London 1955.

Salzmann, Rainer (Bearb.), Die CDU/CSU im Parlamentarischen Rat. Sitzungsprotokolle der Unionsfraktion, Stuttgart 1981.

Schewick, Burkhard van, Die katholische Kirche und die Entstehung der Verfassungen in Westdeutschland 1945–1950, Mainz 1980.

Schindler, Peter, Datenhandbuch zur Geschichte des Deutschen Bundestages 1949 bis 1999. Gesamtausgabe in drei Bänden. Eine Veröffentlichung der Wissenschaftlichen Dienste des Deutschen Bundestages, Baden-Baden 1999.

Schlink, Bernhard/Poscher, Ralf, Der Verfassungskompromiß zum Religionsunterricht : Art. 7 Abs. 3 und Art. 141 GG im Kampf des Parlamentarischen Rates um die »Lebensordnungen« Baden-Baden 2000.

Schmid, Carlo, Erinnerungen, Bern 1979.

Schockenhoff, Volker, Wirtschaftsverfassung und Grundgesetz. Die Auseinandersetzungen in den Verfassungsberatungen 1945–1949, Frankfurt am Main 1986.

Schulz, Jürgen Michael, »Bonn braucht sein Licht nicht unter den Scheffel zu stellen«. Fritz Eberhards Arbeit im Parlamentarischen Rat, in: Bernd Sösemann (Hg.), Fritz Eberhard. Rückblicke auf Biographie und Werk, Stuttgart 2001, S. 213–237.

Schumacher, Martin (Hg.), M.d.B. – Volksvertretung im Wiederaufbau 1946–1961. Bundestagskandidaten und Mitglieder der westzonalen Vorparlamente. Eine biographische Dokumentation, Düsseldorf 2000.

Schwarz, Hans-Peter, Vom Reich zur Bundesrepublik, Neuwied 1966.

Ders., Adenauer. Der Aufstieg: 1876–1952, Stuttgart ^{3}1986.

Schwarz, Max, MdR. Biographisches Handbuch der Reichstage, Hannover 1965.

Seydoux, François, Beiderseits des Rheins. Erinnerungen eines französischen Diplomaten, Frankfurt am Main 1975.

Simons, Hans, The Bonn Constitution and its Government, in: Hans J. Morgenthau (Hg.), Germany and the Future of Europe, Chicago 1951, S. 114–130.

Smith, Jean Edward, The papers of General Lucius D. Clay. Germany 1945–1949, 2 Bde., Bloomington-London 1974.

Ders., Lucius D. Clay. An American life, New York 1990.

Sörgel, Werner, Konsensus und Interessen. Eine Studie zur Entstehung des Grundgesetzes für die Bundesrepublik Deutschland, Stuttgart 1969.

Spevack, Edmund, Amerikanische Einflüsse auf das Grundgesetz. Die Mitglieder des Parlamentarischen Rates und ihre Beziehungen zu den USA, in: Heinz Bude (Hg.), Westbindungen, Hamburg 1999, S. 55–71.

Ders., Allied Control and German Freedom. American Political and Ideological Influences on the Framing of the West German Basic Law (Grundgesetz). Münster 2001.

Spieker, Frank, Hermann Höpker Aschoff – Vater der Finanzverfassung, Berlin 2004.

Strauß, Walter, Aus der Entstehungsgeschichte des Grundgesetzes, in: Neue Perspektiven aus Wirtschaft und Recht. Festschrift für Hans Schäffer, Berlin 1966, S. 343–365.

Uffelmann, Uwe, Der Frankfurter Wirtschaftsrat 1947–1949, in: Aus Politik und Zeitgeschichte, B 37/84, S. 36–46.

Vierhaus, Rudolf/Herbst, Ludolf (Hg.) unter Mitarbeit von Bruno Jahn, Biographisches Handbuch der Mitglieder des Deutschen Bundestages 1949–2002, 3. Bde., München 2002–2003.

Vogel, Walter, Westdeutschland 1945–1950. Der Aufbau von Verfassungs- und Verwaltungseinrichtungen über den Ländern der drei westlichen Besatzungszonen. Teil 1 Koblenz 1956, Teile 2 und 3, Boppard 1964 und 1983.

Vogelsang, Thilo, Koblenz, Berlin und Rüdesheim. Die Option für den westdeutschen Staat im Juli 1948, in: Festschrift für Hermann Hempel zum 70. Geburtstag, Bd. 1, Göttingen 1971, S. 161–179.

Weber, Petra, Carlo Schmid 1896–1976. Eine Biographie, München 1996.

Wehner, Gerd, Die Westalliierten und das Grundgesetz. Die Londoner Sechsmächtekonferenz, Freiburg i. Br. 1994.

Weisz, Christoph (Hg.), OMGUS-Handbuch. Die amerikanische Militärregierung in Deutschland 1945–1949, München 1994.

Wengst, Udo, Staatsaufbau und Regierungspraxis 1948–1953. Zur Geschichte der Verfassungsorgane der Bundesrepublik Deutschland, Düsseldorf 1984.

Ders., Beamtentum zwischen Reform und Tradition. Beamtengesetzgebung in der Gründungsphase der Bundesrepublik Deutschland 1948–1953, Düsseldorf 1988.

Ders., Die CDU/CSU im Bundestagswahlkampf 1949, in: Vierteljahrshefte für Zeitgeschichte 34 (1988), S. 1–52.

Ders., Thomas Dehler 1897–1967. Eine politische Biographie, München 1997.

Werner, Wolfram, Der Parlamentarische Rat, Bestand Z 5, Koblenz ^{2}1994.

Ders., Quellen zur Entstehung des Grundgesetzes. Ein Überblick, in: Aus der Arbeit der Archive – Beiträge zum Archivwesen, zur Quellenkunde und zur Geschichte. Festschrift für Hans Booms, hg. von Friedrich P. Kahlenberg, Boppard 1989, S. 646–661.

Wettengel, Michael, Die Rolle des Sekretariats des Parlamentarischen Rates bei der Erarbeitung des Grundgesetzes, in: Archiv und Geschichte. Festschrift für Friedrich P. Kahlenberg, Hg. von Klaus Oldenhage, Hermann Schreyer und Wolfram Werner, Düsseldorf 2000, S. 802–831.

Witetschek, Helmut, Die Haltung des Parlamentarischen Rates zum Verhältnis von Staat und Kirche, in: Politische Studien 25 (1974), S. 283–297.

Wurtzbacher-Rundholz, Ingrid, Verfassungsgeschichte und Kulturpolitik bei Dr. Theodor Heuss bis zur Gründung der Bundesrepublik Deutschland durch den Parlamentarischen Rat 1948/49, Frankfurt am Main 1980.

Nachtrag zum Literaturverzeichnis für die Jahre 2008 bis 2018

Zusammengestellt in Zusammenarbeit mit Michael Timmermann, Bundestagsbibliothek

Bauer, Jörg-Christof, Der Beitrag der FDP-Fraktion im Parlamentarischen Rat zur Ausarbeitung des Grundgesetzes, Hamburg 2013.

Beckmann, Rainer, Der Parlamentarische Rat und das »keimende Leben«, in: Der Staat. Zeitschrift für Staatslehre und Verfassungsgeschichte, deutsches und europäisches öffentliches Recht 47 (2008), S. 551–572.

Bommarius, Christian, Das Grundgesetz. Eine Biographie, Berlin 2009.

Ders., 1949. Das lange deutsche Jahr, München 2018.

Brückner, Martin Lars, Sozialisierung in Deutschland. Verfassungsgeschichtliche Entwicklung und ihre Hintergründe, München 2013.

Buchholz, Erich, 1949 – Hier eine Verfassung, dort nur ein Grundgesetz, Berlin 2009.

Buchstab, Günter (Hg.), In Verantwortung vor Gott und den Menschen. Christliche Demokraten im Parlamentarischen Rat 1948/49, Freiburg [u. a.] 2008.

Cau, Maurizio/Pallaver, Günther (Hg.), Geschichte und politischer Konsens. Übergänge der Nachkriegszeit (1945–1955), Berlin 2014.
Dreier, Horst/Waldhoff Christian (Hg.), Das Wagnis der Demokratie. Eine Anatomie der Weimarer Reichsverfassung, München 2018.
Feldkamp, Michael F., Der Parlamentarische Rat und das Grundgesetz für die Bundesrepublik Deutschland 1948 bis 1949. Option für die europäische Integration und die deutsche Einheit, hg von der Konrad-Adenauer-Stiftung e. V., Berlin 2008.
Galka, Sebastian, Parlamentarismuskritik und Grundgesetz. Parlamentarismuskonzeptionen in der Verfassungsdiskussion des Parlamentarischen Rates 1948/1949 Baden-Baden 2014.
Gundling, Lukas Christoph, Ein Naturrechtseinfluss auf das Grundgesetz? Eine kommentierte Rekonstruktion der Naturrechtsdiskussion im Parlamentarischen Rat 1948–1949 Stuttgart 2016.
Gusy, Christoph, Die Weimarer Verfassung und ihre Wirkung auf das Grundgesetz, in: Zeitschrift für neuere Rechtsgeschichte 32 (2010), S. 208–224.
Hehl, Christoph von, Adolf Süsterhenn (1905–1974). Verfassungsvater, Weltanschauungspolitiker, Föderalist, Düsseldorf 2012.
Hess, Jürgen C., Verfassungsarbeit. Theodor Heuss und der Parlamentarische Rat, Berlin 2008.
Heß, Philipp, Ein deutscher Amerikaner. Der kosmopolitische Demokrat Hans Simons 1892–1972, Göttingen 2018.
Heuss, Theodor – Vater der Verfassung. Zwei Reden im Parlamentarischen Rat über das Grundgesetz 1948/49, hg. und bearb. von Ernst Wolfgang Becker im Auftrag der Stiftung-Bundespräsident-Theodor-Heuss-Haus. Mit einem Essay von Jutta Limbach, München 2009.
Hillgruber, Christian, Grundgesetz und Naturrecht, in: Internationale katholische Zeitschrift Communio. 39 (2010), S. 167–177.
Hillgruber, Christian, Grundrechte als Verfassungsfundament. Die Grundrechtekonzeption des parlamentarischen Rates, in: 60 Jahre Bonner Grundgesetz – eine geglückte Verfassung? Hg. von Christian Hillgruber, Göttingen 2010, S. 9–28.
Hufen, Friedhelm, Vor 60 Jahren. Der Beitrag der Koblenzer Rittersturzkonferenz zum Entstehen des Grundgesetzes, in: Zeitschrift für Landes- und Kommunalrecht Hessen, Rheinland-Pfalz, Saarland 3 (2009), S. 41–47.
Ipsen, Jörn, Der Staat der Mitte. Verfassungsgeschichte der Bundesrepublik Deutschland München 2009.
Jung, Otmar, Das demokratische Defizit. Deutschland ohne Volksentscheid, in: Blätter für deutsche und internationale Politik 54 (2009), S. 97–102.
Kivistö, Hanna-Mari, Debating right to asylum. A conceptual and rhetorical reading of the German post-war deliberations, Jyväskylä 2013.
Kurtenacker, Sabine, Der Einfluss politischer Erfahrungen auf den Verfassungskonvent von Herrenchiemsee. Entwicklung und Bedeutung der Staats- und Verfassungsvorstellungen von Carlo Schmid, Hermann Brill, Anton Pfeiffer und Adolf Süsterhenn, München 2017.
Lammert, Norbert, Eine Verfassung für Deutschland. Die Konstituierung des Parlamentarischen Rates vor 60 Jahren, in: Dokumente. Zeitschrift für den deutsch-französischen Dialog 64 (2008), Heft 6, S. 25–26.

Lindenblatt, Thomas Sven, Der Einfluss amerikanischen Verfassungsdenkens auf die Verfassungsentwicklung in Deutschland, Speyer 2014.
Maier, Hans, Ein Provisorium hat sich bewährt. Das Grundgesetz nach 60 Jahren, in: Zeitschrift für Politik. Organ der Hochschule für Politik, München 56 (2009), S. 409–426.
Niclauß, Karlheinz, Das Amt des Bundespräsidenten im Parlamentarischen Rat, in: Der Bundespräsident im politischen System, hg. von Robert Christian van Ooyen, Wiesbaden 2012, S. 35–45.
Niclauß, Karlheinz, Parlament und Zweite Kammer in der westdeutschen Verfassungsdiskussion von 1946 bis zum Parlamentarischen Rat, in: Zeitschrift für Parlamentsfragen 39 (2008), S. 595–611.
Notz, Gisela, Die geglückte Verfassung. Sozialdemokratische Handschrift des Grundgesetzes, Berlin, 2009.
Peitz, Detlef, Gerhard Herrgesell – SS-Richter und Parlamentsstenograf. Zugleich ein Beitrag zu den Anfängen der Verwaltung des Deutschen Bundestages, in: Zeitschrift für Parlamentsfragen 45 (2014), S. 141–157.
Reuschenbach, Julia, Der Parlamentarische Rat. Wahrnehmung in Presse und öffentlicher Meinung, in: Über Bonn hinaus. Die ehemalige Bundeshauptstadt und ihre Rolle in der deutschen Geschichte, hg. von Tilman Mayer und Dagmar Schulze Heuling, Baden-Baden 2017, S. 75–92.
Rieker, Stephan P., Das Ermächtigungsgesetz vom 24.03.1933 und die Konsequenzen des Grundgesetzes. Eine verfassungshistorische Untersuchung, Hamburg 2013.
Robbe, Patrizia, Mehr Wahlrecht in das Grundgesetz? Eine Betrachtung aus historischer, rechtvergleichender und dogmatischer Sicht, in: Zeitschrift für Rechtspolitik 48 (2015), S. 84–87.
Schneider, Hans-Peter, 60 Jahre Grundgesetz. Niedersachsens Beitrag zu seiner Entstehung, in: Niedersächsische Verwaltungsblätter – Zeitschrift für öffentliches Recht und öffentliche Verwaltung 16 (2009), S. 241–244.
Treml, Manfred, Der Herrenchiemseer Verfassungskonvent vom August 1948 – die Wiege des Grundgesetzes, in: Einsichten und Perspektiven. Bayerische Zeitschrift für Politik und Geschichte (2018), Heft 3, S. 4–15.
Uertz, Rudolf, Christlich-demokratische Wertvorstellungen im Parlamentarischen Rat 1948/49, in: Historisch-politische Mitteilungen. 15 (2008). S. 103–123.
Ullrich, Sebastian, der Weimar-Komplex. Das Scheitern der ersten deutschen Demokratie und die politische Kultur der frühen Bundesrepublik 1945–1959, Göttingen 2009.
Vogt, Andreas, Der Gottesbezug in der Präambel des Grundgesetzes. Historische Grundlagen und juristische Interpretation, Hamburg 2007.
Vogt, Helmut, Der Parlamentarische Rat in Bonn, in: Aus Politik und Zeitgeschichte 59 (2009), Heft 18/19 vom 27.04.2009, S. 41–46.
Ders., »Benötige Quartier für mich, Fahrer und Wagen«. Das Arbeitsumfeld des Parlamentarischen Rates in Bonn 1948/49, in. Bonner Geschichtsblätter 57/58 (2008), S. 441–470.
Waldhoff, Christian, Der Widerstand gegen den Nationalsozialismus und das Grundgesetz, in: Der Staat. Zeitschrift für Staatslehre und Verfassungsgeschichte, deutsches und europäisches öffentliches Recht 49 (2010), S. 51–76.
Zolling, Peter, Das Grundgesetz. Unsere Verfassung – wie sie entstand und was sie ist, München 2009.

Personenregister

Sachregister